Stefan Ernsting
DER ROTE ELVIS

Stefan Ernsting

DER ROTE ELVIS

DEAN REED
oder
Das kuriose Leben
eines US-Rockstars in der DDR

Gustav Kiepenheuer Verlag

Mit 34 Abbildungen

ISBN 3-378-01073-8

1. Auflage 2004
© Gustav Kiepenheuer Verlag GmbH, Berlin 2004
Einbandgestaltung gold, Fesel/Dieterich
Druck und Binden GGP Media GmbH, Pößneck
Printed in Germany

www.gustav-kiepenheuer-verlag.de

Für meinen Vater, der mir erklärt hat,
daß die Bösen meist Anzüge tragen

Inhalt

Einführung: Der unbekannte Cowboy 11
1. Kapitel: Die Totengräber warten schon 18
2. Kapitel: Unbarmherzig wie die Sonne 50
3. Kapitel: Für eine Handvoll Spaghetti 72
4. Kapitel: Sein Colt singt sechs Strophen 98
5. Kapitel: Es war einmal der Western 124
6. Kapitel: Die Bande der Bluthunde 133
7. Kapitel: Melodie in Blei 159
8. Kapitel: Schieß mir das Lied vom Sterben 222

ANHANG

Songtexte 253
Filmographie 277
Diskographie 287
Quellen 296
Personenregister 305
Danke 312
Bildnachweis 314

»Von der Berliner Mauer bis Sibirien, Dean Reed aus Colorado ist der größte Star der Popmusik. Reed wird von Russen und anderen Osteuropäern als der prominenteste Amerikaner nach Präsident Ford und Henry Kissinger genannt.«

(People Magazine, 16. Februar 1976)

»Ich hatte noch nie von ihm gehört, bis ich 1979 als Delegierter zum Internationalen Filmfestival Moskau eingeladen war. Ich ging mit meinem Dolmetscher über den Roten Platz, als ich einen Mann sah, der von seinen Fans fast erdrückt wurde. Ich fragte, wer ist das denn, und man sagte, ›Oh, mein Gott, es ist Dean Reed, der berühmteste Amerikaner der Welt!‹«

*(Filmemacher Will Roberts
beim Boulder Film Festival 2001 in den USA)*

»Wenn es um Frieden geht, sollte einem jeder recht sein!«

(Karl-Eduard von Schnitzler)

Einführung:
Der unbekannte Cowboy

»Dies ist der Westen. Wenn die Legende zur Wirklichkeit wird, drucken wir die Legende.«

(Der Zeitungsverleger in *Der Mann, der Liberty Valance erschoß*)

Am 17. Juni 1986 um 10.30 Uhr wurde im Zeuthener See bei Berlin die Leiche des amerikanischen Schauspielers und Sängers Dean Reed gefunden. Nicht weit entfernt vom Ufer hatten Volkspolizisten zwei Tage zuvor sein Auto entdeckt. Reed hinterließ einen Abschiedsbrief auf der Rückseite seines Drehbuches für *Blutiges Herz*. Am 24. Juni 1986 hätten auf der Krim die Dreharbeiten für diesen Film beginnen sollen. Der Tod des Amerikaners wurde zum Politikum erster Güte. Die staatlichen Medien der DDR sprachen von einem tragischen Unfall, um eine öffentliche Diskussion zu vermeiden. Vertuschungsmanöver und die Gerüchte um einen mysteriösen Abschiedsbrief nährten einschlägige Verschwörungstheorien, die sich schon bald um den Tod von Dean Reed rankten. Niemand mochte so recht glauben, daß ein durchtrainierter Endvierziger wie er versehentlich in knietiefes Wasser fiel und ertrank. Freunde, Verwandte und Fans standen vor einem Rätsel. Man wußte, daß man nur einen Teil der Geschichte kannte und die Wahrheit vermutlich nie ans Licht kommen würde.

Je länger ich die Geschichte von Dean Reed recherchierte, desto dubioser erschien sie. Legendenbildung und Wunschdenken dichteten Dean Reed nachträglich eine Schlüsselrolle im Kalten Krieg an, die kaum zu überprüfen war. Verschwundene Stasiakten, Kontakte zu zweitrangigem Geheimdienstpersonal und Geschichten aus dritter Hand schienen sich zu einem Spionagethriller zu vermengen. Die Handlung: Ein Mann wird bei seinem einsamen Kampf an der unsichtbaren Grenze von Freund und Feind gleichermaßen verraten.

Dean Reed war der unbekannteste Superstar aller Zeiten. Er spielte in 18 Filmen mit, produzierte 13 Langspielplatten und pflegte Kontakte zu Politikern wie Salvador Allende oder Yassir Arafat. Für viele Menschen im Ostblock war er der erste amerikanische Rockstar gewesen, den sie zu Gesicht bekamen. Reed drehte an der Seite von Yul Brynner, Anita Ekberg, Ringo Starr, Armin Mueller-Stahl oder Trashgrößen wie Elisabeth Campbell, Sal Borgese und Cris Huerta, aber sein Name ist nur als kuriose Randnotiz im Internet verzeichnet. Er war die größte Popikone, die der Sozialismus hervorgebracht hatte, aber im Westen hatte kaum jemand von ihm gehört.

Dean Reed gab als erster Amerikaner Konzerte hinter dem Eisernen Vorhang und tourte durch 32 Länder. Er spielte Songs von Elvis und den Beatles, trug »richtige« Jeans und war ein echter Amerikaner wie aus dem Bilderbuch. Charisma, gutes Aussehen und ein makelloses Lächeln hatten ihm bereits 1959 einen Plattenvertrag bei Capitol Records in Hollywood beschert. Ab 1960 lebte Dean Reed in Chile, Argentinien und Peru, drehte in Italien eine Reihe von Spaghettiwestern und war ansonsten beständig auf Tourneen unterwegs.

1972 hatte er seinen Wohnsitz in die DDR verlegt und verhalf dem grauen sozialistischen Alltag zu ein wenig Glamour. Als revolutionäres Vorbild für die Jugend mauserte er sich schnell zum parteitreuen Bürger und reckte bei jeder Gelegenheit die Faust in die Kameras.

Dank der für ihn unbeschränkten Reisefreiheit konnte er auch nach seiner Übersiedlung in die DDR international gegen Atomkraft, die chilenische Militärjunta oder den

Krieg in Vietnam protestieren. Er spielte im Irak, in Nicaragua, auf Kuba oder in Bangladesch, verbrannte Flaggen vor amerikanischen Konsulaten, schrieb öffentliche Protestbriefe an den amerikanischen Präsidenten, unterstützte die prosowjetische Volkspartei in Afghanistan und ließ sich im Libanon mit umgehängtem Maschinengewehr und Palästinensertuch fotografieren. Wo auch immer die USA sozialistische Regierungen zu unterwandern versuchten, inszenierte sich Dean Reed als Blockadebrecher im Auftrag des Rock 'n' Roll.

Bei keinem anderen Weltstar verliefen die Grenzen zwischen Pop und Propaganda so fließend wie im Falle von Dean Reed. Sein Erfolg in den Siebzigern und sein späteres Scheitern an den eigenen Ansprüchen stand stellvertretend für das Scheitern einer staatlichen Kulturpropaganda, die jungen Menschen im ehemaligen Ostblock einen Hauch von weiter Welt vermitteln sollte und dabei unfähig blieb, eine eigene Popkultur zu entwickeln.

Es waren weniger seine Cowboyfilme oder seine Countrysongs, die Dean Reed zum Star machten, als die einfache Tatsache, daß er aus dem Land der unbegrenzten Möglichkeiten in den Osten gekommen war. Sein globaler Freiheitskampf wurde von den Ostmedien in Szene gesetzt, und man entwickelte um ihn einen Starkult, der sich kaum von den westlichen Inszenierungen zu kommerziellen Zwecken unterschied.

Die falsch verstandene Akzeptanz durch hochrangige SED-Parteibonzen korrespondierte dabei mit Dean Reeds Unvermögen, die eigene künstlerische Mittelmäßigkeit zu überwinden.

Die Rolle, die Reed in der Realität spielte, nährte seinen Mythos vom unbeugsamen Cowboy weit stärker als die Figuren, die er auf der Leinwand darzustellen hatte. Er war ein perfekter Repräsentant der Popmoderne, einem Zeitalter, das lediglich den Unterhaltungsfaktor als Meßlatte gelten lassen mochte und Politik in Show verwandelt hatte. Eine künstlich geschaffene Ikone spielte in der Realität und auf der Leinwand die Rolle des abenteuerlichen Helden mit sozialistischem Auftrag. Die Grenze zwischen Pop und Propaganda verschwamm.

Dean Reed sprach von sich selbst oft in der dritten Person. Er kannte die Wirkung seines medial erschaffenen Alter ego und ließ sich mit Vorliebe an der Seite politischer Ikonen ablichten. Irgendwann verschmolz Dean Reed mit seinem Image als Freiheitskämpfer und Popikone und verlor den Bezug zur Realität. Sein Erfolg im Ostblock hatte ihn blind gemacht für die politischen Mißstände dort. Seine »natürlichen« Privilegien als Amerikaner ließen ihn jegliches Maß verlieren, um künstlerisch zu verwirklichen, wovon er träumte. »You can take the boy out of the country, but you can't take the country out of the boy«, kommentierte Reed seinen Spagat zwischen den Welten. Die Erinnerung an die weiten Prärien seiner Heimat Colorado ließ ihn nicht los. Am Ende seiner Karriere dachte er sogar über eine Rückkehr in die USA nach, doch als überzeugter Marxist hatte er dort keine Aussicht auf Erfolg.

In den Achtzigern wurde es stiller um Dean Reed. Als die hilflose Ikonographie sozialistischer Popkultur immer stärker unter dem Einbruch der politischen Realität litt, war auch der linientreue Countrysänger schnell zur Bedeutungslosigkeit verdammt. Spätestens mit der aufkommenden Perestroika hatte man keinen Bedarf mehr für einen singenden Freiheitskämpfer, der die Unfreiheit in der DDR immer ignoriert hatte.

Das 20. Jahrhundert stand im Zeichen des Buffalo-Bill-Effektes. Es ging darum, zu sein, was man vorgab, und man wurde, was die Massen sehen wollten. Die Popkultur diente einer Verschleierung der Realität. Lebensentwürfe orientierten sich an den Produkten der Massenmedien, vor allem an denen der Traumfabrik Hollywood. Politik wurde Unterhaltung und Pop zu Propaganda. Wo jeder Aspekt des Lebens der maximalen Unterhaltung dienen sollte, verloren die Unterschiede zwischen den einzelnen Sphären an Bedeutung.

Die Eroberung der Wirklichkeit reichte dabei vom frühen Westernfilm zu den Auswüchsen des Action-Kinos im späten 20. Jahrhundert. Was mit dem »National Entertainment« von Buffalo Bill begann, endete mit einer Geschichtsschreibung, die von Hollywood übernommen wurde. Motive aus Westernfilmen wurden als politische Strategien ausgegeben. Die Welt bekam eine Sichtweise vorgesetzt, die jede Realität durch »brutalstmögliches« Wunschdenken ersetzte. Spätestens seit es John Rambo gelungen war, den Vietnamkrieg nachträglich im Kino zu gewinnen und man für das erfolgreiche Historiendrama *Pearl Harbour* (2001) einen neuen Schluß schrieb, der einen amerikanischen Rachefeldzug mit großem Showdown beinhaltete, war die Realität kaum noch von der Fiktion zu unterscheiden.

Dean Reed, der strahlende Sonnyboy, der seiner Heimat den Rücken gekehrt hatte, um im Osten für den Sozialismus zu kämpfen, funktionierte nach diesen uramerikanischen Unterhaltungsmustern. Als singender Cowboy mit rotem Stern am Revers seiner Lederjacke repräsentierte er einen grotesken Gegenentwurf zum Westernmythos, der ebenso unrealistisch war wie die Filme eines Elvis Presley, fungierte aber gleichzeitig als Dauerwerbung für den amerikanischen Traum eines Jungen vom Lande, der es »geschafft« hatte.

Dean Reed selbst geizte nie mit Anekdoten und Übertreibungen, die seine Legendenbildung beförderten. Er ließ sich als Hollywood-Deserteur feiern, der aus politischen Gründen auf eine große Karriere in den USA verzichtet hatte, und präsentierte sich als großer Spieler, der den Mächtigen auf der Nase herumrumtanzte.

Seine Biographie liest sich wie ein Drehbuch, und sein mysteriöser Tod bietet mehr als genug Raum für Spekulationen aller Art. Dean Reed wurde von seinem Mythos überschattet und mutierte posthum zu einer Projektionsfläche für abenteuerliche Geschichten jeglicher Couleur.

So verwundert es nicht, daß im neuen Jahrtausend auch Hollywood auf die Geschichte von Dean Reed aufmerksam wurde. Martin Scorsese, Blake Edwards, Ed Pressman oder auch Stewart Copeland, Drummer von *The Police*, interessierten sich zeitweise für eine Verfilmung. In Deutschland verfaßten zwei prominente Drehbuchautoren 1999 für einen Privatsender ein surreales Spielfilmkonzept mit dem Titel *The Man in Red*. Reeds Mutter Ruth Anna Brown schwebte eine TV-Saga über die ganze Familie Reed vor. Alle Projekte schienen jedoch daran zu scheitern, daß man aus Dean Reed ständig etwas machen wollte, was er nie gewesen war. Zum Schluß machte sich Tom Hanks an die Geschichte und plant mit *Comrade Rockstar* seine erste Regiearbeit. Steven Spielberg fungiert als Produzent.

Die Firma Dreamworks sicherte sich dafür vertragliche Exklusivrechte an den Aussagen einzelner Zeitzeugen.

Die Geschichte von Dean Reed scheint ideal, um sich nebenbei mit dem Amerika des 20. Jahrhunderts anzulegen und seinen Erfolg vor dem Hintergrund amerikanischer Popular-Mythen zu untersuchen, deren Ursprünge im Wilden Westen zu suchen sind. So ist dieses Buch auch die Geschichte vom Scheitern des amerikanischen Traumes und seinem Fortleben in den Welten von Hollywood, die das globale Bewußtsein prägten und prägen.

Es galt vor allem, zwischen Propaganda, Pop, Promotion, Bildzeitung, Wunschvorstellung, Hollywood, Hirngespinsten und politischer Intrige zu unterscheiden, um zu beleuchten, was für ein Mensch Dean Reed tatsächlich war.

Was hat ihn beeinflußt? Woher kam er, und wie erfolgreich war er in den USA wirklich? War Dean Reed der Liebe wegen in die DDR gezogen, oder hatte die Stasi ein wenig nachgeholfen? Hat er wirklich Selbstmord begangen und warum? Was hat er in den letzten 24 Stunden vor seinem Tode getan? Galt der Mann in Geheimdienstkreisen nur als kleiner Informant der Stasi, war er ein mit allen Wassern gewaschener CIA-Spion oder gar Doppelagent zwischen den Fronten des Kalten Krieges? Wurde er am Ende tatsächlich verfolgt und umgebracht?

Wieviel von der Legende entsprach den Tatsachen, und was eignete sich einfach nur für eine gute Geschichte?

1. Kapitel:
Die Totengräber warten schon

> »Was, wenn die Welt eine Art Show wäre! ... Was, wenn wir alle nur Talente wären, vom großen Talentsucher da oben zusammengestellt? Die große Show des Lebens! Jeder ein Schauspieler! Was, wenn Unterhaltung der Sinn des Lebens wäre!«
>
> (Philip Roth, »On the Air«, 1970)

Dicker Nebel liegt über dem Zeuthener See, und ein empfindlich kühler Wind zieht durch den Berliner Stadtforst. Vom Endbahnhof der Buslinie 68 waren es nur ein paar Schritte zum Schmöckwitzer Damm 6 a, der letzten Adresse von Dean Reed.

Als es noch eine Mauer gab, war dieses Waldgebiet für West-Besucher mit Tagesvisum ebenso tabu wie West-Berlin, das auf DDR-Stadtplänen als graue Fläche markiert war. Die geteilte Stadt hatte einen Ruf als Agententreffpunkt zu verlieren. In der Phantasie etablierter Thrillerautoren des Kalten Krieges spielte Berlin eine wichtige Hauptrolle. Die allgemeine Paranoia dieser Zeit vermittelte, daß man ständig damit rechnen mußte, noch zu Lebzeiten einen nuklearen Winter zu erleben. Hartgesottene Detektive und unbestechliche Journalisten hatten als moralische Instanzen der Kriminalliteratur ausgedient.

Schmöckwitz ist der letzte Schauplatz einer Geschichte aus dem Kalten Krieg, die vor allem dadurch bestach, daß es darauf ankam, *wie* man sie erzählte. 1986 wurden in der DDR Untersuchungen im Falle Dean Reed angestellt, die von oberster Stelle vertuscht wurden. Der Tod des prominentesten Amerikaners östlich der Mauer wurde abgehandelt wie ein Verkehrsunfall in der Provinz. Ermittlungsergebnisse und ein ominöser Abschiedsbrief wurden im privaten Panzerschrank von Erich Honecker verschlossen. Erst am 20. September 1990 druckte »Das Blatt«, eine kurzlebige Zeitung aus Berlin, lange Auszüge aus Dean Reeds Abschiedsbrief und sprach erstmals öffentlich von einem Selbstmord des Entertainers.

Der Junge vom Lande

Dean Reed wurde am 22. September 1938 in Lakewood am Rande der Verwaltungsmetropole Denver geboren und wohnte mit seinen zwei Brüdern am 3905 Wadsworth Boulevard in Wheat Ridge. Er wuchs in einer staubigen Gegend auf, die erst sechzig Jahre zuvor aus dem Wilden Westen in die Zivilisation gefunden hatte: Colorado, eine amerikanische Provinz wie aus dem Bilderbuch.

Das weite Land und die Rocky Mountains machen glauben, daß es in der Welt noch Platz für ehrliche Rauhbeine gibt, die den lieben langen Tag im Sattel sitzen, um abends im Saloon von ihren Abenteuern zu berichten. Der Landstrich galt als verschlafen. In den Fünfzigern ritt man in Wheat Ridge noch mit dem Pferd in die Stadt. Die engstirnige Provinzialität des Mittleren Westens der USA, der christliche Fundamentalismus und die Rüstungsindustrie erzeugten zusätzlich ein Klima, das auch über die fünfziger Jahre hinaus keinen Platz für Andersdenkende hatte.

Dean Reed galt als fröhliches Kind. Sein Spitzname war Slim. Er hatte Segelohren und konnte mehr Eis essen als alle anderen Kinder in Wheat Ridge. Als Mitglied der Pfadfinder und der Future Farmers of America entwickelte er schon früh eine soziale Ader. Wenn er etwas Geld verdiente, spendete er einen Teil davon der amerikanischen Krebsforschung.

Der Stammbaum der Familie Reed ist typisch amerikanisch. Er beginnt mit dem ersten Ahnen, der in »God's own country« das Licht der Welt erblickt hatte. Europäische Vorfahren blieben unberücksichtigt. Die Familie ließ sich bis zu Thomas Reed zurückverfolgen, der 1783 in Pennsylvania geboren und am 21. Dezember 1853 in Ashmore, Illinois, begraben wurde. Dean Reeds Großvater Thomas Riley Reed wurde am 9. Juli 1877 in Ashmore geboren und starb am 8. August 1927 an Asthma, ohne je seinen Heimatort verlassen zu haben. Erst sein Vater Cyril Dale Reed, geboren am 20. Mai 1903, verließ die kleine Siedlung in Illinois, um sich als Lehrer bei Denver in Colorado niederzulassen, wo er am 5. August 1932 seine Schülerin Ruth Anna Hanson Brown ehelichte.

Cyril Reed galt als »Womanizer« und wohnte auf einer kleinen Hühnerfarm. Er arbeitete als Mathematik- und Geschichtslehrer an der lokalen High School. Ruth Anna Hanson Brown, geboren am 15. Juni 1914 in Port Chester, New York, war die Tochter dänischer Einwanderer und hatte eine Ausbildung zur Ballettänzerin absolviert. Sie verbrachte die Jahre nach ihrer Hochzeit als Hausfrau. Am 8. Juni 1935 wurde ihr erster Sohn Dale Robert geboren. Am 22. September 1938 folgte Dean und am 13. November 1943 kam mit Vernon Ray der dritte Junge zur Welt.

Colorado war einer der US-Bundesstaaten, die erst relativ spät besiedelt wurden. Die Army hatte zunächst gründlich mit den Ureinwohnern aufräumen müssen, bevor sich weiße Siedler überhaupt in die Region wagten. Die Gegend war bekannt für ihre Vielfalt an Indianerstämmen. Cheyenne, Arapaho, Comanche, Pawnee, Sioux und Kiowa waren nur die größten Stämme, die Colorado als ihre Heimat betrachteten. 1803 etablierte sich die Staatsgrenze mit der ersten Ansiedlung in Conejos im San Luis Valley. Die Region wurde zum Umschlagplatz und Handelszentrum für Felle und zur neuen Heimat fanatischer Büffeljäger.

Colorados Bodenschätze wurden den Indianern zum Verhängnis. Nachdem William Green Russell im Juli 1858 am Dry Creek, dem heutigen Englewood, Gold entdeckt hatte, zogen in kurzer Zeit 50000 Glücksritter nach Colorado. 1859 folgte, mit dem Sturm auf Idaho Springs, der Höhepunkt des Goldrausches. 1893 fand man in Colorado das größte Stück Silber der Welt, 1900 die zweitergiebigste Goldader der Welt und 1923 eine Ölquelle. Die neuen Siedlungen wechselten ständig ihre Namen und hinterließen der Nachwelt unzählige Geisterstädte.

Nicht weit entfernt von Dean Reeds Heimatdorf Wheat Ridge stand Fort Laramie, einer der wichtigsten Army-Stützpunkte seit der Eroberung des Westens, der Millionen von Ureinwohnern zum Opfer gefallen waren. Zwischen 1941 und 1945 waren die militärischen Ansiedlungen im *Colorado Mushroom* weiter gewachsen. Der gesamte Bundesstaat verwandelte sich in eine Bastion der Rüstungsindustrie. 1951 baute man am Rande von Denver zusätzlich ein gewaltiges Atomkraftwerk, welches am 6. Juni 1989 vom FBI gestürmt und Mittelpunkt eines bundesweiten Plutonium-Skandals wurde.

Für das Kind Dean Reed war Colorado das Land des Wilden Westens aus dem Kino, und sein größter Wunsch war – natürlich – ein Pferd. Sein Vater jedoch hatte für solche Wildwestphantasien wenig Verständnis. Er schickte den Sohn statt dessen mit zehn Jahren auf eine Kadettenschule. Dean Reed lernte bei den Kadetten zwar das Reiten, aber das Militär war ihm zutiefst verhaßt. Ein Jahr lang ertrug er den Drill, bevor er zu rebellieren begann. Mit Unterstützung seiner Mutter konnte er an die heimische Wheat Ridge High School wechseln, wo er sich als guter Langstreckenläufer erwies. Möglicherweise waren die Magengeschwüre, an denen er in dieser Zeit litt – er mußte sich deswegen einer schweren Operation unterziehen – auch eine Folge der verhaßten Kadettendrills.

Dean Reeds Bruder Dale erinnerte sich in einer Nachricht im Forum von deanreed.de noch gut an seine Jugend, die von musischer Erziehung mit einem gewissen Drill geprägt war: »Unsere Eltern suchten ständig nach Möglichkeiten, den Horizont der Söhne zu erweitern. Vernon, Dean und ich selber mußten echte Arbeit leisten, aber dabei hatten wir auch Spaß. Unsere Mutter brachte z. B. zwölf Jungs aus der Nachbarschaft zusammen und bildete eine Indianer-Tanzgruppe. Wir haben unsere eigene authentische Indianerkleidung hergestellt sowie Trommeln und sonstiges Zubehör. Dazu haben wir Bücher aus der Stadtbibliothek geholt, um daraus Indianertänze zu erlernen.« Am 14. Juni 1950 berichtete auch die »Denver Post« von Ruth Anna Reed und ihrer Tanzgruppe, den *Busy Bees*. Ihr Tanztheaterstück *A Pageant About Indians* vertrat Denver gar in einem bundesweiten Theaterwettbewerb. Hier hatte Dean Reed seinen ersten Bühnenauftritt und sammelte weitere Erfahrungen in der Theatergruppe seiner High School.

Mit elf Jahren hatte er genug Geld gespart, um sich ein eigenes Pferd zu kaufen. Er hatte Stunde um Stunde die Rasen der Nachbarn gemäht, Wege von Schnee befreit, Weihnachtsbäume verkauft und Gitarre gespielt, bis er die 150 Dollar zusammenhatte. In einem Interview vom 7. Oktober 1982 im Berliner Rundfunk erinnerte er sich: »Ich bin mit meiner Gitarre von Restaurant zu Restaurant gegangen. Und ich bin immer reingegangen. Ich habe gesagt, ich bin bereit, umsonst zu spielen und zu singen, nur für Kleingeld. Und manchmal haben sie ›ja‹ gesagt, und manchmal haben sie ›nein‹ gesagt. Aber wenn sie ›ja‹ gesagt haben, bin ich von Tisch zu Tisch gegangen und habe besonders für die kleinen Kinder gesungen. Ich habe immer gemerkt, wenn man zu den kleinen Kindern singt, gibt der Vater immer gutes Kleingeld dafür. Mit diesem Geld habe ich mein erstes Pferd gekauft.«

Das Pferd, ein Falbe mit heller Mähne, wurde nach einer Comicfigur Blondie getauft, und der Elfjährige entwikkelte unbändigen Ehrgeiz, ein guter Sportreiter zu werden. Schon bald saß er sicherer im Sattel als manch Erwachsener. Später hatte er noch ein zweites Pferd namens Dagwood, das nach dem trotteligen Ehemann der Comicblondine benannt war. Blondie soll zeitweilig 1,80 Meter hoch gesprungen sein, und nicht selten gewann sie für ihren Herrn Wettbewerbe im Springreiten. Die Liebe zum Reiten hat Dean Reed nie verloren. Noch viele Jahre später erinnerte er sich wehmütig an die unbändige Weite von Colorado und endlose Ausritte.

Wie jeder andere Junge, der in der Nachkriegszeit aufwuchs, war Dean Reed ein Fan von Westernfilmen, wenn er auch nicht genau verstand, was aus den Indianern geworden war, denen er mit authentisch gebasteltem Zubehör nacheiferte. Schon bald beherrschte er die gängigen Country-Akkorde und gab den singenden Cowboy, der im Kino zwischen zwei Songs für Gerechtigkeit kämpfte und entführte Lehrerinnen befreite. Abends fuhr er allein in die Berge und spielte nur für sich selbst sehnsüchtige Lieder.

Wes Geistes Kind

Der singende Cowboy repräsentierte eine Generation von Entertainern, die den amerikanischen Gründungsmythos zu ihrem eigenen machten. Gene Autry, Roy Rogers und andere singende Cowboys, deren Hüte und Hemden ebenso weiß waren wie ihre Schimmel, hatten die Zirkusherkunft des Genres von Anfang an auf die Spitze getrieben, aber ihre Ära schien bereits beendet, als Dean Reed Gitarre spielen lernte. Im Radio liefen schon bald Songs von Elvis und Little Richard. Der Rock 'n' Roll begann seinen Siegeszug und machte die Jugend rebellisch.

Auch Dean Reed lehnte sich auf und dachte nicht daran, den Weg zu gehen, den ihm sein Elternhaus vorschrieb. Sein Vater war ein politischer Scharfmacher, der mit Extremisten wie Arizonas erzkonservativem Senator Barry Goldwater sympathisierte und Mitglied von General Jimmy Walkers »John Birch Society« war, einer Gruppe von Antikommunisten, die u. a. den Slogan »Lieber tot als rot« geprägt hatten. Das »Sergant Pepper«-Album der Beatles empfand man in diesen Kreisen als »Teil einer internationalen kommunistischen Verschwörung« und attestierte der Band »ein Verständnis für die Prinzipien der Hirnwäsche«: Der ständige Streit mit dem heranwachsenden Sohn war vorprogrammiert. Dean Reed nannte seinen Vater später einen Diktator.

Der Haß auf die Kommunisten war Konsens im Amerika jener Jahre. 1947 begann man gegen die »Hollywood Ten« zu ermitteln, die man jeweils zu mehreren Jahren Gefängnis verurteilte. Ab 1950 machte Senator Joseph McCarthy mit seinem »Ausschuß für die Untersuchung unamerikanischer Umtriebe« öffentlich Jagd auf tatsächliche und angebliche Kommunisten im öffentlichen Leben. Paranoia vermengte sich mit der Vorstellung einer gesäuberten Kultur, die der amerikanischen Sache zu dienen hatte. Die Hysterie, die von McCarthy und seinen Parteigängern ausgelöst wurde, führte zu einer Gleichsetzung von liberalem Gedankengut mit dem Kommunismus. Kaum jemand der Angeklagten war tatsächlich Mitglied der Kommunistischen Partei. Die US-Linke war allenfalls ein gemäßigter Flügel der Sozialdemokratie auf verlorenem Posten, aber in den Medien überschlugen sich die Warnungen vor der »Roten Gefahr«. 1951 wurde eine schwarze Liste von bekennenden Linken in Hollywood erstellt, die Amerika angeblich zu unterwandern suchten. Trumans »Politik der Stärke« wurde zum Totschlagargument gegen Andersdenkende. Mancher rebellische Jugendliche begann sich also in jenen Jahren schon allein deshalb für den Kommunismus zu interessieren, weil es kaum etwas gab, mit dem man seine Eltern mehr erschrecken konnte.

1953 wurde der Thrillerautor Dashiell Hammett (»Der Malteserfalke«) von McCarthy vorgeladen. Hammett hatte sich mit seinem Buch »Red Harvest« verdächtig gemacht und stand mit 74 anderen Schriftstellern auf einer Liste von potentiellen Unruhestiftern, die die Jugend zu verderben suchten. Der Senator zeterte, man könne in öffentlichen Bibliotheken schlecht die Bücher eines Marxisten anbieten, wenn man zugleich jährlich einhundert Million Dollar ausgab, um über die Gefahren des Kommunismus zu informieren. »Wissen Sie«, entgegnete Hammett lakonisch, »wenn ich den Kommunismus bekämpfen wollte, würde ich den Leuten einfach überhaupt keine Bücher geben.« McCarthy schäumte. Der Autor hatte die Angst der US-Regierung vor einer mündigen Bevölkerung lächerlich gemacht.

Drei Jahre später wurde Dashiel Hammett in einer Steuersache von der Regierung verklagt, die den Schriftsteller in den Bankrott trieb. Das amerikanische Thrillergenre wurde fortan von Mickey Spillanes ultrarechtem Superdetektiv Mike Hammer geprägt, der einen Kommunisten schon auf hundert Meter Entfernung riechen konnte.

Durch die Intervention der USA in Korea schwenkte das Land zudem auf einen neuen Kriegskurs ein. In Hollywood agierte John Wayne als Präsident der »Motion Picture Alliance for the Preservation of American Ideals« und sorgte dafür, daß Leute wie Carl Foreman, Drehbuchautor des liberalen Edelwestern *12 Uhr Mittags (High Noon)* oder Ben Maddow, Autor von *The Asphalt Jungle* und den ersten Versionen von *The Wild One* oder *High Noon*, auf die schwarze Liste kamen.

Carl Foreman hatte man übelgenommen, daß er den

archaischen Western entmystifiziert und in *High Noon* einen gebrochenen Helden gezeigt hatte, der sich Angst und sogar Tränen erlaubte. Der Film galt als unamerikanische Kommunistenpropaganda, erhielt trotzdem vier Oscars und erfreute sich in Europa großer Beliebtheit.

Als Richard Brooks mit der Arbeit an *The Brothers Karamazov* (1958) begann, war die sowjetischen Regierung sofort bereit, Drehgenehmigungen zu erteilen. Als einzige Bedingung wollte man parallel eine russische Version in denselben Kulissen drehen, um Geld zu sparen. Joseph Vogel von MGM war außer sich. »Ein russischer Autor und Dreharbeiten bei den Kommunisten, Sie spinnen wohl«, brüllte er Brooks an. Selbst der Hinweis, das Buch sei von 1880, und zu dieser Zeit hätte es noch keine Kommunisten gegeben, half nicht weiter. Das Drehbuch wurde umgeschrieben, und statt Marlon Brando und Marilyn Monroe mußte man sich bei der Besetzung außerdem mit Dean Reeds späteren Intimfeind Yul Brynner, Maria Schell und William Shatner, dem späteren Captain Kirk, begnügen.

1958 drehte John Wayne *Rio Bravo*, den Regisseur Howard Hawks als einen »Anti-High-Noon«-Film bezeichnete. Die Story hatte er mit *El Dorado* schon einmal verfilmt. Neben John Wayne standen ihm Dean Martin, Ricky Nelson und Walter Brennan zur Verfügung, die als Höhepunkt des Films gemeinsam »My Pony, My Rifle and Me« singen durften. Teeniestar Ricky Nelson sollte damit das Erbe der singenden Cowboys antreten, die Jahrzehnte den *American Spirit* verkörpert hatten, aber für ein Festhalten an der guten alten Westerntradition war es längst zu spät.

Neben ernsthaften Western wie *High Noon* oder *Shane* war einer der großen Kinoerfolge des Jahres 1952 *Bleigesicht Junior (Son of Paleface)*, die Fortsetzung von *Sein Engel mit den zwei Pistolen (The Paleface*, 1948) gewesen. Roy Rogers ritt darin an der Seite von Bob Hope, der danach eine ganze Reihe von Western drehte. Lange Jahre stand der singende Cowboy für das uneingeschränkt Gute des amerikanischen Traumes, aber neben dem rotzigen Bob Hope wirkte Roy Rogers nur noch wie eine lächerliche Figur in einem Zirkuskostüm.

Es war aber weniger der beliebte Ostküstenkomiker Hope, der die Schnulzencowboys verdrängte, als die Entwicklung der schwarzen Musik und des frühen Rhythm and Blues. 1951 erschien bei Chess Records mit »Rocket '88« von Jackie Brenston and his Delta Cats die erste Rock-'n'-Roll-Platte, die mit einem wilden Saxophon-Solo aus dem Schema der anderen Boogie-Bands ausbrach und auf Platz 1 der R & B-Charts landete. Obwohl Brenston immer wieder als Komponist genannt wurde, stammte der Song ursprünglich aus der Feder von Ike Turner and his Kings of Rhythm. Die Platte war zunächst allein auf weiter Flur, aber der amerikanische Geschmack begann sich zu ändern. Der Erfolg farbiger Musiker ließ Roy Rogers & Co. bald in Vergessenheit geraten.

1952 spielte ein jodelnder Cowboy namens Bill Haley eine neue Version von »Rocket 88« ein und erzielte einen gewissen Achtungserfolg. Der rundliche Gitarrist stand vorher einer Band namens The Saddlemen vor, die sich erfolglos an einer Mischung aus Country, Polka und Swing versucht hatte. 1954 tauchten Chuck Berry und Little Richard auf. Plötzlich schepperte aus sämtlichen Radios dieser seltsame Sound namens Rock 'n' Roll, ein Umstand, der vor allem der grenzenlosen Bestechlichkeit der Radiomacher zu verdanken war. Jahre später war im großen »Payola«-Prozeß zu erfahren, daß der Siegeszug des Rock 'n' Roll letztendlich eine Verschwörung großer Plattenfirmen war, die den neuen Sound mit dicken Geldbündeln in die Radios drückten.

Nicht nur Vater Reed war entsetzt von der neuen »Negermusik« und jenen schamlosen Bewegungen, die plötzlich als der letzte Schrei galten. Das alte Eisenhower-Amerika stand einer Emanzipation der Jugend gegenüber, die sich nicht länger an die alten Spielregeln halten wollte.

Auch Dean Reed wurde von der neuen Musik im Radio inspiriert, aber er blieb dem Country treu und hörte bevorzugt einen Sender namens »Radio Hillybilly«. Elvis hatte man bereits als gewöhnlichen GI nach Deutschland verfrachtet, einen Ort, der langweilig genug schien, um den King für eine Weile aus dem Verkehr zu ziehen. Rock 'n' Roll schien nichts als ein kurzlebiger Trend zu sein, der bald wieder verschwinden würde. Schwarzer Musik mit weißen Interpreten sagte man keine große Zukunft voraus. In den Vierzigern und Fünfzigern sprach man noch abschätzig von »Sepia«- oder »Race«-Platten, wenn man Blues oder Jazz meinte. Mit Okeh Records, dem ersten Label, das später nur schwarze Künstler produzierte, hatte aber trotzdem längst eine schleichende Veränderung begonnen. Am 14. Februar 1920 hatte Mamie Smith mit einem weißen Orchester die historische Single »That thing called love« aufgenommen. Die Symbolkraft der ersten Blues-Aufnahme einer schwarzen Künstlerin war gewaltig, und die Platte wurde ein Hit. Im August 1920 folgte »Crazy Blues« von Mamie Smith and her Jazz Hounds, die erste Single mit einer schwarzen Begleitband.

Die Sängerinnen des Blues waren einer Tingeltangel-Tradition von Cabaret- und Vaudeville-Theatern entwachsen, die dem weißen Amerika zu schmuddelig war. Lange Zeit war der Blues vor allem Bestandteil der »Nigger Minstrels«, die mit Zirkuszelten durch Amerika tourten. Dressierte Elefanten und Löwen konnte man sich nur selten leisten, und so ließen meist nur die Clowns auf die Herkunft schwarzer Zirkusveranstaltungen schließen, die sich mit dem Blues aber sowieso immer mehr in Tanzveranstaltungen verwandelten. Vor allem im sündigen Chicago von Al Capone sorgten Blues und Jazz für einen langsamen Abbau uralter Vorurteile. Schon 1909 hatten deshalb ein paar clevere Manager die TOBA (Theatre Owners Booking Agency) gegründet und für schwarze Bühnen gesorgt, die dennoch fest in weißer Hand bleiben sollten. Die TOBA war auch als Abkürzung für »Tough on Black Asses« bekannt. Die schwarzen Künstler wurden nach Strich und Faden ausgebeutet, unterwanderten aber immer wieder die strengen Rassengesetze in den USA.

1942 konnte »Billboard«, seit 1893 Amerikas Showbiz-Magazin Nr. 1, den Einfluß schwarzer Musik nicht länger ignorieren. Mit der »Harlem Hit Parade« wurden erstmals auch die Erfolge schwarzer Künstler in ihren eigenen Ghetto-Charts gelistet. Die USA waren in den Zweiten Weltkrieg eingetreten, und manch farbiger Soldat mochte sich nun ein wenig mehr wie ein vollwertiger Amerikaner fühlen. Nachdem man die schwarze Hitparade zeitweise in »Race Music Charts« umbenannt hatte, taufte man sie am 17. Juni 1949 endgültig auf den Namen »Rhythm and Blues« bzw. R & B. Man faßte darunter das gesamte Spektrum schwarzer Musik von Jazz bis Boogie-Woogie, daneben gab es die Country- und die Popcharts. Country und Blues existierten parallel nebeneinander und beeinflußten sich gegenseitig. In den Vierzigern etablierte sich dazwischen der Begriff Pop. Anfangs sprach man nebenbei auch vom »Black Pop« als Strömung, um den Begriff an sich als weißes Hoheitsgebiet zu deklarieren.

Der große Erfolg schwarzer Musik führte dazu, daß man fieberhaft über eine weiße Variante nachdachte. Den Bebop Cats sicherte man noch immer nicht ihre vollen Bürgerrechte zu, und Musiker wurden teilweise mit einem Glas Marmelade oder einer Flasche Bier entlohnt, aber man stahl ihre Musik und verwässerte den Sound mit schnulzigen Arrangements, die von weißen Interpreten in die richtige Stimmlage geschraubt wurden. Die Industrie behauptete, das Publikum würde die weißgewaschene Popvariante vorziehen, aber in einer Billboard-Liste der R & B-Bestseller fanden sich unter den fünfzig erfolgreichsten Titeln von 1949 bis 1953 lediglich zwei Singles, die bei einem großen Mayor Label erschienen waren.

Teenagerliebe

Dean Reed merkte schnell, daß ihm mittels der Musik die Mädchenherzen nur so zuflogen. 1954 schrieb er seinen ersten Song: »Don't let her go«, eine recht schwülstige Abhandlung über seine erste große Liebe, die er seiner Mitschülerin Linda Myers widmete, mit der er gelegentlich nachmittags durch die Prärie ritt. Zwischendurch arbeitete er im Sommer auch in Aspen, dem favorisierten Skigebiet reicher und berühmter Amerikaner, als Rettungsschwimmer. Nebenbei begann er auf der Harmony Guest Ranch am Fuße der Berge des Estes Park zu arbeiten, einer sogenannten *Dude Ranch*. Sein Job war es, reiche Touristen aus der Stadt zu betreuen und ihnen zu zeigen, was man als richtiger Cowboy alles können mußte.

Die erste Erwähnung Dean Reeds in den Medien ging auf eine Wette zurück, die er mit seinem Cowboykollegen von der Sommerranch Bill Smith eingegangen war. »Triumphant Man« übertitelte »Newsweek« am 6. August 1956 einen Artikel von 31 Zeilen, der ein Rennen zwischen Mensch und Maultier kommentierte. Bill Smith hatte gewettet, daß er auf einem Muli schneller wäre als jeder andere Mensch zu Fuß. Dean Reed war bereit, den Gegenbeweis anzutreten. Bill Smith startete mit seinem Maultier Speedy. Das Rennen ging über eine Distanz von 110 Meilen bzw. 178 Kilometer, und es wurden Pausen vereinbart. Start und Ziel war die Rodeo-Arena von Gunnison in Colorado. Ein Koch, der ihnen in einem LKW mit Proviant in sicherem Abstand folgte, versorgte die ungleichen Kontrahenten. Nach 47 Stunden konnte ein völlig erschöpfter Dean Reed als Sieger in die Arena einlaufen. Ganze drei Minuten Vorsprung hatte er in einer Laufzeit von 22 Stunden herausgeholt, was einer Durchschnittsleistung von ungefähr 5 Kilometern pro Stunde entsprach. Dean Reed gewann seine Wette und erhielt von Bill Smith die vereinbarten 25 Cents.

Im gleichen Jahr stellte Reed einen Rekord im Marathonlauf auf (175 Kilometer in 22 Stunden) und erwies sich an seiner High School überdies als hervorragender Turner. Noch 1960 trainierte er im Ringturnen für die Olympischen Spiele, erwog aber nie eine professionelle Karriere als Sportler. Er beschloß außerdem, sich an der University of Colorado in Boulder für Geographie und Meteorologie einzuschreiben, um später zum Fernsehen gehen und die Wettervorhersage präsentieren zu können. Ein Entschluß, von dem er selbst nicht ganz überzeugt war, aber sein Vater hatte ihn dazu gedrängt. Sein Bruder Dale war bereits auf dem College gewesen, und ein zweites Studium konnte sich die Familie nicht leisten, aber Dean Reed verdiente sich das Geld mit kleinen Auftritten als Sänger längst selbst. 1956 hatte er einen Auftritt mit dem 1890 in Kopenhagen geborenen Tenor Lauritz Melchior in einem Club namens Antelope Hunt in Lander, Wyoming. Melchior, der in Bayreuth und an der New Yorker Metropolitan Opera durch seinen Tannhäuser bekannt geworden war, hatte keinen Anschluß an das moderne Show Business gefunden. Er durfte zwar mal in der *Fred Allen Show* im Fernsehen Frank Sinatra imitieren, aber ab 1950 bekam er nur noch Auftritte in der Provinz. Dennoch war ein Auftritt im Vorprogramm des alternden Startenors durchaus ein gewisser Karrieresprung für einen jungen Countrysänger und zeugte von dessen Ehrgeiz.

Ein Jahr später spielte Dean Reed mit Valgene Allen aus San Francisco im Veterans Hospital in Denver. Allen trat häufig vor amerikanischen Soldaten und im Fernsehen auf. Dean Reed wurde in der »Denver Post« mit ihm in einem Atemzug genannt und avancierte nun zu einer lokalen Größe. Er war inzwischen ein regelmäßiger Gast auf der Bühne des Boulder Country Clubs, wo er 1956 auch bei einem Wohltätigkeitsdinner der *American Cancer Society* auftrat. Im April 1957 moderierte Dean Reed die Radiosendung *UMC Music Lounge* in Denver, legte populäre Westernsongs auf und spielte mit einer dreiköpfigen Begleitband live im Studio. Nebenbei arbeitete er weiter auf der Touristenranch, spielte am Lagerfeuer seine Country-Balladen für die Gäste und schrieb neue Songs, um nach Feierabend mit ihnen durch die Bars der Umgebung zu tingeln.

Die Kneipiers schienen ihn zu mögen, so daß sich der junge Student ein ordentliches Zubrot verdienen konnte. Die Musik wurde für ihn zu einer größeren Leidenschaft als das Reiten und seine sportlichen Erfolge als Leichtathlet. Sein Vater jedoch schien in Sorge um den Sohn und zitierte für seine drei Sprößlinge gern die Titelzeile eines Faron-Young-Hits von 1955: »Live Fast, Love Hard, Die Young (And Leave A Beautiful Memory). Lebe schnell, liebe unerbittlich, stirb jung. Und hinterlasse ein wunderbares Andenken.« Der konservative Lehrer wollte dies als Warnung verstanden wissen, daß das Vorbild von James Dean nicht zur Nachahmung taugte. Nach Auskunft von Dale Reed sollte sich damit vor allem sein Bruder Dean angesprochen fühlen, aber der fühlte sich durch Faron Young erst recht inspiriert. Sein Berufswunsch stand fest. Er wollte Musik machen und ein Hollywood-Star werden.

Als Dean Reed im August 1958 seine Eltern besuchte, ließ er sich mit Kürbiskuchen und anderer Hausmannskost umsorgen, bevor er in seinen Wagen steigen und ein neues Leben beginnen sollte. Er war entschlossen, sein Studium nach vier Semestern abzubrechen. Dean Reed hatte andere Zukunftspläne und wußte, daß er diese in Colorado nicht verwirklichen können würde. Sein Vater wollte, daß er zum Militär ging oder Meteorologe wurde. Für Dean Reed war das gleichbedeutend mit der Alternative, zum Abschuß freigegeben zu werden oder sich zu Tode zu langweilen – nicht gerade verlockende Aussichten für einen jungen Mann, der noch etwas vom Leben zu erwarten hatte. Bis zu diesem Zeitpunkt war er nur ein Junge, der auf einer Hühnerfarm aufgewachsen war, aber schließlich stammte jeder richtige Held und jeder anständige Rock 'n' Roller aus der Provinz und hatte den Auftrag, in die Welt zu reisen und reich und berühmt zu werden.

Sündenpfuhl Hollywood

Die Legende, die Dean Reed selbst um sein Leben spann, beginnt meist mit einem mysteriösen Anhalter. Sonnenuntergang in Arizona. Man stelle sich einen Zwanzigjährigen vor, der unter einer Überlandleitung am Rande von Nirgendwo steht. Das weite Land. Irgendwo eine Tankstelle und ein Supermarkt. Die Einsamkeit der Rancher und Cowboys, die den ganzen Tag im Sattel oder in ihrem Jeep hockten. Dean Reed dachte über sein Leben nach. Er wollte frei sein und Mädchenherzen erobern. Seine Sommerferien dauerten noch zwei Wochen. Er beschloß, nach Hollywood zu fahren, um einmal im Leben zum Spaß den Sunset Boulevard rauf und runter zu fahren. Es sollte eine schicksalsträchtige Tour werden.

Der junge Mann aus Colorado knatterte mit seinem schwarzen Chevrolet Cabrio durch die Kakteenlandschaft gen Kalifornien. Er wollte werden wie Elvis und hatte bereits eigene Songs im Kopf. Mitten in der Wüste sammelte er einen etwas schmuddeligen Anhalter namens Roy Eberhart ein, der die Fahrt mit witzigen Anekdoten zu verkürzen wußte. Dean Reed sang dem Fremden »Don't let her go« vor, das Lied für seine erste Liebe. Der Tramper zeigte sich beeindruckt. Er berichtete von seiner eigenen Karriere als Musiker in einer Dixie-Band, die er einst mit seiner Frau hatte und die wie alles am Ende mit Streit und Geldsorgen ihr Ende fand.

Eberhart machte Dean Reed ein Angebot. Falls der junge Mann ihm in L. A. ein Motel-Zimmer für eine Nacht bezahlen würde, könne er ihm ein Date mit einem großen Musikproduzenten vermitteln. Das Zimmer kostete sechs Dollar. Dean Reed hatte noch genug Reserven und ging auf das Angebot ein.

Eberhart hielt Wort. Am Montag darauf hatte Dean Reed einen Termin bei Capitol Records, die auch Frank Sinatra und Ella Fitzgerald unter Vertrag hatten. Am Dienstag machte er Probeaufnahmen im Studio, und am Freitag sang er vor Voyle Gilmor, dem Präsidenten von Capitol Records. Noch am gleichen Tag unterschrieb er einen Plattenvertrag über sieben Jahre, und Roy Eberhart übernahm sein Management.

In einem Capitol-Newsletter vom 13. Januar 1959 wurde Dean Reed kurz vorgestellt. Man beschrieb ihn als Sportskanone, der seinem Manager das Rauchen abgewöhnt hatte und Liegestütze machen ließ. Der Wettbewerb der Leichtathletik schien ihm universell anwendbar. »Athletics is a way of life. If you learn competition in that, you can apply it to everything«, wurde Dean Reed für die Werbung des Labels zitiert, der ferner angab, mit Vorliebe historische Bücher zu lesen.

Im Januar 1959 erschien »The Search«, die erste Single von Dean Reed, der mit »Annabelle« auch einen selbstgeschriebenen Song für die B-Seite beisteuerte. In vielerlei

Hinsicht war diese Single die beste Platte, die Dean Reed jemals produzieren sollte. »The Search« war mit viel Bombast überproduziert und bestand aus verschiedenen Versatzstücken, die gerade populär waren: ein weiblicher Background-Chor, ein frecher Break im Refrain, ein Hauch von »Runaway« in der Stimme und dengelnde Gitarren. Mit der B-Seite bewies Reed, daß er auch anders konnte. »Annabelle« erinnerte latent an »Dizzy Miss Lizzy« und klang viel mehr nach Rock 'n' Roll als die zurückhaltende A-Seite, aber alles in allem fehlte der Nummer dennoch das gewisse Quentchen Originalität.

»The Search« wurde vom »Billboard Magazine« zum Hit der Woche gekürt, landete im Februar auf Platz 96 der Charts, war aber bereits nach einer Woche wieder verschwunden. Das Volk wollte lieber Connie Francis, Perry Como und Paul Anka hören. Rock 'n' Roll hielt man noch immer für eine lästige Mode, die von einem gewissen Elvis Presley persönlich erfunden worden war, um die Jugend zu verderben.

The King

Der US-Pop vor Elvis glich einem Propagandafeldzug für amerikanische Lebensart. Die Musiklandschaft war fest in der Hand der imaginären Tin Pan Alley, der Gegend rund um das Brill Building nördlich des New Yorker Times Squares, einer gewaltigen Schnulzenschmiede, die sich aus Musik als Kunstform nicht viel machte und jegliche Veränderung fürchtete. Dicke Männer mit Zigarren versuchten das Zeitalter der Big Bands aus der Vorkriegszeit zu erhalten. Alles war hübsch sauber, die Jugendlichen durften sich auch mal verlieben und Tränen vergießen, aber im wesentlichen hatte die Musik weiß und jugendfrei zu sein. Neu war lediglich Frank Sinatra, der als Sänger in den Vierzigern erstmals erreichte, was sonst nur Filmstars vorbehalten war: Die Frauen fielen bei seinen Auftritten reihenweise in Ohnmacht.

1951 veranstaltete ein DJ namens Alan Freed eine Konzertreihe in der Cleveland-Arena, bei der sowohl weiße als auch schwarze Bands auftraten. Freed empfand den Begriff R & B schon lange als rassistisch und taufte die Show *The Moon Dog Rock 'n' Roll Party*. Der Begriff etablierte sich schnell, und auch der kommerzielle Siegeszug war nicht zu stoppen, auch wenn Freed den Begriff natürlich nicht erfunden hatte. Schon 1934 erschien die Single »Rock 'n' Roll« von den Boswell Sisters, und als rüde Umschreibung für den Geschlechtsakt hatte sich Rock 'n' Roll unter Schwarzen bereits lange zuvor etabliert. 1954 tauschten Bill Haley und seine Saddlemen die Cowboyhüte gegen karierte Jacketts ein und stürmten mit reichlich Fett in den Haaren und einer Coverversion von »Rock Around The Clock« die Charts. »Rock around the clock« war im schwarzen Original nicht weiter aufgefallen, aber die weiße Version übertraf auch die kühnsten Träume der Musikindustrie. Die Platte wurde nicht einfach nur ein Hit. »Rock Around The Clock« wurde zur Hymne und verkaufte sich weltweit schneller als man nachpressen konnte. Die jungen Leute wollten das Gedudel ihrer Großväter längst nicht mehr hören. Erstmals in der Geschichte hatten sie genug eigenes Geld, um selbst als Zielgruppe entdeckt zu werden. Schnell drehte die Industrie mit *Blackboard Jungle* einen Film dazu und mit *Don't Knock The Rock* gleich noch einen, um den Millionenseller von Bill Haley weiter auszupressen.

Dann kam Elvis, und plötzlich war nichts mehr so wie zuvor. Er kam, sah und versetzte die gesamte Jugend in eine nie zuvor dagewesene Hysterie. Ohne Elvis hätte es keinen Dean Reed gegeben, und auch viele andere Künstler wären wohl allenfalls in den Startlöchern geblieben. Das Erfolgsgeheimnis des »Kings« war nicht wirklich neu und von anderen bereits erfolgreich in Szene gesetzt worden. Carl Perkins, Chuck Berry und Jerry Lee Lewis wirkten souveräner. Gene Vincent und Eddie Cochran, die eigentlichen Urväter des weißen Rock 'n' Roll, waren authentischer und gefährlicher. Little Richard hatte ihm mit »Tutti Frutti« längst den Weg bereitet. Sein Kostüm mit dem hohen Kragen hatte der King bei dem Helden seiner Kindheit, Captain Marvel jr., abgeguckt. Die Posen hatte er im Kino bei James Dean und Marlon Brando studiert. Auch als Filmstar taugte er nicht viel, aber historisch markierte er einen gewaltigen Umbruch.

Die Geschichte von Elvis begann mit einer Marktlücke. »Wenn ich einen Weißen finden könnte, der den ›Negersound‹ und das ›Negerfeeling‹ besitzt, dann könnte ich eine Milliarde Dollar verdienen«, offenbarte Sam Phillips seiner Sekretärin Marion Kreisker, als er sein Label Sun Records 1952 in Memphis startete.

Im Sommer 1953 kam ein junger Weißer ins Sun-Studio, der mit den alten Bluesmen im Mississippi-Delta aufgewachsen war. Für vier Dollar nahm er zwei Songs auf, und im Januar 1954 kehrte er für zwei weitere Aufnahmen zurück. Phillips witterte das Potential des jungen Mannes. Er hatte das richtige Aussehen, eine gute Stimme und das gewisse Etwas in seinem Auftreten. Er überredete ihn zu Aufnahmen mit Scotty Moore und Bill Black von Doug Poindexter's Starlight Wranglers. Man probierte einige Nummern, aber erst bei dem traditionellen Blues »That's All Right« von Arthur »Big Boy« Crudup platzte der Knoten. Sam Phillips hatte seinen »weißen Neger« gefunden.

Im Juni 1955 kam Elvis mit »Baby, Let's Play House« erstmals in die Country & Western-Charts, und 1956 schoß »The Pelvis« mit »Heartbreak Hotel« in alle Charts der Welt. Ein Hit nach dem anderen pflasterte seinen Weg. Die Medien nannten ihn »Hillybilly Cat« oder »King of

Western Bop«, und er beherrschte allein die Charts für Pop, Country und Rhythm and Blues, bis das Denken in Schwarz und Weiß keinen Sinn mehr ergab. Kreischende Mädchen und Halbstarke zerlegten reihenweise das Mobiliar der Auftrittsorte, wenn der King of Rock 'n' Roll seinen Gottesdienst abhielt.

Elvis Presley war perfekt. Perfekter als perfekt. Elvis kommunizierte mit einem neuartigen Code, den »die Erwachsenen« einfach nicht verstanden. Er bewegte die Massen und löste eine neue Art von Fanatismus aus. Elvis etablierte mit der Art, wie er sprach, Frauen in die Augen sah, durch die Kleidung, die er trug, und vor allem mit dem unglaublichen Sex-Appeal, der von ihm ausging, ein menschliches Gesamtkunstwerk. Elvis war nicht das romantische Versprechen, das man mit Schnulzensängern wie Frank Sinatra verband. Mr. Presley war Sex und Rock 'n' Roll, »the real thing«.

Ebenso wie Sam Phillips seinen »weißen Neger« gesucht hatte, suchte die Musikindustrie nun nach einem sexlosen Elvis, eine Lücke, die vor allem von Cliff Richards besetzt wurde und Erfolg versprach. Rock 'n' Roll hatte sich seiner schwarzen Wurzeln entledigt und in der Mainstreamkultur etabliert. Die erste Generation, die der Popkultur schutzlos ausgeliefert war, bekam die volle Dosis. Die Jugend von Japan bis Amerika sollte besser konsumieren als aktiv Musik zu machen. Man castete allerorts und probierte emsig neue Gesichter aus. Manche bekamen eine Chance und durften dem ersten Flop auch weitere Versuche folgen lassen. Einer dieser Glücklichen stammte aus Wheat Ridge, Colorado – Dean Reed.

Der Manager

1959 erschien mit »I Kissed A Queen/A Pair Of Scissors« die zweite Single von Dean Reed. Als jugendfreier Elvis war er mit seinen blauen Augen erste Wahl. Die Platte fiel trotzdem nicht weiter auf. Vor allem die parallele Veröffentlichung in England wurde kaum bemerkt. Wieder hatte man dem Sänger einen Chor zur Seite gestellt, und erneut machte die B-Seite mit einem netten Gitarrensolo in der Mitte deutlich mehr Spaß als der vom Management favorisierte Song.

Dean Reed war ein Landei par excellence. Er hatte nie mit einer Band in einem Keller geprobt, Joints geraucht oder sich für Kunst interessiert. Der frischgebackene Star zog zunächst aber in die Nähe seiner Eltern, die nach Phoenix umgezogen waren, und ließ sich bei kleineren Auftritten in seiner Heimat feiern. Dean Reeds Cousin Will Matlack erinnert sich im Forum von deanreed.de: »An einem Wochenende gab Dean an meiner Schule ein Konzert. Deans Bruder Vernon spielte Schlagzeug. Das Aufsehen hielt sich in Grenzen, aber ich war so von Dean beeinflußt, daß ich selbst eine Rock-'n'-Roll-Band auf die Beine stellte. Und ich spiele im Alter von 56 Jahren immer noch in einer Rockband.«

Die »Rocky Mountain News« spekulierten in einem Artikel vom 16. Januar 1959, ob Dean Reed nicht der nächste Glenn Miller werden könne. Reed hatte mit Swing zwar nicht viel am Hut, aber Miller hatte ebenfalls die University of Colorado in Boulder besucht und war später zu Weltruhm gelangt. Weiterhin berichtete die kleine Zeitung, daß Dean Reed mit einem Empfehlungsschreiben eines gewissen Roy Eberhart bei Capitol Records aufgetaucht war.

Die Anekdote mit dem Anhalter erscheint eine Spur zu märchenhaft. In Interviews erwähnte Dean Reed nie dessen vollen Namen oder die Tatsache, daß der Anhalter auch gleich zu seinem Manager wurde. Er war später immer stolz, keinen Manager zu haben, und bemüht, für die Presse die Legende vom namenlosen Anhalter aufrecht zu erhalten, der ihm selbstlos das Ticket nach Hollywood verschafft hatte. Tatsächlich hatte Eberhart vor allem ein finanzielles Interesse an dem jungen Sänger und managte Dean Reed, bis dieser 1959 nach Kalifornien übersiedelte. Denkbar wäre, daß der arbeitslose Musiker bereits vorher im Raum Denver auf Dean Reed gestoßen war und ihm eine große Karriere versprochen hatte. Möglicherweise war er auch schon vorher als Manager für Dean Reed tätig. Laut einem kurzen Interview mit der »Denver Post« vom 5. April 1957 hatte Dean Reed bereits zwei Jahre zuvor schon einen Manager. Er finanzierte sich seit 1956 selbst, was zu dieser Zeit ohne Manager schwer gewesen sein dürfte. Für einen Auftritt mit dem tourenden Tenor Lauritz Melchior brauchte man halbwegs gute Kontakte.

Dean Reed verschwieg seine dreijährige Erfahrung als junger *Showman*, der von seinen Auftritten leben mußte. Der angeblich planlose Trip nach Kalifornien, der Anhalter, die wundersame Fügung, in der Chefetage sofort einen Termin zu bekommen, der sofortige Abschluß eines Plattenvertrages über sieben Jahre und die Option auf einen eigenen Spielfilm – im Vergleich mit den Gepflogenheiten der Musikbranche klang die Geschichte wenig glaubwürdig und eher nach einer später zurechtgelegten Erfolgsstory.

Los Angeles

1959 lebte Dean Reed zunächst mit Roy Eberhart und dessen Familie über den Hügeln von Canoga Park in einem Haus des früheren Kinderstars Shirley Temple und fand sich unversehens in den Händen von Geschäftemachern. Rund 25 Prozent seiner Einnahmen gingen an Eberhart, zehn Prozent an seinen Agenten sowie je fünf Prozent an den Mann für die PR und einen Business-Manager. Dreißig Prozent gingen an die Steuer. 1960 verkaufte Eberhart seinen Vertrag, und Dean Reed mußte sich selbst um sein Management kümmern. In seiner 1980 erschienenen Autobiographie »Aus meinem Leben« äußerte er sich nur knapp über den Verkauf seines Vertrages: »Käufer war die Organisation, die in Hollywood mit allem, was es im Showbusiness gibt, handelt und die man getrost als Syndikat, als eine Art Mafia bezeichnen kann.«

Der unerfahrene Cowboy aus Colorado büßte schon sehr früh für seine Naivität. Er realisierte, daß das Label ihn nur als Produkt ansah und er vor allem weiter live auftreten mußte, um Geld zu verdienen. Damit war es aber noch nicht getan. Die Musikbranche erwartete, daß sich der Sänger den Gesetzen des Marketings unterwarf. In seiner Autobiographie erinnerte er sich an die Strategien zu seiner Vermarktung: »So erschienen eines Tages zwei Männer bei mir, die mir eröffneten, was ich nach Ansicht der Organisation alles falsch machen würde. Sie schrieben mir vor, was ich für Hemden anziehen sollte, welche Krawatten ich tragen müßte, mit welchen Frauen ich mich in den von Fotoreportern wimmelnden Restaurants am Sunset Strip sehen lassen sollte, und meinten, daß es übrigens sehr gut wäre, wenn ich mit Miß Sowieso einen kleinen Skandal inszenieren würde. Ich habe das abgelehnt. Ich wollte kein Sklave sein. Lieber blieb ich ohne Manager.«

Nach Aussage eines Freundes von Dean Reed, Johnny Rosenburg, der durch Reeds Vermittlung selbst einen Vertrag bei Capitol unterschrieben hatte, wurde sein Vertrag später »von ein paar Typen aus Abilene, Kansas, gekauft, die mit Cadillacs handelten«. Vermutlich lag er damit nicht ganz falsch. Das Musikbusiness wurde zu dieser Zeit von Gangstern, Self-Made-Managern, Songschreibern und gewerkschaftlich organisierten Studiomusikern kontrolliert. Die Interpreten spielten in der Plattenproduktion die kleinste Rolle. Man paßte ihnen Songs an wie die dazugehörige Bühnengarderobe. Jeder Musiker, der seine Karriere vor der Rock-'n'-Roll-Ära begonnen hatte, arbeitete quasi direkt für die Mafia. Das Copacabana in New York, das Riviera in Jersey, das Chez Paree in Chicago, der 500 Club – alle großen Läden gehörten dem organisierten Verbrechen. Man lud sich Musiker zur Belustigung ein und verdiente nebenbei ganz ordentlich an den Platten. Im Hip-Hop verhielt es sich ganz ähnlich.

Besonders deutlich wurde dieser Zusammenhang bei Frank Sinatra als Bindeglied zwischen Mafiosi wie Sam Giancana oder Lucky Luciano, »den Kubanern« und »den Kennedys«. Sinatras Rat-Pack-Kumpan Peter Lawford war mit Kennedys Schwester Patricia verheiratet, und in den Hinterzimmern von Las Vegas wurde munter Geheimdiplomatie betrieben. Die unschuldig vergnügten Herrenabende endeten 1963 in Dallas. John F. Kennedy wurde erschossen, und finstere Verstrickungen von Politik, Mafia und Showbiz kamen ans Licht.

Begegnung mit dem weisen Mentor

1959 vermittelte Capitol Records Dean Reed einen Filmvertrag mit Warner Brothers. Man glaubte an sein Potential und schickte ihn für drei Jahre auf Warners *School of Stars*, wo er mit späteren Stars wie Jean Seeberg und Phil Everly auf der Schulbank saß. Phil Everly hatte mit »Wake Up Little Susie« 1957 einen zeitlosen Klassiker abgeliefert und später mit Hits wie »All I Have To Do Is Dream« oder »Bye Bye Love« nachgelegt. Everly verlor nie den

Kontakt zu Dean Reed. Er vermachte seinem Weggefährten später eine Gitarre, die zu dessen wichtigstem Begleiter wurde. Everly trat sogar auf dessen Bitte im DDR-Fernsehen auf und besuchte Reed später mehrfach in seinem Haus in Schmöckwitz.

An der Schauspielschule traf Dean Reed auf den Schauspiellehrer Paton Price, einen radikalen Pazifisten, der wegen Kriegsdienstverweigerung im Zweiten Weltkrieg zwei Jahre im Gefängnis gesessen hatte. Paton Price war ein Übervater des alten Hollywood, und er übte großen Einfluß auf den jungen Mann aus Colorado aus. Zu seinen Schülern gehörten Kirk Douglas, Don Murray, Roger Smith und Bob Conrad. Er hatte enge Kontakte zu den »Hollywood Ten«. Price machte Dean Reed u. a. mit den Ideen des russischen Schauspielers, Regisseurs, Theaterleiters und Pädagogen Konstantin Stanislawski bekannt, der 1898 mit Nemirowitsch-Dantschenko das Moskauer Künstlertheater begründet hatte. Er war ein Kämpfer für eine moderne Form von Realismus in Schauspiel und Regie und bekannt für seine realistischen Inszenierungen mit großer Liebe zu Details. Für Stanislawski waren die Erinnerungen an Gefühle der Vergangenheit von großer Bedeutung und seine Thesen wiesen Ähnlichkeiten mit der russischen Klavierschule auf, die ebenfalls mehr auf ein emotionales Verständnis für Musik baute, als die technisch perfekte Beherrschung des Instrumentes zu predigen. Theaterschulen zwischen Moskau und New York lehren bis heute nach Stanislawskis Theorien. In den USA wurde »The Method« vor allem von Lee Strasberg, Lehrer von Anne Bancroft, Marlon Brando, Paul Newman oder Marilyn Monroe, gelehrt. Auch Jane Fonda wurde über Strasbergs Tochter Susan von Stanislawski beeinflußt. Die Tochter des großen Mimen Henry Fonda war ebenfalls Schülerin an Warners Schauspielschmiede und freundete sich dort auch mit Dean Reed an, der bis zu seinem Tod Kontakt zu ihr hatte.

Schauspieler waren in den USA längst zu künstlichen Medienstars geworden, deren Geschichte von der Yellow Press geschrieben wurde. Geschichten über Celebrities ersetzten reguläre Informationen. Paton Price predigte seinem neuen Adepten statt dessen, daß man ein guter Mensch sein müsse, um als Künstler überhaupt etwas von Wert schaffen zu können.

Bei Reeds Ankunft in L. A. erkannte Paton Price sofort, daß sein Schützling noch nicht »entjungfert« war, und er verordnete ihm augenblicklich einen Besuch im besten Bordell der Stadt. Paton Price ließ ihn sich und seine Kollegin Jean Seeberg auch bei einer Probe nackt ausziehen, weil Reed sich nicht auf die Szene konzentrieren konnte. Später schrieben sich Paton Price und Dean Reed Telegramme, in denen sie sich mit der Zahl ihrer Affären zu übertrumpfen suchten. In seiner Autobiographie äußerte Reed sich zu dieser Freundschaft: »Obwohl uns ein großer Altersunterschied trennte, wurde Paton Price mein erster wirklicher Freund. Ich kann auch sagen: mein zweiter Vater [...]. Paton war für mich von Anfang an ein Mensch, der mir bewußt werden ließ, was mir fehlte: Reife.«

Obwohl er in Paton Price seinen Guru gefunden hatte, folgte Reed später nur noch seinem eigenen Instinkt. »Er nahm keinen Ratschlag mehr von mir an«, erinnerte sich Price, der 1981 als Berater an *Sing, Cowboy, Sing* mitgearbeitet hatte, im Dokumentarfilm *American Rebel*, den Will Roberts 1985 über Dean Reed drehte. Zwei Jahre lebte Reed im Haus des Schauspiel-Gurus in Burbank. Er wurde zu einem vollwertigen Mitglied der Familie und nannte den alten Mann ›Peeps‹. Dean Reed, der sich zu dieser Zeit bereits als Marxist bezeichnete, führte mit Paton Price lange Gespräche auch über Politik. Aus dem Wunsch nach einer Veränderung der sozialen Zusammenhänge wuchs langsam der Wille, sich selbst dafür einzusetzen. Hollywood nannte er ein »Prostitutions-Camp« und »eine Art Mafia«.

Der Einfluß von Price war zu diesem Zeitpunkt so groß, daß der ehrgeizige Reed die Hauptrolle in der TV-Serie *Wanted Dead Or Alive* ausschlug, weil er auf der Leinwand keine Waffe tragen wollte. Man verpflichtete statt dessen den jungen Steve McQueen, und Reed galt in Hollywood fortan als schwierig.

Eine Romanze im Sommer

Am 4. Oktober 1959 stand die dritte Single von Dean Reed, eine Schnulze mit dem Titel »Our Summer Romance/I Ain't Got You«, angeblich auf Platz 2 der Top 50 in den USA. Im Laufe der Zeit verkaufte sich die Platte auf der ganzen Welt fast eine Million mal. Der große Hit in den USA wurde später zu einem wichtigen Element der Legende Dean Reed und sollte im Ostblock seinen Status als Weltstar beglaubigen. Niemand hat diese Geschichte je hinterfragt. Auch in Reggie Nadelsons 1991 erschienener Reed-Biographie »Comrade Rockstar« wurde der US-Charterfolg nicht weiter bezweifelt. Nach Reeds Umzug in die DDR hieß es immer wieder, Reed hätte trotz seines Erfolges auf eine Karriere in Amerika verzichtet. In der DDR hatte man ja kaum die Möglichkeit, die alten US-Billboard-Charts aus dem Regal zu ziehen, um die Story zu überprüfen. Aber belassen wir es zunächst bei Dean Reeds eigener Historienschreibung und kommen später auf den tatsächlichen Erfolg der Single zurück, der zunächst mehr als bescheiden ausgefallen war.

»Our Summer Romance« stammte aus Reeds eigener Feder. Musikalisch paßte das Lied so gerade noch in die Zeit. Dean Reed war zwar kein klassischer Las Vegas-

Crooner wie die Jungs vom »Rat Pack«, aber er klang wie einer, der es mit der Sehnsucht nach der Sommerromanze ernst meinte. In seinen besseren Momenten kam er sogar an Roy Orbinson heran, ohne aber dessen schwermütige Tiefe zu erreichen.

1959 hatte Dean Reed auch einen Auftritt in Dick Clarks TV-Show *American Bandstand*. Gäste dieser Sendung durften froh sein, daß sie hier auftreten durften, und freche Bemerkungen wurden nicht geduldet. Der erzkonservative Clark regierte seine Show wie ein Patriarch. Elvis wurde nur von der Hüfte aufwärts gezeigt. *American Bandstand* war eine Institution in Amerika und Dick Clark eine Legende. Ursprünglich hatte man in der Sendung Sensationsdarsteller vom Zauberer bis zur lebenden Kanonenkugel präsentiert, bis sich das Hauptinteresse auf die neuen musikalischen Stars verlagert hatte. Heute unterhält Dick Clark eine Fast-Food-Kette und wurde auch bekannt als der Mann, der Filmemacher Michael Moore in *Bowling for Columbine* die Autotür vor der Nase zuknallt.

Von ähnlichem Kaliber wie *American Bandstand* war die *Bachelor Father Show*, wo Dean Reed am 4. Februar 1960 mit dem heute verschollenen Titel »Twirly Twirly« auftrat. John Forsythe begründete mit dieser Sitcom seine Karriere. Die *Bachelor Father Show* war ein gutes Beispiel für die hilflosen Versuche, der *Teenage Rebellion* mit altväterlich autoritären Rollenmodellen zu begegnen und dabei die Realität mit Mitteln der Fiktion zu bändigen. In solchen Serien sagte am Ende tatsächlich noch jemand Sätze, die mit »Ich habe heute auch etwas gelernt« begannen.

Dean Reed tauchte in Episode 61 auf, die den Titel *Bentley and the Majorette* trug. Nichte Kelly und ihre Freunde üben darin für einen Trommelwettstreit, und Onkel Bentley wird böse, als einige der Kids nicht mehr zu den Proben erschienen. Dean Reed sang zwischendurch irgendwann seinen Titel »Twirly Twirly«. Da Popstars die beliebte Serie nur in Ausnahmefällen mit Sangesdarbietungen unterbrachen, spricht Dean Reeds Auftritt durchaus für seine Reputation in dieser Zeit, auch wenn er seinen Text in der vorgestanzten Variante, die das Studio am liebsten mochte, darbot. Wer sich nicht an die Regeln solcher Shows hielt, hatte in der Popwelt nichts verloren. Popmusik mit sozialkritischem Inhalt war immer noch unvorstellbar.

Die Rebellion fand unterdessen auf der Straße statt und manifestierte sich musikalisch in Eddie Cochran, der als Angestellter eines Tonstudios jede freie Minute nutzte, um eigene Songs zu produzieren. Während Cochran der Nachwelt Geniestreiche wie »Summertime Blues« und »C'mon Everybody« hinterließ, ließ sich Dean Reed auf das Spiel der Industrie ein. Obwohl er sich nicht an die Regeln halten mochte, wollte er doch mitspielen, um die Regeln später zu verändern. Er konnte singen, sah gut aus und konnte reiten. Dean Reed war – im Verständnis der Hollywood-Strategen – hervorragendes Material. Man engagierte ihn als Darsteller in einer netten High-School-Traumwelt fürs Fernsehen, wo es jeden Tag Hamburger und Apple Pie gab. Er machte Platten und lächelte in die Kameras. Man bejubelte ihn daheim in Denver, weil er es geschafft hatte. Plattenvertrag, Adresse in Hollywood, schöne Frauen. Doch die Wirklichkeit war weniger hochglänzend: Capitol brachte 1960 zwei weitere Singles von Dean Reed heraus, die man nur als Flops bezeichnen konnte: »Don't Let Her Go/No Wonder« und »Hummingbird/Pistolero«. »Don't Let Her Go«, der erste Song aus Reeds eigener Feder, kam durchaus gut weg, und er gab sich alle Mühe, wie Elvis zu klingen. Wirklich überzeugt schien er von sich selbst aber nicht gewesen zu sein, sondern eher eine Rolle zu spielen. Er gab den Typen, der es geschafft hatte, aber kaum jemand kannte wirklich seine Songs. Für die Rolle in einem Film schien er einen

Hit zu brauchen, und von großen Auftritten außerhalb von Denver konnte er nur träumen.

Auch der Rock 'n' Roll schien mal wieder am Ende. Little Richard war auf den Religionstrip gekommen, Chuck Berry saß im Knast und Elvis war zum braven Soldaten mit guter Führung mutiert. Buddy Holly, Richie Valens und Eddie Cochran waren tot. Sie hatten der Nachwelt ein paar gute Erinnerungen hinterlassen, aber ihre Ära schien so schnell wieder vorbei zu sein, wie es Vater Reed einst prophezeit hatte. Dean Reed war zu spät gekommen, um die Welle Rock 'n' Roll noch richtig zu erwischen. Bis zum Auftauchen der Beatles saßen die alten Männer wieder fest im Sattel und definierten die Rahmenbedingungen der Industrie.

Invasion vom Mars

1960 begann sich die schwarze Musik in Richtung Soul zu entwickeln. Im schwarzen Amerika war ein neues Selbstbewußtsein erwacht und manifestierte sich sowohl in bürgerlichen Protestmärschen als auch in einem radikalen Spektrum.

Mit den Labels Motown, Stax und Atlantic Records etablierte sich erstmals ein schwarzer Sound, der auch von Weißen akzeptiert werden konnte und gleichzeitig den Black Panthers als Soundtrack diente. Die Musik brachte den Stein ins Rollen. Ende der Sechziger entlud sich der über Jahre angestaute Druck. Erst als aus der ursprünglich von der schwarzen Bevölkerung getragenen *Free-Speech*-Bewegung ein breiter Protest gegen den Krieg in Vietnam wurde, zogen Schwarz und Weiß an einem Strang.

Diese Gesamtentwicklung der Sechziger, die einen massiven Umschwung für die Gesellschaft bedeutete, hatte Dean Reed nur von außen wahrgenommen. Man könnte ihm vorwerfen, daß er sein Land verlassen hatte, als man dort engagierte, kritische Köpfe am dringendsten brauchte. Aber zu dieser Zeit wollte Dean Reed in erster Linie berühmt werden, und er schien sich auf dem besten Wege zu befinden. Für seine persönliche Geschichte ist es jedoch wichtig festzuhalten, daß er in gewisser Weise nicht nur musikalisch im Jahre 1960 stehenblieb. Mochte er sich auch weiterhin als Amerikaner fühlen, lebte er dennoch schon bald nicht mehr in diesem Land, sprach immer seltener Englisch und erfuhr von den Rassenunruhen in den USA später nur noch aus den Medien.

»Our Summer Romance« entwickelte sich im Laufe des Jahres in Südamerika zum Superhit. Südlich der USA war Dean Reed plötzlich populärer als Elvis, Frank Sinatra und Ray Charles zusammen, zumindest wenn man den Aussagen von Reed persönlich Glauben schenken möchte. Während man in Amerika kaum Notiz vom One-Hit-Wonder Dean Reed nahm, schien man ihn in anderen Teilen der Welt plötzlich zu schätzen. Für Capitol Records sollten sich die Investitionen endlich rentieren. Ein neuer Weg schien sich dem jungen Mann aus Colorado zu öffnen. Es gab noch andere Länder auf der Erde, und er war dort populärer als daheim.

Als man ihm eine Tour durch Chile, Argentinien, Brasilien und Peru anbot, sagte er sofort zu. Das Ausland wartete auf ihn. Was für ein Abenteuer! Er erzählte keinem seiner Freunde oder Mitbewohner von der Tour und kaufte sich auf eigene Faust ein Ticket, nach Südamerika. Im Februar 1960 hatte er dafür extra seinen Paß verlängern lassen und die amerikanischen Behörden von seinem Reiseziel unterrichtet. Er gab seine Größe mit sechs Fuß und einem Zoll an. Bei seiner nächsten Ausweisverlängerung erhöhte er um drei Zoll. Mit der Wahrheit nahm er es offenbar nicht ganz so genau.

2. Kapitel:
Unbarmherzig wie die Sonne

»It's not the way it was, it's the way it ought to be.
Es ist nicht so, wie es war, sondern so, wie es hätte sein sollen.«

(John Ford)

Am 9. März 1961 verließ Dean Reed den Flughafen von New York, um erstmals ins Ausland zu reisen und dort ein paar Konzerte zu geben. Er ließ Hollywood hinter sich, wo er sich erfolglos um Engagements bemüht hatte.

Als er in Santiago de Chile landete, zierte sein Gesicht bereits die Cover der Teenie-Gazetten. Bei der Zollkontrolle erfuhr er eine bevorzugte Behandlung, die sonst nur hochrangigen Persönlichkeiten zuteil wurde, und sein Aufenthalt glich beinahe einem Staatsbesuch.

Tausende seiner Fans warteten in der Ankunftshalle. Motorisierte Polizeieskorten mußten den Star vor dem Tumult schützen. Der Rundfunkwagen eines chilenischen Radiosenders verfolgte seine Limousine und verkündete live die aktuelle Position im Verkehrschaos. An den Fenstern winkten ihm die Menschen zu, und auch in seinem Hotel gegenüber dem Präsidentenpalast wurde er von einer tobenden Menge erwartet.

Als Dean Reed am nächsten Tag zu einem Radiointerview fahren wollte, blieb er mit dem Auto in der Masse seiner Fans stecken. Der Fahrer, ein rücksichtsloser Mann namens Zamora, bahnte sich mit dem Kühler den Weg durch die Menschenmenge. Dean Reed war empört und weigerte sich, mit dem Chauffeur weiter zu fahren. Ein paar Jahre später geriet Zamora mit Paul Anka in eine ähnliche Situation. Wieder gab der Fahrer einfach Gas und tötete einen der Fans.

Fortan ging der frischgebackene Superstar in Chile zu Fuß, und seine unbekümmerte Art verschaffte ihm zusätzliche Popularität. Sein Name leuchtete in großen Lettern von den Konzerthallen herunter, und er wurde von einer Party zur nächsten gereicht. Chile liebte den Yankee mit dem Superhit. »Our Summer Romance« hielt sich in Südamerika das ganze Jahr in den Charts.

Dean Reed fand sich in der täglichen Routine eines Popstars wieder. Ununterbrochen gab er Autogramme, und sein Leben bestand aus einem steten Wechsel von Hotelzimmern, die er nur für ein paar Stunden Schlaf zu sehen bekam, und dem endlosen Akkord des Tourlebens. Morgens brauchte er einen Moment, um sich zu erinnern, wo er gelandet war und unter welcher Zimmernummer sein Tourmanager für die Nacht abgestiegen war.

Präsident Superstar

Im November 1960 war John F. Kennedy zum Präsidenten der USA gewählt geworden und verhieß ein Ende der miefigen fünfziger Jahre. Kennedy hatte bereits 1957 den Pulitzerpreis erhalten, umgab sich mit Hollywood- und Mafia-Celebrities in gleichem Maße und war nicht nur optisch der völlige Gegensatz zu Nikita Chruschtschow, der im Vormonat seinen Forderungen in der UN-Vollversammlung Nachdruck verliehen hatte, indem er mit seinem Schuh auf das Rednerpult einhämmerte.

Richard Schickel schrieb in »Intimate Strangers: The Culture of Celebrity« (New York, 1985) mit Bezug auf das wahlentscheidende TV-Duell zwischen Richard Nixon und Kennedy: »Was wir hier haben, ist die Erkenntnis des Kandidaten und seiner Berater, daß traditionelle Verpflichtungen und Verbindungen innerhalb der Partei und unter den verschiedenen Interessengruppen im Zeitalter des Fernsehens für einen Wahlsieg und für eine Regierung im allgemeinen weniger wichtig waren als die Schaffung eines Bildes, das die Illusion von Männlichkeit und Dynamik vermittelte, ohne auf feste Sympathien verzichten zu müssen. Und genau das ist es doch, worin ein erfolgreicher männlicher Filmstar seine Aufgabe sieht.«

In den USA hatte man sich an die Unterhaltungsoffensive der Spektakel-Gesellschaft gewöhnt, bei jeder Gelegenheit wurde die Jugend des Präsidenten gepriesen, dem man sogar zutraute, daß er privat womöglich den Twist tanzte und »Negermusik« hörte. Während die konservativen Kräfte erörterten, ob der Twist überhaupt als Tanz gelten könne – immerhin wurde nicht paarweise agiert –, machte sich eine neue Lässigkeit breit, und der totale Jugendkult setzte ein. Jung zu sein war alles.

1961 gewann der Kalte Krieg eine neue Schärfe: der erste Mensch im Weltraum, ein 27jähriger Russe namens Juri Gargarin ... die Invasion in der Schweinebucht auf Kuba ... der Bau einer Mauer, die Deutschland in zwei Teile trennte ... Die Nachkriegsgeneration warf ihre Fesseln ab. Das Fernsehen setzte sich durch. Erstmals erfuhr eine globale Generation die Gleichschaltung einer Bewußtseinsprägung durch die Medien. Rock 'n' Roll wurde zur Revolte.

Der Einfluß von Celebrities auf die öffentliche Meinung wurde spürbarer. Selbst das Bürgertum hörte nun zu, was der Herr Popstar sagte. Berühmte Menschen waren der neue Adel, Hollywood der Olymp. Man bekam Politik in unterhaltsamer Form präsentiert, und nach Warhol drehte sich die Presselandschaft vor allem um Inszenierungen im Theater des Lebens und rückte die Superstars ins rechte Licht. Die Trennung von wirklichem und von den Medien künstlich erschaffenem Leben wurde immer schwieriger. Der perfekte Zeitpunkt für Dean Reeds Vision von einer besseren Welt.

Das Geheimnis des Erfolges

Der Mythos Dean Reed im Ostblock beruhte unter anderem darauf, daß er in den USA einst ein großer Star gewesen war. Diese Version wurde von den Medien verbreitet, seit Dean Reed 1965 erstmals in die Sowjetunion reiste. Immer wieder war die Rede von einer Nr. 2 in den US-Charts. Auch in der in der DDR erschienenen und von Hans-Dieter Bräuer aufgezeichneten Autobiographie »Dean Reed erzählt aus seinem Leben« hielt der Autor fest, daß der Song in Amerika ein großer Hit war: »Überall in den USA klingt das schlichte Lied aus den Lautsprechern«, hieß es da. Als Beleg dafür ist eine Playlist des Radiosenders KIMN abgedruckt. Dort stand »Our Summer Romance« am 4. Oktober 1959 tatsächlich auf Platz 2. Es handelte sich dabei aber lediglich um die Top 50 eines Senders aus Denver, Colorado. Die Playlist ist unterschrieben mit »Amerikanische Hitparade 1961: Der erste große Erfolg«.

Es dürfte nicht verwundern, daß der Mann aus Colorado zumindest in seiner Heimatstadt im lokalen Radiosender gespielt wurde, aber ein Beleg für den großen All-American-Hit ist dies nicht. Im Gegenteil. Mit dem Allerweltsbegriff »Hitparade« gaben Reed/Bräuer die Hitliste des Lokalsenders KIMN als nationale US-Charts aus. Auch wenn man Bräuer zugesteht, nicht im Detail mit der US-Radio-Kultur vertraut gewesen zu sein, Reed hätte dies wissen müssen – oder log vorsätzlich. Im Capitol-Newsletter vom 13. Januar 1959 hatte Dean Reed überdies einen gewissen Gene Price von KIMN als seinen Lieblingsmoderator genannt. Es scheint durchaus möglich, daß dieser sich für die gute Werbung revanchierte und Reed bei KIMN mit ›Airplay‹ in Denver unterstützte.

Es muß also festgehalten werden, daß lediglich die erste Single von Dean Reed, »The Search«, eine Woche lang einen Eintrag auf Platz 96 in den amerikanischen Billboard-Charts zu verzeichnen hatte. Unterste Top 100 aber war nun nicht ganz dasselbe wie oberste Top 10.

War also Reeds Erfolg in den USA eher mäßig, sah es in Südamerika ganz anders aus. Bei einer Wahl zum beliebtesten Popstar verwies Dean Reed 1961 den King of Rock 'n' Roll in Südamerika mit 29 330 zu 20 805 Stimmen auf den zweiten Platz. Paul Anka schaffte es mit 17 548 Stimmen auf Platz 3, und Ray Charles führte mit 7260 Stimmen auf Platz 4 die hinteren Ränge an. Von dieser Wahl blieb nur ein vergilbter Zeitungsausschnitt erhalten, den Reed bis 1984 bei Interviews vorzeigte, ohne daß je der Titel der Zeitschrift überliefert wurde. In seiner Biographie ist der Ausschnitt, untertitelt mit »Platz 1 für Dean: Südamerikanische Hitparade 1961«, ohne Quellenangabe dokumentiert. Neben dem angeblichen Platz 2 von »Our Summer Romance« in den US-Charts gehörte dies zu den wichtigsten Indizien, um später den frühen Erfolg von Dean Reed zu belegen. Dean Reeds Jahre in Südamerika wurden durch diesen Sieg über Elvis immer wieder mystifiziert, auch wenn die Quellenlage dazu äußerst dürftig war. Mochte er 1961 auch einen Preis von einem Jugendmagazin in Südamerika bekommen haben, so war nie die Rede von Folgehits oder konkreten Erfolgen. »Er hat mal davon gesprochen, daß er beispielsweise in Argentinien noch vor Elvis Presley auf der Hitliste stand«, erinnert sich Egon Krenz, letzter Staatsratsvorsitzender der DDR, im Interview. Krenz war mit Dean Reed befreundet, dessen USA-Karriere hat er nie hinterfragt: »Ich glaube schon, man kann sagen, er war ein Hollywoodstar. Also, ich habe es so empfunden. Er hat es auch immer so gesagt, und ich glaube, es entspricht auch den Tatsachen.« Egon Krenz war aber nicht unbedingt ein Experte in Sachen Popkultur. Nun mag man lange diskutieren, wer nun das Prädikat Star oder Superstar verdient hat, aber Reeds Karriere in den USA verlief, wie gesehen, eher unspektakulär. Wiebke Reed erinnert sich gar an einen »arbeitslosen Sänger«, der 1971 in die DDR kam. Kurze Zeit später hatte ihn die Propaganda der SED zu einem Weltstar hochgeschrieben, und immer wieder tauchte die Geschichte von seinem großen Hit in den USA auf. So entstand das neue Image von Dean Reed. Man dachte sich eine spektakuläre Vorgeschichte für die Medien aus, denn die Größe der sozialistischen Idee nahm zu mit der Größe derer, die sich zu ihr bekannten, auch wenn sie den Tatsachen so nicht entsprach – ihre propagandistische Wirkung ging vor.

Wäre Reeds Erfolg in Südamerika konstant geblieben, hätte ihn sicher einer der Studiobosse zurück in die amerikanischen Studios gejagt. Statt dessen veröffentlichte Capitol Records im Jahre 1961 nur noch die Single »Female Hercules/La Novia«, die ein weiterer Flop wurde. Wieder überzeugte eher die B-Seite, eine lupenreine Elvis-Ballade, die auch mit dem Timbre des Kings eingesungen wurde. Capitol schien keine weiteren Pläne mit Dean Reed zu haben. Nach sechs Singles ohne nennenswerte Reaktionen in den USA hatte man ihn offenbar abgeschrieben. Weder der versprochene Film noch eine weitere Platte oder andere Marketingmaßnahmen fanden statt.

Im selben Jahr erschien bei Imperial Records die Single: »I Forgot More Than You'll Ever Know/Once Again«. Imperial Records war 1958 das erste Label, das Platten im Stereo-Sound veröffentlichte. Der Besitzer Lew Chudd war besessen von dieser Idee und numerierte seinen Katalog mit einem komplizierten System, um Mono- von Stereo-Aufnahmen zu unterscheiden. Noch heute tüfteln

Plattensammler an der chronologischen Reihenfolge. Chudd hatte die Firma 1946 gegründet und war vor allem durch die Entdeckung von Fats Domino bekannt geworden. Star des Labels war das Teenager-Idol Ricky Nelson. Lew Chudd galt als aggressiver Talentsucher und guter Geschäftsmann, doch auch Reeds letzte US-Single war ein Flop.

In the Ghetto

Während Dean Reed durch Südamerika tourte, entwickelte sich in den USA die Poplandschaft mit neuer Rasanz. Nach dem Twist wurden Rock und Pop gesellschaftsfähig, und einer der größten Hypes aller Zeiten begann. Man produzierte Twist-Merchandising-Artikel vom Regenschirm bis zum Kopfkissen und akzeptierte erstmals die Tanzwut der Jugend, die vorher stets als sicheres Zeichen des sittlichen Verfalls gegolten hatte. Die Musikindustrie entwickelte einen Tanz nach dem anderen, jeweils mit dem dazugehörigen Star. Die konsumfreudige Jugend nahm es damals ebenso wie heute sportiv. Man tanzte in schneller Folge den Mashed Potatoe, den Madison, den Fly, den Pony, den Popeye, den Frug, den Jerk, den Funky Broadway, den Philly Skate, den Boogaloo, den Hully-Gully, den Dog, den Monkey und noch einige Dutzend Tänze mehr. Man konnte kaum Schritt halten. Die oberflächlichen Scheinwelten des Pop wurden als tatsächliche Wirklichkeit verkauft.

In New York machte sich Andy Warhol über diese Entwicklungen seine eigenen Gedanken. Er beschloß, sich selbst mit simplen Tricks in eine Berühmtheit zu verwandeln, um die Mechanismen der Popindustrie zu entlarven, und er war damit außerordentlich erfolgreich. Warhols Welt der Superprominenten war unwirklich gegen die Bilder, die Dean Reed das Jahr über in Südamerika zu sehen bekam. Für ihn war das eigene Superstar-Image längst zu einer höchst seltsamen Erfahrung geworden. Langsam begriff er, was er täglich sah, daß viele Menschen im Rest der Welt große Not litten.

Das Elend der Menschen in den Slums von Santiago paßte nicht zu den seichten Liedern über Liebe und Glück, die Reed auf der Bühne zum besten gab. In Chile sah er zum ersten mal die Ghettos. Kinder, die ihn mit großen Augen ansahen, deren Spielzeug aus Scherben, Autowracks und toten Hunden bestand. Ihre Not konnte nicht dadurch gelindert werden, daß ein Superstar mit seinen Bodyguards und einer Traube von Medienvertretern vorbeischaute, um etwas für sein Image zu tun.

Dean Reed hatte geglaubt, daß er innerhalb der Musikbranche nur seine Autonomie bewahren mußte, um integer und authentisch zu bleiben, wie Paton Price es ihn gelehrt hatte. Er wollte sich nicht prostituieren und die Mätzchen der Marketingabteilungen mitmachen. Nun erkannte er, daß sein bisheriges Koordinatensystem im Ausland keine Bedeutung hatte.

In seiner Autobiographie schrieb er: »Ich war sehr naiv und dachte reinen Herzens, daß eigentlich alle Leute nett zueinander seien. Ich jedenfalls hatte bis dahin wenig böse Menschen kennengelernt. [...] Die Welt sah für mich rosig aus, und ich glaubte, mein ganzes Leben würde immer so sein.«

Seine Reisen durch Chile und das restliche Südamerika führten ihm vor Augen, daß es Menschen gab, die in bitterster Armut lebten, während in Kalifornien jedes Haus eine Klimaanlage betreiben konnte und jede Familie im Durchschnitt drei Autos ihr eigen nannte. Er ahnte, daß die Unterdrückung der amerikanischen Urbevölkerung weiterging und Amerikas Vergangenheit nicht von singenden Cowboys, sondern von Mord und Unterdrückung bestimmt wurde.

Und er begriff, daß er selbst auch nur ein Interpret seichter Songs war, die einen amerikanischen Traum glorifizierten, der immer mehr nach einer Lüge zu klingen begann. In seiner Autobiographie beschrieb Dean Reed diesen Erkenntnisprozeß folgendermaßen: »Da war eines Tages plötzlich eine kleine Meldung in der Zeitung, daß chilenische Arbeiter einen Landsmann von mir, Manager einer Filiale eines US-Unternehmens, verprügelt hatten. Und sie hatten ein böses Wort gerufen: ›Yankee, go home!‹ Yankee, go home! Amerikaner raus! – das war ein Wort, das mich zutiefst traf. Irgend etwas schien in der freundlichen Welt, wie ich sie kannte, doch nicht in Ordnung zu sein. Ich wurde gefeiert, stieß auf Sympathie, und zur gleichen Zeit wurden Landsleute von mir beschimpft und bedroht. Warum das? Welche Gründe gab es dafür? Ich wußte es noch nicht. [...] Aber mehr und mehr bohrten Fragen in mir. Und ich dachte immer häufiger an meinen Lehrer Paton Price, der mich aufgefordert hatte, die Wahrheit zu suchen. Was war wahr in dieser Welt und was nicht? Noch wußte ich es nicht.«

Die neue Welt

Dean Reed lernte neue Freunde kennen und begriff, daß die Eroberung der neuen Welt nichts mit tapferem Pioniergeist zu tun hatte und Amerika eine Lüge lebte. Er traf auf chilenische Intellektuelle, die vom Erbe der Inkas und von Zeiten berichteten, die in den amerikanischen Geschichtsbüchern als »präkolumbianisch« oder »Vorgeschichte« bezeichnet wurden. Mit ein paar Sätzen wurde die Zeit vor 1492 an US-High-Schools als ein unbeschriebenes Blatt geschildert. Der Genozid an der Urbevölkerung wurde ausgeblendet. Ständig berief sich die amerikanische Geschichtsschreibung auf tapfere Pioniere und

Grenzreiter, die sich gegen ein paar »Wilde« zur Wehr setzen mußten.

In einem Interview vom 7. Oktober 1982 im Berliner Rundfunk erinnerte sich Dean Reed an den Wandel, der in dieser Zeit in ihm vorging: »Wir glauben in Amerika, die ganze Welt liebt uns, und dann plötzlich fährt man nach Südamerika, wo man in jedem Land ›Yankee, go home‹ sieht, und man sagt zuerst einmal: warum? Ich bin sympathisch. Auf einer Seite sind meine Konzerte voll, aber irgendwie schreiben sie: ›Yankee, go home‹. Es ist ganz klar, sie meinen nicht die Künstler, die aus den USA kommen. Wieder war zu versuchen, diesen großen Kontrast zu verstehen. Warum haben sie die Amerikaner gehaßt? Und es gibt einen Grund. Es ist ganz klar, daß diese privilegierten Gruppen nur an der Macht bleiben können, solange sie die Militär-, ökonomische und politische Hilfe aus den USA haben, gegen den Willen des Volkes. Und das mußte ich verstehen. Das ist nicht einfach für einen Amerikaner.«

The First Nations

Die Geschichte der Ausbeutung und Kolonisation Südamerikas geht bis ins 16. Jahrhundert zurück. Die Indianer bzw. die *First Nations* des Kontinents wurden von europäischen Plünderern überfallen, die es vor allem auf Gold abgesehen hatten. Im Zeitraum von fünfzig Jahren verwandelte sich Südamerika in eine Landschaft von Gold- und Silberminen. Innerhalb von hundert Jahren sank die Bevölkerungszahl der Ureinwohner von 70 bis 100 Millionen auf 12 Millionen, aber bis 1650 hatten sich die Europäer dafür bereits 180 bis 200 Tonnen Gold angeeignet. Nach der Hinrichtung des letzten »Rädelsführers« Tupac Amaru im Jahre 1572 war das uralte Volk der Inkas nur noch eine Randnotiz der Geschichte.

Die eigentliche Wende begann erst mit Kolumbiens Unabhängigkeitserklärung im Jahre 1810. Ein Jahr später gründete sich Venezuela, und 1816 folgte Argentinien. Der neue Imperialismus war in vollem Gange, und die USA machten deutlich, daß man sich gegenüber den Europäern zu behaupten gedachte. 1893 besetzten sie Hawaii, 1898 kamen Kuba und Puerto Rico dazu. Im Anschluß daran besetzte die amerikanische Armee die Philippinen und richtete dort fürchterliche Massaker an. 1912 wurde Nicaragua besetzt. Erst 1934 übergab man dort das Zepter an den Somoza-Clan, der bis 1979 weiter jede Opposition brutal unterdrückte.

Die Entdeckung der Vulkanisation führte zu einer neuen Eroberungswelle. Diesmal ging es um die Gummibäume in Südamerika. Bis 1920 hatte man bereits ungefähr 95 Prozent des Bestandes gerodet. Nebenbei starben wieder Zehntausende von Ureinwohnern. Für die Nachkommen der Urbevölkerung änderte sich nichts. Sie wurden von den Besatzern weiter als Menschen zweiter Klasse betrachtet, begannen aber, sich zu organisieren und für ihre Rechte als Arbeiter zu kämpfen. 1912 wurde in Chile die Sozialistische Arbeiterpartei gegründet, die einen regen Zulauf fand.

In seinem Interview im Berliner Rundfunk vom 7. Oktober 1982 schilderte Dean Reed seinen persönlichen Eindruck: »Wenn man nach Südamerika fährt, muß man blind sein, nicht die Ungerechtigkeit sehen zu können. Es gibt nur zwei Klassen. Eine, die, vielleicht 20 Prozent, die total privilegiert ist, und die anderen 80 Prozent, die wirklich in Armut und Elend leben mit Hunger. Und ich habe immer diesen Widerspruch gesehen. Ich hatte immer zwei Arten von Verträgen. Meine Verträge waren, abends zu singen in den größten Nightclubs (...) nur für die reichsten Leute. Aber dann am Sonnabend oder Sonntag ist man in die Fußballstadien gegangen und da waren z. B. 20 000 von den Ärmsten. Weil dann, wenn es 20000 sind, können sie weniger bezahlen und immer noch den Künstler bezahlen. Und es war so ein Kontrast und Widerspruch zwischen diesen zwei Klassen. Ich als Amerikaner habe das zum ersten Mal gesehen, und ich war geschockt. Danach sucht man die Wahrheit Schritt für Schritt und sagt, warum ist das, wie kann das sein, daß es so viel Elend gibt und zur selben Zeit so viel Reichtum auf der anderen Seite. Und dort bin ich ein Revolutionär geworden. Aber sehr langsam, ist klar. Die Wahrheit kommt sehr langsam zu einem.«

Das neue Lied

Anfang der Sechziger entstand in Chile die Tradition des Nueva Canción, des neuen Liedes. Damit verband man neben Violeta Parra und Gruppen wie Inti-Illimani und Quilapayun vor allem den populären Volkshelden Victor Jara, den Dean Reed sehr bewunderte und der neben Elvis Presley und Paton Price den größten Einfluß auf ihn hatte. 1970 lernte Reed, vermittelt durch Salvador Allende, Jara auch persönlich kennen. »Victor war ein sehr lebensfroher Mensch«, erinnerte sich Dean Reed in der »Neuen Berliner Illustrierten« Nr. 42 von 1977. »Und dabei sehr bescheiden. Meist saß er etwas abseits und spielte für sich auf der Gitarre. Erst wenn er auf der Bühne stand, lebte er richtig auf.«

Victor Jara, geboren in Loquen, wuchs mit vielen Geschwistern und einem gewalttätigen Alkoholiker als Vater auf. Nachdem er zunächst Priester werden wollte, wandte er sich später dem Theater zu. Nebenbei sang er zur Gitarre in einem Café in Santiago. Jara, der als begeisterter Kommunist galt, war ein Mann des Theaters, als er mit der Musik begann. Sein Sinn für Theatralik verlieh der Darbietung seiner Songs eine spezielle Qualität. Er sang gegen die herrschende Elite seines Landes an und verfaßte nebenbei poetische Manifeste.

In seinem manifestartigen Artikel »Das Lied für das Volk«, der in Wolfgang Sternecks »Kampf um die Träume« (Hanau, 1995) dokumentiert ist, schrieb Victor Jara: »Wenn ein Volk beginnt, seinen Kampf um seine kulturelle Identität zu führen, bedeutet das, daß es sich seine eigene Musik schafft. Darum hat das Lied folkloristischen Ursprungs einen solchen Aufschwung bekommen, es hat die offiziell geförderte Folklore der Postkartenklischees, der idyllischen Weltsicht als Pseudofolklore entlarvt, als eine Ware.«

Jara mochte sich nicht als Protestsänger bezeichnen lassen, und bevorzugte statt dessen die Bezeichnung »revolutionäre Lieder« für seine Songs. Der Protestsong war bereits in dieser Zeit kommerzialisiert worden, und Amerika bot in seinen Supermärkten die neuesten Idole zum »Dagegensein« an.

1967 hatte Victor Jara seinen Song »El Aparecido« mit der Widmung »Für E. (CH.) G.« versehen, eine Referenz an den im gleichen Jahr verstorbenen Ernesto Che Guevara. Die Single war bei Odeon, der chilenischen Dependance von EMI Records, erschienen. Diese Art von versteckten Hinweisen wurde vom Volk honoriert, das sich gegen den Einfluß der amerikanischen Konzerne wehrte.

Nachdem sich der Diktator Augusto Pinochet 1973 gegen die 1970 demokratisch gewählte Regierung des Kommunisten Salvador Allende blutig an die Macht geputscht hatte, wurde Victor Jara mit Tausenden von Menschen im Nationalstadion von Santiago eingesperrt. Als man ihn erkannte, brach ihm einer der Folterknechte die Handgelenke, um zu demonstrieren, daß er nie wieder Gitarre spielen würde, besagte die Legendenbildung. Seine Frau Joan, die ihn in den Leichenkellern gefunden hatte, verneinte diese Geschichte. Victor Jara wurde vier Tage lang brutal gefoltert und anschließend erschossen. Seine Frau, die einen britischen Paß besaß, entkam mit Hilfe eines skandinavischen Fernsehteams in letzter Sekunde den Todesschwadronen. Es war der 11. September 1973, und die Welt trauerte.

Das Lied von der Freiheit

Reeds Perspektive hatte sich verändert. Gegen die politische Musikkultur, die die Vertreter der »Nueva Canción« boten, waren seine Songs nur kulturimperialistischer Versatz ohne Seele und Gefühl. Er beschloß also, »seinen Einfluß zu benutzen, um die Welt zu einem besseren Ort zu machen«, wie er selbst in seiner Autobiographie zu Protokoll gab. Amerika schien ihm nichts mehr zu bieten zu haben, während er in Argentinien, wo sich »The Search« auf Platz 1 der Charts festgesetzt hatte, von zahllosen Fans am Flughafen erwartet wurde. Nach einem halbjährigen Spanischkurs in den USA packte er 1962 endgültig seine Koffer. Reed hatte weitere Touren zugesagt und füllte 1962 die Fußballstadien zwischen Kap Horn und Zuckerhut. Später bezeichnete er sich in dieser Phase als einen »Revolutionär im Embryonalzustand«.

Nach einem Auftritt in Brasilien war Dean Reed plötzlich spurlos verschwunden. Freunde und Verwandte waren entsetzt und schickten einen Suchtrupp los, aber nach einigen Wochen tauchte der Star von allein wieder auf. Er war einer Gruppe von Fans an den Amazonas gefolgt und hatte die Zeit im Dschungel verbracht.

»Es war das erste Mal, daß ich in Südamerika keine ›Yankee, Go home‹-Schilder gesehen habe«, schrieb er in seiner Autobiographie. »Für die Indios sind Amerikaner ganz normale Menschen. Sie haben mit ihnen noch keine schlechten Erfahrungen machen können – einfach deshalb, weil sie von uns noch keine kennengelernt haben.«

Der Löwe von Moskau

Im Mai 1962 gab es in Chile nur ein Thema: die Fußballweltmeisterschaft im eigenen Land, die Ende des Monats beginnen sollte. Alle anderen Probleme wurden von der euphorischen Begeisterung für dieses Ereignis beiseite gedrängt.

Dean Reed, der für eine Radiosendung in Chile weilte, lernte in seinem Hotel in Santiago Lew Jaschin kennen, den Torhüter des sowjetischen Fußball-Nationalteams. Jaschin war ein Titan in einer Sportart, die in Amerika so unpopulär war, wie es eine Sportart nur sein konnte. Man nannte ihn auch den »Löwen von Moskau«, und der begehrte Pokal für den weltbesten Torhüter des Jahres wurde später nach ihm benannt. Die beiden Männer verbrachten einen amüsanten Abend zusammen, und der eloquente Torwart hinterließ einen bleibenden Eindruck bei Dean Reed, der nun auch seine Vorurteile gegenüber den Russen hinterfragen mußte. In seiner Autobiographie erinnerte er sich später: »Jahre meines Lebens hatte ich Tag für Tag immer wieder hören und lesen müssen, daß die Russen die Welt erobern möchten, daß sie eine Gefahr für die Menschheit, daß sie seelenlose Roboter im Dienste einer menschenfeindlichen Gesellschaftsordnung seien. Gewiß, ich war damals schon zu anderen politischen Erkenntnissen gekommen, längst hatte ich Sowjetbürger kennengelernt, die mir durch ihre offene und ehrliche Art sympathisch geworden waren, doch jene Vorurteile waren tief verwurzelt.«

Lew Jaschin lud Reed zu einem Spiel ins Stadion ein. Dieser revanchierte sich, indem er die gesamte Mannschaft bei seinem Konzert auf die Gästeliste setzen ließ. Tags darauf erschienen Fotos von den Fußballern beim Umtrunk mit dem Popstar in der Presse. Dean Reed wurde vom amerikanischen Botschafter und zusätzlich im chilenischen Büro von Interpol befragt. Man warf ihm vor, mit dem »Löwen von Moskau« Bier getrunken zu haben. Vermutlich hatte die CIA beschlossen, daß ein Fußballspiel per se unamerikanisch ist und mit sowjetischer Teilnahme sowieso. Der Verdacht »unamerikanischer Umtriebe« lag also nahe. Man fand einen Kompromiß: Reed »durfte« das Fußballspiel besuchen, und der Radiosender, der seine Tour präsentierte, »durfte« die Mannschaft einladen. Als Person des öffentlichen Lebens schützte Dean Reed damit seine amerikanische Staatsangehörigkeit, und seine Popularität in Chile reichte offenbar, um die Affäre als Lappalie zu verbuchen.

»Sport, Kunst und Wissenschaft sollten dem Frieden und der Völkerverständigung dienen«, kommentierte Dean Reed im Dokumentarfilm *American Rebel* von Will Roberts.

Am 22. Mai 1962 berichtete die »Los Angeles Times« von einem internationalen Zwischenfall besonderer Art, und Dean Reed machte in den Medien erneut auf sich aufmerksam: »Der Auftritt eines Hollywoodsängers außerhalb der Rock-'n'-Roll-Szene, eine Einmischung in Fragen der Nuklearpolitik, bewirkte vergangenen Montag große Aufregung, wie in Hollywood und Washington, aus Santiago de Chile und der peruanischen Hauptstadt Lima bekannt wurde. Der Sänger heißt Dean Reed, 24, und ist ein bei Capitol Records unter Vertrag stehender Künstler, bei dessen Auftritten die Teenager in Lateinamerika vor Begeisterung fast in Ohnmacht fallen.«

Dean Reed hatte Anzeigen in südamerikanischen Zeitungen geschaltet und dazu aufgefordert, Protestbriefe an Kennedy und Chruschtschow zu schreiben, um weitere Atomtests zu verhindern, mit denen die USA drei Wochen zuvor in der Nähe der Weihnachtsinseln im Pazifik begonnen hatten. Politische Äußerungen von Popstars waren in der Öffentlichkeit zwar nicht erwünscht, aber

Dean Reed erhielt trotzdem Beifall von verschiedenen Seiten. Kein amerikanischer Popstar vor ihm hatte so etwas gewagt bzw. seine Karriere in den USA so leichtfertig aufs Spiel gesetzt.

Kennedy war *not amused. Not amused at all!* Überdies hatte er anderes zu tun, denn Kennedys Geheimdienste beschäftigten sich gerade mit der Gefahr sowjetischer Waffenlieferungen an Kuba, ein Szenario, das die Welt wenig später an den Rand eines Atomkrieges bringen sollte.

Im April des Vorjahres hatte Kennedy sich zudem auf die Invasion der Schweinebucht eingelassen, um Fidel Castro durch einen provozierten Volksaufstand zu entmachten. Die Operation wurde zu einem Fiasko für die USA. Nach zehn Tagen hatte sich auf Kuba weder Volk noch Militär zur Unterstützung erhoben, und das Kommando endete kläglich mit dem Tod oder der Gefangenschaft der Angreifer. Kennedy stand wie ein gescheiterter Aggressor da und mußte sich beweisen. Da kam ihm einer wie Dean Reed wohl gerade recht, um quasi nebenbei ein wenig Stärke zu demonstrieren.

James Loeb, der US-Botschafter in Peru, sorgte sofort dafür, daß eine angekündigte Dean-Reed-Tour in Peru abgesagt werden mußte. Ein Mitglied der US-Botschaft in Chile drohte, seinen Ausweis zu konfiszieren, wenn er seine Agitation nicht beenden würde, aber Dean Reed kümmerte sich nicht darum und machte die Drohung öffentlich.

Aus der Affäre wurde ein Skandal. Prominente wie Paton Price und Marion McKnight, die Miss America 1957, forderten ein Ende der Sanktionen. Sie schickten Telegramme an den US-Botschafter in Peru und US-Außenminister Dean Rusk. Washington war gezwungen zu reagieren. Lincoln White, Sprecher des Außenministeriums, dementierte alle Vorwürfe, warnte Reed aber, er möge »nichts tun, was den Interessen seines Landes schade«.

Als hätte das Weiße Haus zu dieser Zeit keine anderen Sorgen gehabt, galt Dean Reed fortan als jemand, der zu gefährlich für amerikanische Interessen war, um an ein Mikrofon gelassen zu werden.

Seine Karriere schien in Gefahr. Er mußte fortan der Arbeit folgen, wenn er es zu etwas bringen wollte. So lautete jedenfalls Dean Reeds Version, die suggerierte, er hätte in den USA eine Art Arbeitsverbot gehabt. Tatsächlich war er aber 1963 zunächst wieder in die USA zurückgekehrt und hatte erneut versucht, in Hollywood Fuß zu fassen.

Back in the USA

Dies schien zunächst auch zu gelingen, wenn auch in kleinem Rahmen: 1963 drehte Dean Reed eine Zigarettenwerbung unter der Regie von Garry Marshall in New York. In dieser Zeit lernte er Patricia »Patty« Hobbs kennen, eine junge Schauspielerin, die bereits romantische Verabredungen mit Ricky Nelson und Elvis Presley hinter sich hatte.

Patty Hobbs hatte am selben Abend eine Verabredung mit Les Brown jr., der gerade im Jerry Lewis Club am Sunset Boulevard auftrat, aber sie kam zu spät zu ihrem Rendezvous. Sie versetzte für den Mann aus Colorado dabei auch den Hausherren Jerry Lewis, der ein guter Freund von Les Brown jr. war und mit an dessen Tisch saß. Am nächsten Tag tauchte das frischgebackene Paar bei einer Party von Roger Smith auf. 48 Stunden später zog Patty Hobbs mit Dean Reed in dessen neue Wohnung in Los Angeles.

»Ich nannte die Wohnung das ›Baumhaus‹, weil vor dem Haus ein riesiger Baum stand«, erinnert sich Patty Hobbs in einer Nachricht im Forum von randomwalks.com. »Diese drei bis vier Monate im ›Baumhaus‹ waren ein unglaublicher Lernprozeß. Wir waren keine Hippies, aber wir waren in die Ereignisse dieser Zeit involviert. Martin Luther King, Jane Fonda, die Rechte der Indianer etc. [...] Es war wie die Geburt einer Nation, ein Vogel, der seine neuen Flügel ausprobiert.«

Im August 1964 ereignete sich ein Zwischenfall im Golf von Tonking, der als offizieller Beginn des Vietnamkrieges in die Geschichte einging. Angeblich hatten nordvietnamesische Boote ein amerikanisches Kriegsschiff angegriffen. Amerika wurde sofort aktiv und rief medienwirksam nach Rache. Die USA fürchteten eine kommunistische Machtübernahme im Süden des Landes und in ganz Südostasien, wenn man nicht rechtzeitig militärisch aktiv würde. Den Angriff im Golf von Tonking hatte es nie gegeben, sondern war lediglich als Kriegsvorwand willkommen.

Am 5. August begann die US-Army mit der Bombardierung Nordvietnams, und zwei Tage später bewilligte der Kongreß eine Truppenverstärkung in Vietnam. Im Februar 1965 waren bereits 200 000 US-Soldaten in Südvietnam stationiert.

Es war einmal in Mexiko

1964 zog Dean Reed gemeinsam mit Patty Hobbs, die er kurze Zeit später auch heiratete, nach Mexiko, und drehte unter der Regie von Julio Bracho seinen ersten Film: *Guadalajara im Sommer (Guadalajara En Verano)*, in dem er Robert Douglas, einen amerikanischen Studenten, spielte, der mit seiner Clique Guadalajara besucht, um zur Sommerschule zu gehen und sich in ein mexikanisches Mädchen namens Lourdes (Alicia Bonet) verliebt. Den Höhepunkt bildete der Song »Don't Tell Him No« zur Melodie von »When The Saints Go Marchin' In«, der eine recht alberne Twist-Szene am Strand untermalte.

Der Film war eine seltsame Mischung aus Teenager-Musikfilm und Werbung für Mexiko mit amüsantem Blick auf die Nachbarn im Norden. Ein mexikanischer Professor klärte auf, Mexiko hätte die Sklaverei schon im frühen 19. Jahrhundert abgeschafft, woraufhin einer der Studentinnen entfuhr: »Fünfzig Jahre vor Lincoln?«

Ansonsten war viel malerische Landschaft zu betrachten, und die Sehenswürdigkeiten von Guadalajara wurden in allen erdenklichen Weisen ins Bild gerückt, um den Übergang zwischen zwei Szenen zu füllen. Die Teenager verhielten sich dabei durchgehend züchtig. *Guadalajara En Verano* wurde 1964 beim Acapulco-Filmfestival mit dem ersten Preis ausgezeichnet. Produzent José Luis Bueno drehte mit *Cuernavaca en Primavera (Cuernavaca in Springtime)* und *Los Angeles De Puebla (The Angels of Puebla)* später zwei sehr ähnliche Filme. Die weibliche Hauptrolle in *Guadalajara En Verano* spielte die geheimnisvolle Elizabeth Campbell, eine der großen Legenden gediegener Schund-Unterhaltung. Sie tauchte 1961 erstmals in *Los Pistoleros* auf und wurde mit den *Luchadoras*- bzw. *Wrestling Women*-Filmen von Alfredo Salazar zur Kultfigur. Vor allem *The Wrestling Women vs. the Mummy* wurde in Insiderkreisen als Garant für gute Laune gehandelt. Besagter Film hatte leider ein sehr geringes Budget, weshalb man auf die Mumie weitestgehend verzichten mußte. Dazu kam, daß die Schauspielerinnen ihre Stunts nicht selbst machten und in dem Action-Streifen deshalb nur selten zu sehen waren.

Elizabeth Campbell drehte bis Ende der Sechziger diverse Filme in Mexiko und verschwand 1969 genauso spurlos, wie sie acht Jahre zuvor aufgetaucht war. Ebenso wie Dean Reed war sie dem Ruf nach Mexiko gefolgt, weil man dort zu dieser Zeit einen großen Bedarf an Schauspielern hatte, die nicht wie Latinos aussahen.

In jenen Jahren glaubte man, ein richtiger Film müsse

amerikanisch aussehen. Mit mehr oder minder abgekupferten Western, Horror- und Musikfilmen hatte das Land eine rege Filmwirtschaft entwickelt, und während der sechziger Jahre importierte man amerikanische Stars wie Boris Karloff, John Carradine, Jeffrey Hunter, Glenn Ford oder Lana Turner, um Filme von internationalem Format zu drehen. In Italien gab es zur gleichen Zeit eine ähnliche Entwicklung mit dem Spaghettiwestern.

Dean Reed blieb mit seiner Frau noch ein paar Monate länger in Mexiko, wo er für Musart die Mini-LP »Dean Reed« aufnahm, bevor ihn seine Karriere 1965 nach Argentinien führen sollte. Wieder folgte er der Arbeit und verbesserte sein Spanisch.

Er bekam ein neues Engagement in der Telenovela *Todo Es Amor (Alles ist Liebe)*, einer Serie, deren Sinn darin bestand, neue Künstler mit ihren Songs im Fernsehen auftreten zu lassen, eine Art *Father Bachelor* auf argentinisch. Star von *Todo Es Amor* war die beliebte Sängerin Violeta Rivas, die dem Publikum mit ihrem Kollegen Néstor Fabián im Rahmen der Serie eine Romanze vorspielte. Ähnliches hatte man in Deutschland mit Conny Froebess, Roy Black, Peter Kraus & Co veranstaltet.

Für Violeta Rivas und Néstor Fabián wurde die inszenierte Affäre jedoch im Laufe des Jahres zu einer echten Beziehung. Das Paar heiratete Jahre später und fütterte die Boulevardmedien mit immer neuen Details aus ihrem Leben. Néstor Fabián machte sich später auch als Tangosänger einen Namen.

Dean Reed spielte eine Nebenrolle in *Todo Es Amor*. Es ist nicht bekannt, ob er ein festes Engagement oder nur einen einzigen Gastauftritt hatte. Kein Management kümmerte sich um seine Belange. Sein amerikanischer Vertrag muß 1964 in der Konkursmasse von Imperial Records aufgegangen sein, und Dean Reed konnte nicht mehr damit rechnen, einen neuen Vertrag in den USA zu bekommen. Der Auftritt in *Todo Es Amor* dürfte für ihn also ein Glücksfall gewesen sein. Immerhin konnte er sich an der Seite von Argentiniens Superstars als Schauspieler in Erinnerung rufen.

Dean Reed verlieh den ausländischen Adaptionen amerikanischer Genres durch seine Staatsangehörigkeit einen Hauch Authentizität. Hier tat sich erstmals ein Widerspruch auf, der auch seine Karriere im Ostblock bestimmen sollte. Obwohl er mit marxistischen Ideen sympathisierte, bezog er sein Image aus dem zutiefst amerikanischen Way of life. Er wollte der politische Aktivist sein, aber seine Fans bewunderten ihn als Protagonisten der Wild-West-Cowboy-Kultur.

Es ist strittig, wie lange Reeds kommerzieller Erfolg in Südamerika tatsächlich angehalten hat. Er hüllte sich darüber in Schweigen und vermied genaue Angaben. Der in New York geborene Journalist Victor Grossman, der seit den fünfziger Jahren in Ost-Berlin zu Hause ist und für Dean Reed lange Zeit als Dolmetscher arbeitete, sagte der »Märkischen Allgemeinen Zeitung« am 8. Februar 2003: »Mir hat er auch viel Persönliches erzählt. Zum Beispiel, daß er in Buenos Aires mal in einem Bordell lebte, weil er nichts hatte.« Ganz so spektakulär war also Dean Reeds Erfolg in Argentinien möglicherweise nicht.

3. Kapitel:
Für eine Handvoll Spaghetti

> »Journalismus ist wie eine Waffe. Wenn man richtig zielt, kann man der Welt eine Kniescheibe wegschießen.«
>
> (Spider Jerusalem in *Transmetropolitan*)

1965 drehte Dean Reed zwei Filme unter der Regie des Peruaners Enrique Carreras: *Ritmo Nuevo Y Vieja Ola* und *Mi Primera Novia (My First Girl Friend)*. Enrique Carreras, Regisseur, Autor, Produzent, Schauspieler und Produktionsdesigner brachte es in seinem Leben auf 96 Filme (u. a. den Trashklassiker *Professor Punk* von 1988), bevor er 1995 in Buenos Aires verstarb – ein verkanntes Multitalent.

In *Mi Primera Novia* war Dean Reed an der Seite des prominenten Sängers Palito Ortega zu sehen. Beide Herren warben singend um das Herz einer Blondine, doch am Ende machte Dean Reed das Rennen. Der romantische Holzkopf gewann das Herz der holden Maid, und der schmierige Einheimische wurde in seine Schranken verwiesen. Die Machart hielt man für international, weil ein Amerikaner den Sieg davontrug. So einfach war das.

Ortega gab sein Debüt als Schauspieler, und die weibliche Hauptrolle spielte Evangelina Salazar, die als Sängerin ebenfalls sehr gefragt war. Ähnlich wie *Todo Es Amor* diente auch dieser Film hauptsächlich der Promotion seiner Stars und ihrer Musik. Dean Reed gab zwei Songs zum besten: »La Bamba« und abermals »Don't Let Her Go«. Während der Produktion von *Mi Primera Novia* war Dean Reed erneut das fünfte Rad am Wagen. Palito Ortega und Evangelina Salazar verliebten sich während der Dreharbeiten und heirateten kurz nach der Premiere. Evangelina Salazar beendete ihre Karriere, während Ortega als beliebtester Sänger Argentiniens gefeiert wurde und nebenbei gute Kontakte zum Militär unterhielt. 1981 zog er nach Miami, wo er sich im Umkreis zwielichtiger Exilkubaner zum respektablen Geschäftsmann entwickelte. Jahre später kehrte er nach Argentinien zurück und wurde unter Präsident Menem zum Gouverneur der Provinz Tucumán ernannt. Ortega galt als korrupt, schwach und wenig effizient. Auch als Anwärter für das Amt des Vize-Präsidenten brachte der Sänger später nicht genug Stimmen zusammen.

Ritmo Nuevo Y Vieja Ola war auch als *La Prima Ragazza* bekannt. Diverse Filme von Dean Reed waren unter verschiedenen Titeln erschienen, ein alter Trick der Verleiher, um den gleichen Film mehrfach an die Kinos liefern zu können, die blind im Dutzend bestellten.

Über den verschollenen Film *Ritmo Nuevo Y Vieja Ola* ist nur bekannt, daß es sich ebenfalls um eine Komödie mit reichlich Musik in Schwarzweiß handelte. Der Titel klang nach Strand, Surfing und dem lockeren Kalifornien, wo die Beach Boys inzwischen zu Königen avanciert waren.

Invasion der Pilzköpfe

Die Beach Boys hätten in ihrer frühen Phase kaum amerikanischer daherkommen können. Nachdem sie aus Chuck Berrys »Sweet Little Sixteen« den Welthit »Surfin' In The USA« gemacht hatten, dominierte ihr Sound für geraume Zeit die Charts. Hollywood war aus dem Häuschen und sah großes Potential für jede Menge Strandfilme. Endlich konnte man neben der schwarzen Musik wieder eine weiße Alternative anbieten. Surf entwickelte sich zum ganz großen Einfluß auf Amateurbands, denen der reine Instrumentalsound sehr entgegenkam. Schon 1959 hatten Duane Eddy mit »Rebel Rouser« und die Tune Rockers mit »Green Mosquito« für einen neuen Bandgründungsboom gesorgt. Greg Shaw schrieb 1975 im legendären Musikmagazin »Bomp«: »Der instrumentale Rock – übrigens auch ein Sub-Genre, dessen Anerkennung längst überfällig ist – stellt in gewissem Sinn das weithin übersehene Bindeglied zwischen dem Rockabilly der fünfziger und den Garagenbands der sechziger Jahre dar. In einer Zeit, in der der Trend in Richtung auf im Studio fabrizierte Sängeridole lief, die die Charts im Sturm eroberten, hielten die örtlichen Tanzmusikbands die Wurzeln des Rock 'n' Roll am Leben.«

Das Auftauchen der Beatles hatte die Musikbranche gewaltig verändert. Die britische Ironie der Fab Four verhieß ein Ende des klassischen Modells der Musikindustrie. Mit den Beatles wurden die Künstler der Popmusik unabhängig und konnten endlich eigene Wege jenseits der durch Audiobosse und Labels vorgeschriebenen Bahnen beschreiten.

Die Beatles schlugen sämtliche Rekorde. Als sie 1964 erstmals in die USA kamen, besetzten sie auf einen Schlag die ersten fünf Plätze der Charts. Die Band, die sich im Hamburger Star Club mit Coverversionen ihre ersten Sporen verdient hatte, produzierte einen Welthit nach dem anderen und kassierte die Tantiemen einfach selbst. Vorbei war es mit der Gemütlichkeit und den endlosen standardisierten Coverversionen. Auch für einen Künstler wie Dean Reed brachen schlechte Zeiten an.

Die Pilzkopf-Invasion war getränkt von Ironie und behandelte Popmusik nicht länger als eine ernste Sache. Cowboys, Western, High School und Surfbretter waren nicht mehr gefragt. Die Beatles verhießen eine coolere Welt, eine Art Camelot in swinging London, fernab von der muffigen Spießigkeit amerikanischer Provinzen. Selbst die albernen Filme wie *A Hard Day's Night* oder *Help*, in denen sich die Beatles selbst spielten, waren unterhaltsamer als alle Strandfilme zusammen.

Amerika hatte mit den Monkees einen Versuch unternommen, die alte Scheinwelt zu bewahren und trotzdem den Geist der Engländer zu imitieren. Man castete vier gutaussehende Nobodies, die mit Musik nichts am Hut hatten, und machte eine TV-Serie über eine fiktive Band mit ihnen. So mußten sie keine Konzerte geben und lebten ausschließlich in ihrer Serie, in der mit allerhand Torten geworfen wurde und dauernd jemand auf einer Bananenschale ausrutschte. Die Monkees bewiesen, daß man die Künstler im Popbusiness auch einfach weglassen konnte. Man brauchte nur ein paar Gesichter für die Pressefotos. Die Musik entstand quasi nebenbei und war relativ unbedeutend. Die Idee war erfolgreich, und die Monkees wurden zur Keimzelle für virtuelle Playback-Playmates wie Boney M, Milli Vanilli und die Superstar-Kandidaten der Casting-Shows im Fernsehen.

Und dann gab es da eine neue Strömung, die den Bossen der Musikindustrie noch mehr Angst machte. Plötzlich schlich sich sozialer Protest in die Charts ein, und Frank Sinatra mußte sich von einem Kommunisten namens Bob Dylan bedrängen lassen, der im Sommer 1965 mit »Like A Rolling Stone« den zweiten Platz der Charts halten konnte.

In Vietnam hatten die USA unterdessen mit dem Abwurf von Napalm begonnen. Ein 23jähriger Boxer namens Cassius Clay wurde zur afroamerikanischen Ikone Nummer 1. Jack Kerouac und die Beat Generation fanden unzählige Anhänger. Dean Reed jedoch war in jenen Jahren in Argentinien und las von der Entwicklung in seiner Heimat allenfalls in der Zeitung. Er sprach nur noch selten Englisch. Er begann die Beatles zu covern und entwickelte sich künstlerisch kaum weiter. Seine Karriere bedurfte dringend eines neuen Impulses. Die Anerkennung, die er erhielt, bezog sich mehr auf sein Engagement als auf seine Lieder. Man schätzte seinen freiwilligen Einsatz, die deutlichen Worte gegen den Krieg in Vietnam und kostenlose Konzerte, die Dean Reed in Barrios und Gefängnissen gegeben hatte. Die Argentinier nannten ihn auch »Mr. Simpatico«.

Der Frieden von Helsinki

Seit dem Sturz des »populären Diktators« Oberst Juan Domingo Perón im Jahr 1955 befand sich Argentinien in einem Wechselbad der Gefühle. Militärherrschaft und zivile Regierungen wechselten in schneller Folge. Auf Empfehlung des Schriftstellers Alfredo Varela wurde Dean Reed 1965 als Mitglied der argentinischen Delegation zur Weltfriedenskonferenz in Helsinki eingeladen. Der glühende Sozialist Varela mochte Reed, der 24 Jahre jünger war als er, und ernannte ihn zum Argentinier ehrenhalber.

Der Kongreß wurde vom Weltfriedensrat (World Peace Council WPC) veranstaltet, der seit 1950 als Sammelbecken verschiedener Friedensbewegungen fungierte. Dem Verfassungsschutz im Westen galt der Zusammenschluß als »Frontorganisation der KPdSU«. Wirklich unabhängig schien der Weltfriedensrat tatsächlich nie zu sein. Noch 1979 verteidigte man die sowjetische Invasion in Afghanistan als solidarischen Akt.

Dean Reed hatte sich bereits vorher in Gewerkschaftskreisen bewegt und verfügte über viele Kontakte innerhalb der Opposition in ganz Südamerika. Nun stieß er zur weltweiten Friedensbewegung.

Reed teilte sich das Podium in Helsinki mit dem mexikanischen Maler David Alfaro Siqueiros, dem chilenischen Dichter Pablo Neruda, den er bereits gut kannte, der sowjetischen Kosmonautin Valentina Tereschkowa, dem DDR-Politiker Albert Norden und Pastor Martin Niemöller aus der BRD.

Der Kongreß in Helsinki drohte zu platzen. Die Diskrepanzen zwischen der Sowjetunion und China nahmen zu. Statt das Ende der Bombardierungen in Nordvietnam zu fordern, wurde lautstark gestritten. Die chinesische Delegation blockierte den Kongreß mit dem Beharren darauf, daß die Weltrevolution beendet sein müßte, bevor man über Frieden verhandeln könnte. Dean Reed animierte daraufhin den ganzen Saal, aufzustehen und zusammen »We shall overcome« zu singen. Eigentlich hatte man ihn nur als zehnminütige Unterhaltungseinlage vorgesehen, aber Reed setzte sich über das Protokoll hinweg und spielte eine volle Stunde. Die Delegierten folgten zögernd seiner Aufforderung, und am Ende hielt sich der ganze Saal singend an den Händen. Die Verhandlungen gingen weiter, und Dean Reed wurde zum Mitglied des Weltfriedensrates ernannt, dem er bis zu seinem Tode angehörte.

Sonderzug nach Moskau

Im Anschluß an die Sitzung wurde Dean Reed von Boris Pastuchow, dem 1. Sekretär des ZK der sowjetischen Jugendorganisation Komsomol, angesprochen. Pastuchow lud ihn spontan zu einer Tour in die UdSSR ein, und Dean Reed sagte zu. Noch in derselben Nacht machte er sich im Sonderzug des zweiten Premiers Tichonow erstmals auf den Weg nach Moskau. Bei einem Zwischenstopp in Leningrad ließ Pastuchow den Amerikaner gemeinsam mit der Hausband des Hotels Astoria ein paar Lieder zum Lunch singen. Reed tat wie geheißen und sang. Das Publikum war begeistert. Pastuchow glaubte endlich ein Mittel gegen die Beatles gefunden zu haben, deren Erfolg dem Sozialismus immer größeres Kopfzerbrechen bereitete.

Als Dean Reed mit Pastuchow in den Sonderzug stieg, entschied er sich für ein neues Leben. Nach seinem überraschenden Erfolg in Südamerika und dem Auftritt in Helsinki schien ihm die ganze Welt offenzustehen. Bereitwillig fuhr er nach Moskau, um über eine Tour zu verhandeln, die ein Jahr später stattfinden sollte. Zu dieser Zeit war sein US-Paß noch »nicht gültig für Länder unter kommunistischer Kontrolle«, aber Dean Reed schien trotzdem keinerlei Probleme gehabt zu haben. Ein junger Mann namens Oleg Smirnow fungierte zunächst als sein Übersetzer, aber der Amerikaner lernte schnell genug Russisch, um sich selbst verständigen zu können.

Die sowjetische Jugend war begeistert, daß man endlich nicht mehr nur ideologischen Kultur-Versatz vorgesetzt bekam. An der Kremlmauer posierte Dean Reed am Grab des Journalisten John Reed (»Ten days that shook the world«), »dem anderen Amerikaner«, wie er in seiner Autobiographie schrieb, der 1917 bei der russischen Revolution ausgeholfen hatte. 1980 bewarb sich Dean Reed bei Regisseur Sergej Bondartschuk, der einen Film über John Reed drehen wollte, um die Hauptrolle. Bondartschuk ging jedoch nach Hollywood und bot die Rolle Warren Beatty an, der das Projekt 1981 mit dem Film »Reds« selbst verwirklichen sollte und der ihm einen Oscar für die Regie einbrachte.

Nach einer längeren Reise durch die Sowjetunion kehrte Dean Reed nach Argentinien zurück, wo er inzwischen eine eigene Fernsehsendung bekommen hatte. Jeden Samstag um 21 Uhr präsentierte Dean Reed Gäste und griff zwischendurch hin und wieder zur Gitarre. Wie lange die *Dean Reed Show* genau im Programm war oder konkrete Sendetermine ließen sich nicht herausfinden. Die Sendung lief zumindest so lange, bis Valentina Tereschkowa, die 1963 als erste Frau in den Weltraum geflogen war, als Ehrengast geladen wurde. Reed war ihr bei der Konferenz in Helsinki und danach erneut in Moskau begegnet.

Eine charmante Kommunistin, die überdies im argentinischen Fernsehen über die Überlegenheit der sowjetischen Raumfahrt sprach, war zuviel für die Geduld der argentinischen Regierung. Nach Jahren der Diktatur hatte man gerade erst wieder eine bürgerliche Demokratie etabliert und bemühte sich um gute Beziehungen zu den USA.

In seinem Interview vom 7. Oktober 1982 im Berliner Rundfunk schilderte Dean Reed diese Episode genauer: »Das war vielleicht ein erstes Problem meines Lebens. Ein politisches Problem mit meiner Botschaft und auch mit den politischen Leuten in Argentinien. Ich habe dieses Interview, ich habe niemanden gefragt, ich habe das in meiner Fernsehshow gezeigt an einem Sonnabend. In der nächsten Woche ist die Geheimpolizei bei meinem Haus erschienen, und sie haben mich in ihr Büro gebracht, und, ich werde es nie vergessen, da war eine Tür, auf der oben stand: PRO SOWJET. Und ich bin reingebracht worden, und sie haben gesagt, wieviel haben sie bezahlt, daß du das gezeigt hast? Und bist du ein Agent vom Kreml? Und am Ende wurde ich 1966 aus Argentinien rausgeschmissen, weil der Staat gesagt hat, daß ich ein Risiko für die Sicherheit der Nation bin.«

Reed fühlte sich in seinem Rebellentum erneut bestärkt und schien die Angelegenheit zunächst nicht ernst zu nehmen. Als er ein paar Tage später nachts von Dreharbeiten nach Hause kam, wurde auf ihn geschossen. Die Schüsse verfehlten ihr Ziel. Die Polizei verschleppte die Ermittlungen und ignorierte den Vorfall. Weitere Schüsse folgten im Laufe der Woche. Das Ehepaar Reed bewaffnete sich und verwandelte das Haus in eine Festung.

Eine Woche später warteten vier Mitglieder der militanten Linken mit Gewehren vor dem Haus, um Dean Reed ihre Hilfe anzubieten. Für zwei Monate patrouillierte die freiwillige Leibgarde in der Nachbarschaft, aber immer wieder gab jemand nachts Schüsse auf das Haus ab. Als sogar die konservative Presse über die Sache zu berichten begann, gaben die Killer auf.

Dieser Vorfall markierte einen Wendepunkt im Denken des überzeugten Pazifisten Reed. Zum erstenmal mußte er sich mit Gewalt verteidigen und dabei sogar eine Waffe benutzen. Seine politische Haltung wurde radikaler.

Im Jahre 1965 erschien bei Electric and Musical Industries (EMI) in England die LP »La Bamba«. Ungefähr zur selben Zeit brachte Odeon die LP »Los Exitos De Dean Reed« in Venezuela heraus. Odeon war eine südamerikanische Subfirma der EMI, die 1955 Capitol Records aufgekauft hatte. Trotz der Flops im eigenen Lande schien man im Ausland weiterhin auf guten Profit mit Dean Reed zu hoffen. In Argentinien hatte er den Bogen allerdings eindeutig überspannt. Nachdem sich General Onganía an die Macht geputscht hatte, wurde Reed nach kurzer Verständigung mit Washington im Juli 1966 wegen »Bedrohung der inneren Sicherheit« des Landes verwiesen. Er ging nach Spanien, wo er sich wegen seiner Sprachkenntnisse ein Engagement erhoffte. Wie Reggie Nadelson in ihrem Buch »Comrade Rockstar« schreibt, bestanden die sparsamen Reaktionen der Presse aber ausschließlich aus Witzen über seine Ähnlichkeit mit Roger Moore. Ob dies nun richtig ist oder nicht – im faschistischen Franco-Spanien hatte jemand wie Dean Reed ohnehin kaum Aussicht auf Erfolg.

Nun also mehr oder minder heimatlos, lag es für Dean Reed also durchaus nahe, seinem Erfolg in der Sowjetunion zu folgen, wo er auf Händen getragen wurde. Frauen rissen ihm kreischend die Kleider vom Leibe, und seine erste Tour 1966 durch 28 Städte war ein überwältigender Erfolg. Nach dem Protestbarden Pete Seeger, u. a. Verfasser des Originals von »Sag mir wo die Blumen sind«, war er der zweite Amerikaner, der überhaupt in der

UdSSR auftreten durfte. Bei seinem ersten Auftritt im Moskauer Estradentheater sang Dean Reed »Besame Mucho«, »My Way«, ein Lied gegen den Krieg in Vietnam und ein paar Cowboylieder.

Als er in Moskau eingetroffen war, hatte er zunächst einen Stau am Majakowski-Platz in der Innenstadt ausgelöst. Obwohl ihn noch niemand richtig kannte, wußte die ganze Stadt schon bald, daß ein prominenter Amerikaner zu Besuch war. Ein Minibus hatte mitten auf der Straße gestoppt, und mehrere Herren in knappen Trainingsanzügen begrüßten Reed, der sich eigentlich nur den Platz ansehen wollte. Es waren Lew Jaschin und die sowjetische Fußballnationalmannschaft, denen Dean Reed bereits während der Weltmeisterschaft in Chile 1962 begegnet war. Man stieß mit einem Glas Krimsekt an, während die Milizionäre den Verkehr regelten.

Boris Pastuchow hatte Dean Reed nicht ohne Grund eingeladen. Trotz eines Boykotts westlicher Musik verbreiteten sich Rock und Pop schneller, als die alten Männer vom ZK der KPdSU der Situation Herr werden konnten. Neben Kassetten, die so lange kopiert wurden, bis nur noch ein Grundrauschen zu hören war, florierten seit den späten Fünfzigern vor allem die sogenannten Rippenplatten. Diese glichen in etwa den Flexidisc-Folien, die im Westen vor allem als Zeitschriftenbeilage oder Sammlergag hergestellt wurden. Rippenplatten wurden aus Röntgenbildern hergestellt, die umsonst zu bekommen waren. Mittels umgebauter Phonographen preßte man kleine Auflagen populärer Hits und versah die Platten oft noch zusätzlich mit subversiven Botschaften. Von der sowjetischen Jugendbewegung der fünfziger spalteten sich Anfang der sechziger Jahre die Beatniki ab. Das Interesse an der amerikanischen Rockkultur nahm ein wenig ab. Der Twist wurde aber auch hinter dem Eisernen Vorhang getanzt. Die Sowjets versuchten dem Trend zwar mit

Tänzen wie dem Moskwitschka, Terrikon oder Heringbon zu begegnen, aber keiner setzte sich wirklich durch. Auch der Lipsi der DDR hatte keine Chance.

Die greise Führungsriege hatte der inoffiziellen Jugendkultur nichts entgegenzusetzen. Verbieten konnte man die Veränderung des Massengeschmacks nicht. Den Kreml-Strategen kam der vermeintlich unbedarfte Mann aus Colorado gerade recht. Dean Reed war ein waschechter Amerikaner in echten Jeans, der sich zum Kommunismus bekannte, doch seine harmlosen Liebeslieder waren frei von jeder Ideologie. Er verkehrte in den besten Hotels und spielte in riesigen Stadien vor bis zu 60 000 Menschen. Sein Repertoire war ideal, um der sowjetischen Jugend ein wenig entgegenzukommen.

Die popkulturell ausgehungerte Jugend der UdSSR lag Dean Reed zu Füßen. Er verdrängte, daß die absolute Freiheit, die er in seinen kritischeren Liedern propagierte, in der Sowjetunion nur für einen amerikanischen Superstar gelten konnte, der sich bereits als Sprachrohr mißbrauchen ließ. Als Marxist verschloß er dazu die Augen vor Korruption und dem Verbot freier Meinungsäußerung.

Die tschechische Zeitung »Prague Pill« zitierte in der Ausgabe vom 14. Januar 2003 Pete Seeger: »Ich hatte von Dean Reed gehört, aber ihn nie getroffen. Er sollte mich besuchen, aber dann ist er unerwartet gestorben. Der arme Kerl. Er erlaubte den Sowjets, ihn zum Superstar aufzublasen, und er hat zu spät bemerkt, was für eine Falle so ein Verhältnis sein kann.«

Dean Reed sang bei seinem ersten Auftritt in Moskau, wie er sich in seiner Autobiographie erinnert, vor Militärs, ein paar Intellektuellen und »Mütterchen mit bunten Kopftüchern, die aussahen, als ob sie geradewegs mit einer Troika angekommen wären. Ich sang das Lied von der jiddischen Momme, das für mich die schönste Liebeserklärung ist, die einer seiner Mutter machen kann. Und in diesem Augenblick stand mir diese Russin mit dem runzeligen Gesicht und den abgearbeiteten Händen so nahe wie meine eigene Mutter, nein, sie war es: die Mutter.«

Diese Touren schienen für Reed so etwas wie ein Lebenselixier gewesen zu sein, er tourte nicht nur in den Hauptstädten, sondern auch in der tiefsten Provinz. Er reiste bis zum hintersten Uralzipfel und weiter vom vorderen Orient nach Polen, Bulgarien, Ungarn, Skandinavien und durch die Tschechoslowakei. Er tourte über die Jahre durch 32 Länder, u. a. durch Panama, Irak, Uruguay, Mexiko, Venezuela, Portugal, Spanien, Italien und Tunesien. Dean Reed arbeitete hart für seinen Erfolg und finanzierte sich selbst. Hinter dem Eisernen Vorhang wurde er zum sozialistischen Maskottchen, doch auch im Westen blieb sein Erfolg nicht unbemerkt: Tatsächlich schaffte er es mit seiner Show in Moskau am 28. November 1966, auf Seite 47 der »New York Times« zu kommen, die ihn als »Golden East Block Superstar« und »Johnny Cash of Communism« bezeichnete: »Dean Reed, ein junger amerikanischer Sänger, ist gestern abend nach einer Vorstellung im Moskauer Varietétheater, bei der das Publikum mitsang und im Takt der Rock-'n'-Roll-Musik mitklatschte, 25 Minuten lang bejubelt und gefeiert worden. Als letzte Woche die Karten für die Vorstellung in Moskau verkauft wurden, wartete vor der Kasse eine Schlange von 2000 Menschen.«

Die Darstellung des Journalisten der ehrwürdigen Zeitung aus Manhattan deckte sich nicht ganz mit dem Bild, das Dean Reed von diesem Abend zeichnete, wenn er schrieb, er habe vor »Mütterchen mit bunten Kopftüchern« gespielt. Der Text ist kurz. Erwähnenswert schien der Zeitung nur, daß überhaupt ein Amerikaner in Moskau aufgetreten war. Mochte Dean Reed zwar eine Art Pionierstatus haben, profitierte er doch vor allem von seiner eigenen Anpassungsfähigkeit und dem allgemeinen Mangel an erlaubter Popkultur im Osten.

Der Spaghettiwestern

Trotz der musikalischen Erfolge mußte sich Dean Reed verstärkt auch um Filmengagements kümmern. Dabei geriet er an die Produktionsgesellschaft Esplugas de Llobregat aus Barcelona, die mit den Cinecittà-Studios in Italien kooperierte. Dean Reed zog Ende 1966 nach Rom und erhielt dort einen neuen Vertrag für dreieinhalb Jahre, der eine Reihe von europäischen Co-Produktionen beinhaltete. Rom beherbergte eine ganze Reihe amerikanischer Schauspieler, angeführt vom Sandalenfilm-Idol Steve Reeves und dem damals noch relativ unbekannten Clint Eastwood. Es war die große Zeit der Spaghettiwestern. Man war fest davon überzeugt, daß auch die Italiener vor allem amerikanische Filme sehen wollten, und so imitierte man die amerikanischen Genrefilme.

Seit Sergio Leone 1964 mit *Für eine Handvoll Dollar* den Spaghettiwestern als eigenständiges Sub-Genre etablierte und der Film allein in Europa in kürzester Zeit sieben Millionen Dollar einspielte, hatte die italienische Filmindustrie aber mehr Selbstbewußtsein entwickelt. Man löste sich von dem Zwang, die Amerikaner zu imitieren. Mußte Leone beim Filmstart noch als Leo Nichols firmieren (Kameramann Massimo Dallamano nannte sich Jack Dalmas, und Schauspieler Gian Maria Volonté nannte sich John Wells), durfte jetzt sogar sein richtiger Name genannt werden. 1966 drehte Sergio Corbucci mit Franco Nero *Django*. Der Titel des Filmes wurde zu einem Synonym für den italienischen Western, und Django entwickelte sich zu einer der bekanntesten Kinofiguren überhaupt.

Dean Reed drehte in Italien zunächst den Western *Dio Li Crea ... Lo Li Ammazzo* (*Bleigericht*, 1967) unter der Regie von Paolo Bianchini. Bianchini war vorher als Regieassistent des Komödienlieferanten Luigi Zampa tätig gewesen, hatte aber bereits drei Agentenfilme in eigener Regie inszeniert, von denen nur *Devilman Story* überzeugte, weil er mit einem Schurken aufwarten konnte, der die Menschheit per Fernsehen vernichten wollte. *Dio Li Crea ... Lo Li Ammazzo* war der erste Western Bianchinis, der sich später mit Genrefilmen wie *Ad Ogni Costo* (*Top Job – Diamantenraub in Rio*, 1967), *L' Invincibile Superman* (1968), *Quel Caldo, Maledetto Giono Di Fuoco* (*Django spricht kein Vaterunser*, 1969), einer Agentengeschichte im amerikanischen Bürgerkrieg, *Hey Amigo! A Toast To Your Death* (1971) oder *Super Andy, Ugly Brother Of Superman* (1979) einen Namen machte.

Die Handlung von *Bleigericht* kann schnell skizziert werden: In Wells City sorgt eine Serie von Raubüberfällen für Unruhe. Der Sheriff, der einst selbst im Knast gesessen hatte, gilt als inkompetent, und so heuert man den Kopfgeldjäger Slim Corbett (Dean Reed) an, um kräftig aufzuräumen. Am Ende erweist sich alles als ein Komplott von braven Bürgern, und der Kopfgeldjäger ist moralischer Sieger. Die Nähe zu *Für eine Handvoll Dollar* war unverkennbar, aber Sergio Leone hatte mit seinem Film letztendlich auch nur ein Remake von Akira Kurosawas *Yojimbo* abgeliefert. Dean Reed durfte für *Bleigericht* auch das Titellied singen. Sein Doppeltalent als Schauspieler und Sänger erwies sich als nützlich. Er war zusätzlich ein guter Reiter, und die Rolle des Cowboys schien sowieso zu ihm zu passen. In weiteren Rollen waren Genreveteranen wie Peter Martell alias Pietro Martellanza, Agnès Spaak, Piero Lulli, Linda Veras und Ivano Staccioli zu sehen. Der Film war mit der nötigen Härte in Szene gesetzt worden und galt unter Spaghettiwestern-Fans als Geheimtip. Gemessen daran, daß das Genre eine halbwegs überschaubare Anzahl von Titeln hervorgebracht hatte, dürfte das nicht verwundern. *Bleigericht* war auch kein schlechter Film. Die Musik von Marcello Gigante war adäquat, und die spanische Wüste großartig in Szene gesetzt. Allein Dean Reed wirkt etwas zu blond, zu sauber und zu glatt. Sein Song paßte nicht in den Film, und auch sonst war er zu bemüht, um wirklich zu überzeugen. In Deutschland wurde der Film auch als *Gott schuf sie, ich töte sie* (BRD) oder *Bleichgesicht* (DDR) bekannt. Die DDR-Fassung war dabei um 15 Minuten länger als die westdeutsche Version. Der Film kam Anfang der achtziger Jahre in einer »Glasbox Edition« auch als Kaufvideo heraus und wird bei Internet-Auktionen inzwischen zu astronomischen Preisen gehandelt.

Die schmutzigen Antihelden der Spaghettiwestern stießen in der Heimat des Genres zunächst auf wenig Gegenliebe. Sergio Leone schuf eine völlig neue Sicht auf den Wilden Westen. Er stilisierte historische Wahrheit und Mythologisierung des Wilden Westens zu einer Phantasiewelt, die wie eine Persiflage der Klassiker eines John Ford wirkten. Trotz komischer Momente wurde die Eroberung des »Wilden Westens« lediglich als eine Serie von Gewalttaten gezeigt. In den Spaghettiwestern wurde Amerika von Killern und Schurken erobert, die von ihrer Gier nach Profit getrieben wurden. Die Vertreter von Bürokratie und kapitalistischer Zivilisation waren schlimmere Verbrecher als Clint Eastwood in seiner Rolle als namenloser Fremder. Es gab keine Helden und keine singenden Cowboys. Der Originaltitel von *Spiel mir das Lied vom Tod* bzw. *Once Upon a Time in the West* lautet *C'era Una Volta Il West*. Es war einmal der Westen ... Die Mär vom freien Leben in der Prärie wurde als Ammenmärchen entlarvt und das Bild, das sich Amerika von sich selbst machte, dem Gelächter preisgegeben.

Im Vorwort zu seinem großartigen »Western Lexikon« (München, 1976) schrieb Joe Hembus: »Western sind Filme über Konflikte an der Grenze Amerikas. Die Staatsgrenze ist nicht gemeint. Vielmehr *the frontier*, die Grenze als der Raum, in dem Amerika sich schafft und wiedererschafft. Diese Grenze ist nicht nur ein geographischer Raum, und sie gehört keiner bestimmten Zeit an. Wie sie auf der Landkarte der USA von den Küstenstaaten des Ostens zum Pazifik wandert, bewegt sie sich als politischer, wirtschaftlicher und gesellschaftlicher Entwicklungszustand und als Modell durch die Geschichte der USA, von den Zeiten des frühen Ideologen John de Crèvecœur, der 1782 die Indianer als eine Rasse beschreibt, ›die dazu verdammt ist, vor dem höheren Genius der Europäer zurückzuweichen und zu verschwinden‹, bis zu den Tagen des John F. Kennedy, der seine Politik unter das Schlagwort der *New Frontier* stellt.«

1968 drehte Dean Reed mit Monika Brugger den Spaghettiwestern *Buckaroo* von Adelchi Bianchi, auch bekannt als *Galgenvögel zwitschern nicht* oder *Winchester Does Not Forgive*. Die Handlung verlangte von Reed, einen bösen Gouverneur zu verjagen. Der Film selbst war mehr oder minder verschollen, aber der Soundtrack von Lallo Gori mit dem Titelstück von Dean Reed ist als CD neu aufgelegt worden. Lalo Gori war ein hervorragender Komponist, dessen Musik zum größten Teil nur in Filmen zu hören war. Dean Reeds Name wurde auf der Platte nicht genannt. Der Soundtrack erschien als ein Teil der »Nazionalmusic Collection« aus Milano, deren Mastertapes lange als verschollen galten. Beat Records hat einige dieser Platten neu aufgelegt, aber die Bearbeitung ist ebenso schlampig wie man die Aufnahmen eingespielt hatte. Als einziger Musiker wurde auf dem Cover Franco De Gemini genannt, der gleichzeitig Chef von Beat Records war. Nazionalmusic hat sich nie groß um Platten gekümmert, und die Aufnahmen wurden nur für die Verarbeitung auf der Leinwand produziert.

Für *Die Cousins von Zorro* (bei denen es sich im Originaltitel *I Nipoti di Zorro* um Neffen handelte und der teilweise auch als *Machine Gun Baby Face* in den Verleih kam) spielte Dean Reed den klassischen Westernhelden Zorro. Das italienische Komikerduo Franco Franchi und Ciccio Ingrassia trug zufällig dieselbe schwarze Kleidung wie der Held, was zu allerhand Klamauk bei der Suche nach einem Schatz führte.

1968 wurde Dean Reed abermals zum Weltfriedenskongreß, diesmal in die Mongolei, eingeladen, die 1924, nach sowjetischem Vorbild, zur zweiten Volksrepublik der Welt geworden war. Er entwickelte sich immer mehr zum Weltenbummler und gab weiterhin zahlreiche Konzerte.

1969 wurde er in Italien zum zweitenmal in seinem Leben verhaftet. Er war in eine Demonstration gegen den Vietnamkrieg geraten und mit der Menge zur amerikanischen Botschaft marschiert. Mit seinem Paß konnte er die Absperrungen überwinden und schaffte es bis auf die Treppen der Botschaft, wo er »Hoch, Ho Chi Minh!« rief und seine Faust reckte. Die Polizei zeigte sich kurz überrascht, und Reed konnte noch »Stop dem Bombenterror!« und »Aggressoren raus aus Vietnam!« rufen, bevor ihn die Polizei abführte. Wieder rettete ihn seine Staatsangehörigkeit aus dem Gröbsten, aber wenige Tage später wurde ihm, so stellte er es in seiner Autobiographie dar, in Italien die Arbeitserlaubnis entzogen.

Die Demonstrationen gegen den Vietnamkrieg nahmen zu. Anfang Januar 1968 waren bereits 500 000 amerikanische Soldaten im Süden Vietnams stationiert, aber spätestens das Massaker, das US-Soldaten in dem südvietnamesischen Dorfes My Lai angerichtet hatten, ließ weltweit endgültig Zweifel an der amerikanischen Glaubwürdigkeit aufkommen. Die Army hatte in My Lai 507 wehrlose

Menschen, darunter 173 Kinder, 76 Babys und 60 Greise, erschossen, weil sie angeblich mit den Guerillas aus dem Norden zusammengearbeitet hatten. My Lai wurde zum internationalen Symbol für einen Krieg, den die USA nicht gewinnen konnten.

Am 13. Mai 1968 begannen die ersten Waffenstillstandsverhandlungen in Paris, aber bis 1973 flogen die Amerikaner ihre Bombenangriffe »zur Verbesserung der militärischen Ausgangsposition der Saigoner Regierung«, wie es der damalige US-Präsident Richard Nixon formulierte.

1969 war Dean Reed mit Nadja Tiller und Anita Ekberg in *Blonde Köder für den Mörder* bzw. *Der Tod klopft zweimal (Death Knocks Twice)* zu sehen. In einer weiteren Gastrolle spielte Leon Haskin, der lange Jahre den Nazigeneral in der TV-Serie *Hogan's Heroes* gemimt hatte. Dieser Film von Karl-May- und Edgar-Wallace-Altmeister Harald Phillip gehört in die *Giallo*-Schublade, jenes Genre des sonderbaren Mystery-Thrillers aus Italien, das den maskierten Serienmördern des modernen Horror-Kinos den Weg bereitet hatte.

Dean Reed spielte den Privatdetektiv Bob Martin, der etwas treudoof einen, von Fabio Testi gespielten, Mörder jagt, der wiederum von diversen Mafiosi erpreßt wird. Zwischendurch gibt es ein paar Karate-Einlagen und einen Schäferhund namens Fritz, der ein Auto meilenweit verfolgen kann, ohne die Spur zu verlieren. Der Film hat unzählige dramaturgische Lücken und wandelt sich in der Mitte von der simplen Jagd nach dem obligatorischen Serienmörder in einen albernen Côte-d'Azur-Spionagefilm. Mit den subtilen Filmen eines Giallo-Vertreters wie Mario Bava hatte *Blonde Köder für den Mörder* nichts zu tun. Die englische Fassung enthielt dafür eine seltene Nacktszene von Anita Ekberg, die in allen anderen Fassungen zu fehlen schien. So reichte es für einen Ehrenplatz in Sachen »Kultfilm«.

Im selben Jahr folgte *Die Chrysanthemen-Bande (The Three Flowers)* von Ignacio F. Iquino. Dean Reed verkörpert zusammen mit Maria »Mary« Martin und Daniel »Danny« Martin eine Gangsterbande, die nach einem Bankraub in Chicago gen Mexiko flüchten muß und sich zwischendurch in einem Bordell versteckt. Der Film war auf harmlose Art und Weise amüsant, denn Dean Reed machte als Komödiant keine schlechte Figur. Als lustiger Mafioso wirkte er auch glaubhafter als in Ferdinando Baldis Kostümspektakel *I Pirati Dell'Isola Verde (Der wilde Korsar der Karibik)* von 1970. Für diesen Film, der u. a. auch als *Piraten der grünen Insel* erschien, bewarb man ihn viele Jahre später in der westdeutschen Videotheken-Ausgabe seltsamerweise als den »Bud Spencer des 17. Jahrhunderts«, was nicht den geringsten Sinn ergab.

Als *Der wilde Korsar der Karibik* verkörpert Dean Reed den britischen Kapitän Alan, der mit seiner bunten Mannschaft an einen skrupellosen Herzog (Alberto di Mendoza) gerät, der gegen Prinzessin Isabella (Annabella Incontrera), die Herrscherin der grünen Insel, intrigiert. Die Korsaren schlagen sich auf die Seite der holden Maid und fechten sich mit allerhand Klamauk durch die durchsichtige Story. Mit Bud Spencer und dessen temporeich inszenierten Raufereien hatte der Film nichts zu tun. Die Dialoge waren albern, die Fechtszenen ungelenk und der beliebte Schurkendarsteller Alberto di Mendoza überzeugte als böser Herzog auch nicht richtig. Nur die famose Annabella Incontrera, die u. a. 1961 in *Goliath and the Island of the Vampires* zu sehen war, hielt den Film so gerade eben zusammen. Ihr zur Seite stand mit energischem Blick noch Paca Gabaldon alias Mary Francis, die sich 1972 mit *Dracula contra Frankenstein* einen Platz in der Ruhmeshalle vergessener Billigdarstellerinnen sichern konnte. Erstmals spielte Dean Reed auch mit dem Italiener Salvatore Borgese alias Sal Borgese, der in über hundert Film- und Fernsehproduktionen zu sehen war. Borgese, der gelegentlich auch als Michael Franz oder Dick Gordon firmierte, hatte seine Karriere mit historischen Sandalenfilmen, Spaghettiwestern und Klamotten wie *Zwei tolle Käfer räumen auf* (1978) oder *The Three Fantastic Supermen in the Orient* (1974) begonnen, drehte später aber auch Filme wie *Cannibal Holocaust II* (1988). Sein bekanntester Film war der dritte Teil der Trilogie *Der Pate*, wenn er auch nicht im Nachspann gelistet war. Sal Borgese drehte mit Reed noch drei weitere Filme: *Indio Black* (*Adiós Sabata*, 1971), *Sotto A Chi Tocca!* (*Vier Schlitzohren auf dem Weg zur Hölle*, 1972) und *Storia Di Karatè, Pugni E Fagioli* (*Fäuste – Bohnen und ... Karate!*, 1973).

Dean Reeds nächster Film führte ihn zurück in den wilden Westen: *Saranda* (*Dein Leben ist keinen Dollar wert*, 1970) von Ignacio F. Iquino. Indianermischling Saranda und ein ehemaliger Soldat der Südstaaten kämpfen in dieser Fließbandproduktion gegen einen korrupten Goldfinger namens Kimberlay; der Film verdient das Etikett Dutzendware. Im Western nichts Neues.

1970 stand Reed aber auch Seite an Seite mit Yul Brynner in einem weiteren Spaghettiwestern vor der Kamera: Gianfranco Parolinis amerikanisch-italienischer Koproduktion *Adiós Sabata*, der als zweiter Teil der Sabata-Reihe vermarktet wurde. Ursprünglich hieß der Film *Indio Black*, und der düstere Scharfschütze Sabata tauchte überhaupt nicht auf. Der Erfolg des ersten *Sabata*-Films von Gianfranco Parolini schrie jedoch nach einer Fortsetzung, und so titelte man *Indio Black* flugs in *Adiòs Sabata* um. 1972 gab es sogar noch einen weiteren Sabata-Film mit Annabella Incontrera in der weiblichen Hauptrolle, der tatsächlich an das Original anschloß und auch den finsteren Revolvermann selbst zurück auf die Leinwand brachte. Multitalent Parolini war vor allem durch seine *Kommissar X*-Filme bekannt geworden, drehte aber haufenweise Genrefilme wie *I Fantastici Tre Supermen* (*Die Drei Supermänner räumen auf*, 1967) und *Questa Volta Ti Faccio Ricco!* (*Zwei Schlitzohren in der gelben Hölle*, 1974).

Adiós Sabata war nicht mehr als eine Nacherzählung der Motive von Robert Aldrichs Klassiker *Vera Cruz* (1954) mit Gary Cooper und Burt Lancaster. Indio Black (Yul Brynner), ein Revolverheld mit Zigarren im Schaft seiner abgesägten Winchester und modischem Fransenhemd, verbündet sich mit Ballantine (Dean Reed) und Escudo (Pedro Sanchez), um eine Wagenladung Gold zu stehlen. Ballantine versucht seine Kumpane zu hintergehen, und am Ende gehen alle leer aus. Zwischen den Fronten des Krieges mit Mexiko macht man dabei rücksichtslos von allerhand Ballermännern Gebrauch. Das Waffenarsenal dieses Filmes hätte auch einem John Rambo gut zu Gesicht gestanden.

Joseph Persaud kehrt in seiner Rolle als Akrobat Gitano aus *Sabata* zurück und tanzt vor dem Kampf erneut seinen grotesken »Flamenco des Todes«. Yul Brynner wirkt einmal mehr bedrohlich, gnadenlos und all das, was ihn in den Sechzigern so populär gemacht hatte. Bruno Nicolai beschallt die Westernstadt auf dem Hof der Cinecittà-Productions mit Spaghettisound, und hinter der Kamera stand wieder Sandro Mancori, der u. a. auch für *Sabata* und *If You Meet Sartana Pray For Your Death* (1969) verantwortlich zeichnete. Dean Reeds Rolle wird in der deutschen Synchronisation übrigens von Eckart Dux gesprochen.

Unvorsichtigerweise erzählte Reed einem Journalisten, daß man ihm für *Adiós Sabata* diverse Gräben graben mußte, um den kleineren Yul Brynner nicht wie einen Zwerg wirken zu lassen. Brynner tobte und stellte Dean Reed zur Rede. Brynner, der mongolische Wurzeln hatte, zeigte auch keinerlei Verständnis für Reeds politische Ambitionen.

Dean Reed drehte drei weitere Filme in Italien. Zunächst war da 1971 *Il Cieco (Blindman, der Vollstrecker)* und 1972 *Sotto A Chi Tocca!*, ein Film, der in Deutschland unter drei verschiedenen Titeln lief, einer humoriger als der andere: *Vier fröhliche Rabauken, Vier Schlitzohren auf dem Weg zur Hölle* oder auch *Kommt her, Freunde, Rags ist hier!* Regisseur Gianfranco Parolini *(Adiós Sabata)* setzte für diesen Höllentrip der schlitzohrigen Rabauken ganz auf Dean Reed als Hauptdarsteller.

Rags war ein weiterer Versuch, den Humor von Bud Spencer und Terence Hill in möglichst vielen Genre-Varianten zu verarbeiten. Vier gutgelaunte Raufbolde entwenden im Jahre 1400 einem Burgherren seinen Goldschatz und geraten in allerhand Prügeleien. Angesichts der Infantilität der Handlung mochte man kaum glauben, daß *Rags* von Erwachsenen gedreht worden war.

Reed verschwieg diesen Film in seiner Autobiographie ebenso wie *Blindman* und den grandiosen Trash-Klassiker *Storia Di Karatè, Pugni E Fagioli (Fäuste, Bohnen und Karate*, 1973). Dafür wurden *Adiós Sabata* und *Saranda* auf 1968 datiert und der weiter bestehende Vertrag mit Cinecittà einfach ignoriert. Man wollte offenbar nachträglich den Eindruck erwecken, daß Dean Reed spätestens ab 1971 exklusiv an die DDR gebunden war. Seltsam ist vor allem das Verschweigen von Ferdinando Baldis *Blindman*. Immerhin war Dean Reed darin an der Seite von Beatles-Trommler Ringo Starr zu sehen, der sich aus Spaß im Filmgeschäft herumtrieb. Baldi hatte Reed bereits als *Der wilde Korsar der Karibik* in einer Hauptrolle besetzt, aber für diesen Film wies er ihm nur noch eine Nebenrolle zu. In *Blindman* soll ein blinder Rächer (Tony Anthony) ein paar Goldschürfern fünfzig aus dem Katalog bestellte Bräute anliefern. Leider läßt er sich von seinen Partnern übers Ohr hauen, und der Bandit Domingo entführt die Frauen nach Mexiko. Die Jagd des verbitterten Blinden nach den verlorenen Frauen überzeugt mit sarkastischem Charme. Ringo Starr spielt einen mexikanischen Banditen, der vom blinden Vollstrecker auf seinem Rachefeldzug über den Haufen geschossen wird. Ferdinando Baldi hatte mit *Blindman* einen apokalyptischen Spaghettiwestern abgeliefert, dessen Qualität erst viele Jahre später gewürdigt wurde. Bereits 1967 drehte er *Little Rita Nel West (Blaue Bohnen für ein Halleluja)* und *Preparati La Bara (Django und die Bande der Gehenkten)* mit Terence Hill, der daraufhin ins Komödienfach wechselte. Sein *Texas Addio (Django, der Rächer*, 1966) wurde immer wieder als Beispiel für die Gewalttätigkeit des Genres angeführt und Baldis geniales Endzeitdrama *Il Pistolero Dell'Ave Maria (Seine Kugeln singen das Todeslied*, 1969) wurde somit von der Presse verkannt. Baldis brutale Hommage an Agatha Christie, *Nove Ospiti Per Un Delitto* (1977), und seinem Meisterwerk der Schmuddelkunst, *La Ragazza Del Vagone Letto (Horrorsex im Nachtexpress*, 1979), ging es ähnlich. Frustriert drehte Baldi in den Achtzigern als Ted Kaplan nur noch Vietnamfilme. *Blindman* bleibt sein bester Film.

In seiner Autobiographie gibt Reed ein deutlich sozialkritisch gefärbtes Bild seiner Dreharbeiten in Italien: »In der Regel war es in Italien nämlich so, daß ein Produzent nach dem Abdrehen eines Films, in den er meist sein ganzes Geld gesteckt hatte mit der Spekulation, der Film werde es mehrfach wieder einspielen, erst einmal seinen Bankrott erklärte. Ob das nun tatsächlich so war oder, wie meist der Fall, ein Betrugsversuch vorlag, konnte man nicht wissen, selbst ein Star mußte auf wöchentliche Teilzahlungen seiner Gage dringen, manchmal sogar auf tägliche. [...] Dennoch ist natürlich ein Star in einer weitaus besseren Lage als ein Arbeiter. Seine Popularität erlaubt es ihm, energischer für seine Rechte einzutreten, als das ein Arbeiter kann, der mühelos durch einen der zahlreichen Erwerbslosen, die vor den Toren der Ateliers auf Arbeit warten, ersetzt werden kann. Aber weil viele der italienischen Filmkünstler progressive Anschauungen vertreten – nicht wenige stehen der Kommunistischen Partei nahe oder sind sogar Mitglieder –, haben sie ein soziales Gewissen und handeln im Interesse aller. Ich habe damals in Italien versucht, dies auch zu tun.«

Weiter beschreibt er einen Vorfall, der sich zur Zeit der Dreharbeiten an der *Chrysanthemen-Bande* ereignet haben mußte. Ein Signore Crisante wollte die Crew um ihr Geld prellen. Die neapolitanischen Arbeiter überredeten Dean Reed daraufhin zu einer fingierten Entführung, um ihren Lohn als Lösegeld einzuklagen. Reed rief den Produzenten an und verlangte seine Befreiung. Der Plan ging auf. Die Crew kam zu ihrem Geld und lud Dean Reed zu einem ausgiebigen Saufgelage ein.

In einem Interview für die Erfurter Zeitung »Das Volk« vom 29. September 1972 sprach Dean Reed kurz über das Ende seiner Zeit in Italien: »Eines Tages erhielt ich eine Vorladung aufs Polizeipräsidium. Dort wurde mir lakonisch erklärt, daß die Regierung nicht wünsche, daß ich meinen Wohnsitz länger in Italien habe. Ich sei unerwünscht. Sollte mir die italienische Filmindustrie jedoch wieder einen Vertrag anbieten, so sei man bereit, mir für die Dauer der dazu erforderlichen Arbeiten eine befristete Arbeits- und Aufenthaltsgenehmigung zu erteilen. Eine Begründung wurde mir trotz wiederholter Nachfrage nicht gegeben.«

Dean Reed hatte sich in Italien immer wieder mit Produzenten angelegt und das gleiche Catering für Haupt- und Nebendarsteller gefordert. Er erwies sich weiterhin als unbequem und eckte an. Auch die US-Botschaft soll ihm Schwierigkeiten wegen seines Engagements in der italienischen Friedensbewegung gemacht haben. Das Ergebnis war, daß er nach Ablauf seines Vertrages außer *Fäuste* –

Bohnen und ... Karate! auch in Italien keinen Film mehr machen konnte. Und die Rolle in Tonino Riccis Billig-Karate-Western-Klamotte schien dabei nur noch ein später Freundschaftsdienst zu sein, denn Dean Reed brauchte, seit er 1971 in die DDR gegangen war, dringend Devisen.

Am 2. Mai 1968 war seine erste Tochter Ramona Chimene Guevara Price Reed geboren worden. Und kurz danach hatte sich Dean Reed von Patty Hobbs scheiden lassen. Nun hatte er regelmäßige Unterhaltszahlungen zu leisten, und zwar in Dollar. In einem Brief an seine Tochter, den er später öffentlich machte, erklärte er pathetisch die ungewöhnliche Wahl der Namen:

»Liebe Ramona,
nun schreibe ich meinen ersten Brief an Dich, meine Tochter, die Du am 2. Mai so unerwartet schnell auf diese Welt gekommen bist. Heute haben Patricia und ich entschieden, welche Namen Du tragen wirst, und ich bin sicher, daß Deine Persönlichkeit einst jedem der fünf so unterschiedlichen Namen gerecht werden wird.

Deine Namen werden sein: Ramona Chimene Guevara Price Reed. Das sind eine ganze Handvoll, gewiß, aber es gibt Gründe dafür, Dir jeden zu geben.

Ramona, dieser Name wird Dich daran erinnern, daß Deine Vorfahren mütterlicherseits Indianer waren. Er wird Dich an den tapferen und mutigen Kampf erinnern, den Dein Volk geführt hat, als es sein Land verteidigte. Doch das wichtigste ist, daß er Dich erinnern wird an die Bedeutung der Natürlichkeit im Leben Deines Volkes und im Leben Deiner Mutter und Deines Vaters. Denn Du bist gezeugt worden in einem Bett aus Gras, und nur die Blätter der Bäume verbargen die Liebe zweier Menschen vor den Augen der Sterne. In jenem Augenblick warst Du, waren Deine Mutter und Dein Vater eins mit der Natur, und ich hoffe, daß Du deshalb frei und unabhängig sein wirst,

1. Als jugendlicher Kadett, 1948

2. Familie Reed, Mitte der fünfziger Jahre, (v. l.) Cyril, Ruth Anna, Dean, Vernon und Dale Reed

3. Dean Reed und sein Schauspiellehrer Paton Price

950's TOP 50
Authentic Because You Make It So!

WEEK OF OCTOBER 4, 1959

#	Title	Artist — Label	Last Week
1.	SHOUT	Isley Brothers — Victor	5
2.	OUR SUMMER ROMANCE	Dean Reed — Capitol	4
3.	A WORRIED MAN	Kingston Trio — Capitol	10
4.	DANNY BOY	Conway Twitty — MGM	6
5.	MR. BLUE	Fleetwoods — Dolton	1
6.	SEVEN LITTLE GIRLS	Paul Evans — Guaranteed	1
7.	SOME KIND EARTHQUAKE	Duane Eddy — Jamie	39
8.	DECK OF CARDS	Wink Martindale — Dot	KC
9.	BOO BOO STICK BEAT	Chet Atkins — Victor	46
10.	STARRY EYES	Gary Stites — Carlton	KC
11.	MOO-MOO	Rock-A-Teens — Roulette	45
12.	TEEN BEAT	Sandy Nelson — Original	7
13.	TUCUMCARI	Jimmie Rodgers — Roulette	8
14.	SAY MAN	Bo Diddley — Checker	3
15.	LOVE POTION NO. (9)	The Clovers — United Artists	9
16.	MACK THE KNIFE	Bobby Darin — Atco	12
17.	SKI-KING	E. C. Beatty — Colonial	13
18.	MARY LOU	Ronnie Hawkins — Roulette	15
19.	JUST ASK YOUR HEART	Frankie Avalon — Chancellor	16
20.	LIVING DOLL	Cliff Richards — ABC Paramount	11
21.	YOU BETTER KNOW IT	Jackie Wilson — Brunswick	19
22.	JOEY'S SONG	Bill Haley — Decca	18
23.	BOOGIE BEAR	Boyd Bennett — Mercury	17
24.	IN THE MOOD	Ernie Fields — Rendezvous	29
25.	BATTLE HYMN OF THE REPUBLIC	Mormon Tab. Choir — Columbia	2
26.	PUT YOUR HEAD ON MY SHOULDER	P. Anka — ABC Paramount	
27.	TORQUAY	Fireballs	
28.	DON'T YOU KNOW	Della Reese — Victor	
29.	YOU WERE MINE	Fireflies — Ribbon	
30.	IT HAPPENED TODAY	Skyliners — Calico	
31.	FOOL'S HALL OF FAME	Pat Boone	
32.	OH CAROL	Neil Sedaka — Victor	
33.	LONELY STREET	Andy Williams — Cadence	
34.	I'M GONNA GET MARRIED	Lloyd Price — ABC Paramount	
35.	YOU'RE GONNA MISS ME	Connie Francis — MGM	
36.	ROAD HOG	Johnny Zorro — Warner Bros.	
37.	I DON'T KNOW	Ruth Brown — Atco	
38.	HEY LITTLE GIRL	Dee Clark — Abner	
39.	OKEFENOKEE	Freddie Cannon — Swan	
40.	POISON IVY	Coasters — Atco	
41.	PRIMROSE LANE	Jerry Wallace — Challenge	
42.	THE BATTLE OF KOOKAMONGA	Homer & Jethro — Victor	
43.	MORGEN	Ivo Robic — Laurie	
44.	COME AND GET ME	Fabian — Chancellor	
45.	IF I HAD A GIRL	Jerry Keller	
46.	COME AND GET IT	Ray Peterson — Victor	
47.	THE ANGELS LISTENED IN	The Crests	
48.	BELIEVE ME	Royal Teens — Capitol	
49.	I'LL NEVER FALL IN LOVE AGAIN	Johnny Ray — Columbia	
50.	I AIN'T SHARIN SHARON	Jimmy Darren — Colpix

KIMN 5-STAR PICK HIT OF THE WEEK:
WHY DON'T YOU BELIEVE ME .... Kalin Twins — Decca

KIMN BOMB OF THE WEEK:
RUNNING BEAR .... Johnny Preston — Mercury

KIMN PICK ALBUM:
LORD'S PRAYER .... Mormon Tabernacle Choir — Columbia

KIMN FIVE TOP ALBUMS
1. HEAVENLY .... Johnny Mathis — Columbia
2. KINGSTON TRIO AT LARGE .... Kingston Trio — Capitol
3. MORE JOHNNY'S GREATEST HITS .... Johnny Mathis — Columbia
4. SOUTH PACIFIC .... Movie Cast — Victor
5. INSIDE SHELLY BERMAN .... Shelly Berman — Verve

Mail your ballot today of your top 10 favorites to KIMN — P.O. Box 1408, Edgewater Branch, Denver 14, Colorado and become eligible to win a copy of THE 5-STAR pick of the week!!

4. Platz 2 in der Hitparade des Radiosenders KIMN aus Denver, Colorado, 1959

5. Auftritt in Argentinien, 1965

6. Im brasilianischen Urwald, 1962

7. Mit seiner ersten Frau Patty Hobbs in Mexiko, 1964

8. Unterwegs in der Mongolei, sechziger Jahre

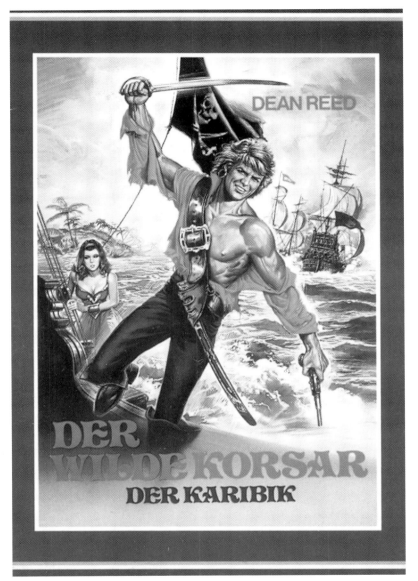

9. Cover der Videofassung von *Der wilde Pirat der Karibik*

10. Mit Nadja Tiller in *Blonde Köder für den Mörder*, 1969

11. Mit Salvador Allende bei dessen Amtseinführung, November 1970

12. Erste Begegnung mit Wiebke Reed, Leipzig, 1971

13. Mit Konstantin Simonow

14. Plattencover aus der Sowjetunion, Anfang der siebziger Jahre

15. Mit Hannelore Elsner, Szenenfoto zu
Aus dem Leben eines Taugenichts, 1972

16. Mit Celino Bleiweiß bei den Dreharbeiten zu
Aus dem Leben eines Taugenichts, 1972

17 Autogrammstunde in Ost-Berlin, 1973

wie die Tiere im Wald und die Vögel am Himmel. Du wirst mit der Natur verbunden sein, weil Du verstehst, daß Du ein Lebewesen bist wie all jene, die ein Kind der Entwicklung sind wie Du selbst.« (Hans-Dieter Bräuer, »Dean Reed erzählt aus seinem Leben«)

4. Kapitel:
Sein Colt singt sechs Strophen

»Gegen Armut hilft nur eins. Man muß versuchen, reich zu werden, sonst geht man unter.«

(Django, 1966)

Im August 1970 flog Dean Reed nach Chile, wo der Wahlkampf für den Präsidentschaftskandidaten Salvador Allende und die Unidad Popular (UP) angelaufen war. Salvador Allende war am 26. Juli 1908 in Valparaíso geboren worden. Er war 1933 Mitbegründer der Sozialistischen Partei Chiles und gehörte seit 1945 dem Senat an.

Nach dem Zweiten Weltkrieg hatte Chile einen wirtschaftlichen Aufschwung erfahren. In den fünfziger Jahren etablierte sich eine konservative Präsidentschaft mit strikt antikommunistischem Kurs. 1964 betrieben die Amerikaner aktive Wahlhilfe für Eduardo Frei Montalva, den Kandidaten der Christdemokratischen Partei, der bis 1970 Präsident war. Montalva setzte eine umfangreiche Landreform durch und verteilte über drei Millionen Hektar an Bauerngenossenschaften, aber seine wichtigsten Reformprogramme scheiterten. Die Unidad Popular hatte sich 1969 als Bündnis der Kommunistischen und der Sozialistischen Partei mit vielen kleinen marxistischen Parteien gegründet und forderte eine Verstaatlichung der Bodenschätze, eine Enteignung ausländischer Banken und eine weitere Agrarreform. Vor allem die Kupferindustrie sollte entschädigungslos verstaatlicht werden.

Der Großteil der chilenischen Kupferminen aber war in amerikanischer Hand, und nach Fidel Castros Machtübernahme in Kuba 1959 hatten die USA auch in Chile um ihren Einfluß zu fürchten. Die USA hatten große Mengen

Waffen nach Südamerika geliefert, um all die kleinen Unrechtsregimes am Leben zu halten, die ihrerseits den American way of life am Leben hielten. Green Berets und Black Berets der US-Army wurden als Militärberater und »Vernehmungsoffiziere« geschickt. Die CIA organisierte eine Aktion, die sich 1964 bereits beim Sturz von Präsident Goulart in Brasilien bewährt hatte. Frauen aus Mittelschicht und Oberschicht marschierten, auf Kochtöpfen trommelnd, durch die Straßen. Viele dieser Frauen hatten vorher nie einen Kochtopf in der Hand gehabt, zahlreiche Dienstmädchen wurden von ihrer »Herrschaft« mit oder ohne Bestechungsgelder zur Teilnahme gezwungen. Die chilenische Tageszeitung »El Mercurio« erhielt einige hunderttausend Dollar, um Allende mit Schmutz zu bewerfen, und in der »La Tribuna« gab es eine gekaufte Story, die Victor Jara als schwulen Kinderschänder diffamieren sollte. Die Aktivitäten der amerikanischen Geheimdienste in Chile wurden schon früh von der »Washington Post« aufgedeckt, doch niemand schien sich daran zu stören.

Während seines Aufenthaltes in Chile drehte Dean Reed einen Dokumentarfilm über die Unidad Popular. Vier Monate tourte er mit einem Bus der Gewerkschaft CUT als Sänger und Agitator für Allende durch Chile. Er war nicht allein. Zahlreiche Künstler unterstützten Allendes Wahlkampf. Im Interview für den Berliner Rundfunk vom 7. Oktober 1982 beschrieb Dean Reed sein Verhältnis zu Chile: »Chile bleibt immer meine erste Liebe. Möglicherweise, weil es das erste Land war, wo ich, außer in meinem Heimatland, gelebt habe, und wo das Volk mich adoptiert hat. Ich kenne Chile, die ganze politische Entwicklung von ganz rechts bis mittel bis zu den Christdemokraten und dann bis zur Unidad Popular, eine Regierung des Volkes. Ich war dort für vier Monate im Jahr 1970. Wir sind z. B. mit Salvador [Allende] zusammen von Stadt zu Stadt gegangen. Er hat geredet, und ich habe gesungen. Dasselbe hat Victor Jara gemacht. Sehr oft er an einer Seite, ich auf der anderen.«

Das Pathos, das Reed hier beschwor, wurde offenbar nicht unbedingt von Victor Jara geteilt, der längst zur nationalen Ikone aufgestiegen war. Seine Witwe Joan Jara erwähnte Dean Reed in ihrer Autobiographie mit keinem Wort, obwohl dieser immerhin später mit *El Cantor* einen Spielfilm über ihren Mann drehte.

Am 1. September 1970 wusch Dean Reed vor dem US-Konsulat in Santiago de Chile aus Protest gegen die aggressive Politik der USA und den Vietnamkrieg eine amerikanische Flagge und wurde verhaftet. Diese symbolische Geste gegen die Kolonialpolitik der USA war ihm durchaus ernst. Er ließ von der Presse ein Manifest verbreiten, das auch in seiner Autobiographie dokumentiert ist:

»Die Flagge der USA ist befleckt mit dem Blut von Tausenden vietnamesischen Frauen und Kindern, die bei lebendigem Leibe von Napalm verbrannt worden sind, das von amerikanischen Aggressionsflugzeugen aus dem einzigen Grund abgeworfen worden ist, weil das vietnamesische Volk in Frieden und Freiheit, in Unabhängigkeit und mit dem Recht auf Selbstbestimmung zu leben wünscht.

Die Flagge der USA ist befleckt mit dem Blut der schwarzen Bürger der Vereinigten Staaten, die von einer Polizei des Völkermords aus dem einzigen Grund in ihren Betten ermordet worden sind, weil sie in Würde und mit den vollen Bürgerrechten eines Bürgers der Vereinigten Staaten zu leben wünschen.

Die Flagge der USA ist befleckt von dem Blut und der Qual von Millionen Menschen in vielen Ländern Südamerikas, Afrikas und Asiens, die gezwungen sind, in Elend und Ungerechtigkeit zu leben, weil die Regierung der Vereinigten Staaten die Diktatoren unterstützt, die jene Menschen in Knechtschaft halten.

Die Flagge der USA ist befleckt, weil die Prinzipien von Demokratie und Freiheit, als deren Ausdruck sie geschaffen worden ist, von der Regierung der Vereinigten Staaten verraten worden sind.

Als guter Bürger der Vereinigten Staaten, der sein Land genug liebt, um gegen die Irrtümer und die Ungerechtigkeiten zu kämpfen, und um zu versuchen, daß es nicht nur in materieller und militärischer Hinsicht, sondern auch in moralischer und geistiger ein bedeutendes Land wird – wasche ich heute, in Santiago de Chile, symbolisch die Flagge meines Landes, der Vereinigten Staaten von Amerika.«

Nach Reeds Verhaftung setzte sich der Schriftsteller Pablo Neruda, der ein Jahr später den Nobelpreis erhielt, für ihn ein. Sein *Canto General (Der große Gesang)* war tausendfach unter der Hand kopiert worden, und wenige Menschen hatten soviel Autorität in Chile wie er. Neruda reagierte auf die Verhaftung mit einem Protesttelegramm, das ebenfalls in Reeds Autobiographie dokumentiert ist: »Geben Sie die Flagge der USA Dean Reed zurück, der sie vor seinem Konsulat gewaschen hat in der Hoffnung, das Volk der Vereinigten Staaten würde sie gänzlich von dem Blut reinigen, mit dem seine Regierung sie befleckt hat. Wir fordern eine Welt des Friedens und des Glücks; Dean Reed gibt diesem Verlangen Ausdruck, und deshalb lieben wir ihn.«

Reed wurde entlassen und wohnte für ein paar Tage im Haus von Pablo Neruda. Er erhielt sogar das »corpus delicti« zurück, und die Flagge schmückte später sein Haus in Schmöckwitz. Nerudas Fürsprache hatte Reeds Popularität in Chile noch vergrößert. Am 3. November wurde in Santiago eine Party zur Amtseinführung der Regierung Allende veranstaltet. Einen Tag später war Dean Reed als Ehrengast zur Amtseinführung des Präsidenten geladen. Die Unidad Popular hatte gewonnen, und das Volk feierte auf hunderten Bühnen das Ende der Unterdrückung. Auch Dean Reed wurde gefeiert. Doch mit dem Ende des politischen Kampfes im Lande unterhalb der Anden zog es Dean Reed zu neuen Ufern.

Die chilenischen Zeitungen »El Clarín«, »La Nación« und »El Siglo« veröffentlichten am 25. Mai 1971 einen blumigen Abschiedsbrief des selbsternannten Kämpfers für Frieden und Freiheit, den er in seiner Autobiographie dokumentierte:

»Ich kam, um zu lernen und zu lehren: denn wenn zwischen zwei Partnern Liebe ist wie zwischen euch und mir, da gibt es nicht nur Schüler und nicht nur Lehrer, sondern beide Partner sind Schüler und Lehrer zugleich. [...] Wir werden uns nahe sein an jedem Ort, wo es Menschen gibt, die sich ihrer fundamentalen Rechte bewußt geworden sind, und wir werden gemeinsam mit diesen Menschen kämpfen – ob es nun in Vietnam ist, in Angola oder in Brasilien. Wir werden uns aber auch nahe sein an jedem Ort, wo eine Blume blüht, wo die Sonne aufgeht, wo ein Kind lacht, weil unsere Zukunft eine Welt sein wird, wo die reinsten und höchsten menschlichen Werte Geltung haben.«

Er verließ Chile, beschäftigte aber auch nach seinem Abschied weiter die südamerikanischen Medien als öffentlichkeitswirksamer Freiheitskämpfer. Am 29. Mai verzichtete die »La Nación« auf ihren Leitartikel und veröffentlichte an gleicher Stelle eine Art Antwort des Herausgebers Miguel Humberto Aguirre, die in der »Neuen Berliner Illustrierten« Nr. 26 von 1986 abgedruckt wurde: »Die Wahrheit, Gringo, ist, daß es uns schwerfällt, Dir Good-bye zu sagen, Dir, der niemals etwas von uns verlangt hat. Wir haben viele Male zusammengearbeitet – immer für unsere revolutionäre Sache. Du bist weit weg von Deiner Familie (einmal haben wir gesagt, Du hast Deine Lieben verlassen, um inmitten Deiner Lieben zu leben), und das sagen wir aufs neue. Du bist weit weg von Deinem Haus, von Deinen Eltern, weit weg von Deiner Heimat und weit weg von Deiner Tochter Ramona.

Dean, Du verläßt uns, weil es Dein Schicksal ist, für etwas zu kämpfen, für etwas, woran Du glaubst.«

Die Aristokratie der Nebendarsteller

Im Sommer 1971 hielt sich Dean Read in der Sowjetunion auf, wo er auf Eve Kivi traf, eine populäre Schauspielerin aus Estland, die zu dieser Zeit große Erfolge in der Sowjetunion feierte. In einem Interview mit der Zeitung »Particular Life« gab Frau Kivi an, daß sie Dean Reed 18 Jahre gekannt habe und dieser immer von einem 20jährigen Jubiläum ihrer Bekanntschaft geträumt hat. Demzufolge müßte sie ihn bereits 1968 kennengelernt haben.

Eve Kivi wurde am 8. Mai 1938 im estländischen Paive geboren und trat auch unter dem Künstlernamen Nina Anderson auf. Ihren größten Auftritt hatte sie in *Opasnyie Povoroty (Naughty Curves)* von 1961, dem ersten Farbfilm im sowjetischen Format Kinopanorama, welches gleichsam drei Filme in 35 mm nebeneinander projizierte. In den USA existierte seit 1952 mit Cinerama ein ähnliches Format. *Opasnyie Povoroty* ist eine romantische Verwechslungskomödie über zwei Zwillingsschwestern, die mit aufwendig gefilmten Motorradrennen glänzen konnte. Eve Kivi spielt die verschlagene Exfreundin des Helden, der von den Zwillingen an der Nase herumgeführt wird. Der Film wurde zu einem internationalen Achtungserfolg und für seine waghalsigen Kamerafahrten gelobt, aber dem aufwendigen Format fehlten auf lange Sicht kommerziell erfolgreiche Filme, die den Aufwand rechtfertigten. 1965 lief in den Kinos der meisten nordamerikanischen Städte noch *Cinerama's Russian Adven-*

ture, ein Zusammenschnitt diverser Reisefilme aus Rußland, aber spätestens die Einführung des 70-mm-Formates beendete das sowjetische Experiment.

Eve Kivi galt als Anhängerin der Ideen des 1924 verstorbenen estnischen Arbeiterführers Viktor Kingisepp, trieb sich im internationalen Jet-Set herum und war verheiratet mit dem Eisschnelläufer Ants Antson, der 1964 für die Sowjets eine Goldmedaille über 1500 Meter gewonnen hatte. Hinter vorgehaltener Hand tuschelte man, sie sei nebenbei auch KGB-Agentin mit guten Kontakten zu Vladimir Putin in Dresden. Dean Reed hatte eine Affäre mit ihr. Man traf sich heimlich im Umfeld sowjetischer Delegationen oder als Touristen getarnt in aller Welt und unternahm gemeinsame Ausritte. Reed schien ein wahres Talent dafür zu haben, wichtige, interessante und einflußreiche Menschen zu treffen.

Reeds erste Ehefrau Patricia kommentierte das Verhältnis im Juli 2003 in einer Nachricht im Internet-Forum randomwalks.com: »Sollten wir von Eve und seinen anderen Affären als große Liebesgeschichten reden, oder sollten wir von seinen drei wunderbaren Ehefrauen als seinen Liebesgeschichten reden?«

In der Tat, diese Frage stellte sich. »Die Gräfin«, Nyta Doval (gelegentlich auch Nyta de Val genannt), Sängerin und Kabarettistin, nannte Reed in Reggie Nadelsons Buch »Comrade Rockstar« einen »politischen Junkie, der nach dem Sex von Marx und Engels sprach«. Doval paßte ebenfalls in die Liste merkwürdig interessanter Verhältnisse und Bekanntschaften im Leben Dean Reeds. Die Frau des Präsidenten der ALM (Antilles Royal Airlines) und Tochter eines tschechischen Außenministers, der von Kommunisten ermordet worden war, hatte kleinere Auftritte in einigen italienischen Filmen. Als Kind hatte sie auf Mussolinis Schoß gesessen. Später machte sie Karriere als Entertainerin auf Kreuzfahrtschiffen und erfuhr ein wenig

Aufmerksamkeit als Kultfigur innerhalb der schwulen Subkultur in den USA.

Nyta Doval hatte Reed, bevor er nach Südamerika ging, die entsprechenden Kontakte vermittelt und hielt sich für seine Entdeckerin. Von ihr stammen aber auch so obskure Behauptungen wie: Reed hätte 1966 in Moskau eine Gehirnwäsche bekommen, einen Porsche gefahren und als Bote des Politbüros Geld in die Schweiz geschmuggelt.

Dean Reed hatte in Mexiko, Argentinien, Italien und Spanien immer wieder die Erfahrung gemacht, daß ihm vor allem seine Staatsangehörigkeit Engagements zu verschaffen schien. Der Mangel an »echten« Amerikanern im Osten dürfte ihm bei seinen sensationell erfolgreichen Konzerten in der Sowjetunion nicht entgangen sein. Es war also naheliegend, sich auch als Schauspieler auf der anderen Seite des Eisernen Vorhangs zu bewerben. Sein frühes Interesse an einem sowjetischen Film über John Reed zeugte von ersten Versuchen in diese Richtung. Dean Reed wollte jedoch längst nicht mehr nur Schauspieler sein und arbeitete zudem an eigenen Drehbüchern.

Im März 1971 kritisierte Dean Reed mit einem offenen Brief den Schriftsteller Alexander Solschenizyn, der im Jahr zuvor mit dem Nobelpreis ausgezeichnet worden war. Reed wollte die Kritik des Präsidenten Jimmy Carter an der Unterdrückung sowjetischer Dissidenten zum Thema machen und stilisierte sich dabei selbst zum Verfolgten des »US-Regimes«, der, trotz kommerzieller Erfolge, seine Heimat aus politischen Gründen verlassen hatte. In dem Brief, der ursprünglich in den sowjetischen Zeitungen »Ogonjok« und »Literaturnaja Gaseta« erschienen war und im Pressespiegel der Website deanreed.de dokumentiert ist, wendet sich Reed direkt an Solschenizyn: »Wollen Sie den Leuten wirklich vorschlagen, ihre Rolle als fortschrittliche Führungsmacht aufzugeben, um unter den ebenso unmenschlichen wie brutalen Bedingungen zu leben, die im Rest der Welt existieren, wo, unter fast feudalen Bedingungen, die Ungerechtigkeit im Überfluß existiert? Dies bedeutet scheinbar, daß Sie unter der Abwesenheit moralischer und sozialer Prinzipien leiden und Ihr Gewissen Sie nachts quält, wenn Sie mit sich allein sind!« Dean Reed sang dazu ein Loblied über die Vorzüge der Sowjetunion und bemerkte erst hinterher, daß die meisten Menschen seine Attacke als offizielle Propaganda auslegten. Er hatte es sich mit diesem Brief, der seine Blindheit für die politischen Verhältnisse jenseits des Eisernen Vorhangs aufs beste dokumentiert, nicht nur bei sowjetischen Intellektuellen für immer verscherzt. Als sich Dean Reed später bei Solschenizyn entschuldigen wollte, wies ihn der Schriftsteller zurück.

Im Mai 1971 reiste Dean Reed von Santiago de Chile nach Uruguay, unterstützte dort den Wahlkampf des Präsidentschaftskandidaten Juan María Bordaberry und schmuggelte sich anschließend, nach vier versuchten Einreisen, illegal in Argentinien ein. General Onganía hatte dort inzwischen ein Streikverbot erlassen. Am 30. Mai 1969 war es dennoch zu einem Generalstreik gekommen, nachdem die Polizei in Córdoba auf Demonstranten geschossen hatte. Dean Reed berief eine Pressekonferenz im Büro eines befreundeten Rechtsanwaltes in Buenos Aires ein. Vier TV-Sender und sämtliche Radiosender der Stadt übertrugen seine Botschaft, die auszugsweise auch in seiner Autobiographie zu finden ist: »Das Volk von Argentinien hat hundertmal mehr Recht, sich gegen seine Diktatoren zu erheben, als es meine Vorfahren, die amerikanischen Siedler, hatten, als sie sich im Jahre 1776 gegen Britannien erhoben«, befand er und griff im weiteren Verlauf seiner Ansprache den Diktator Ongania direkt an.

Er erwähnte die Morde an Signore Vandor, dem Präsidenten der größten Gewerkschaft Argentiniens, und an dem ehemaligen Präsidenten des Journalistenverbandes. Zwei Stunden später wurde er in Buenos Aires auf offener Straße verhaftet. 16 Tage war Dean Reed als einziger politischer Gefangener unter 800 Insassen im Gefängnis Vilo Dovoto von der Außenwelt abgeschnitten. Mit Hilfe eines sympathisierenden Wachmannes gelang es ihm trotzdem, einen Brief hinauszuschmuggeln, der in einer argentinischen Zeitung veröffentlicht wurde. Nach seiner Verlegung erschien ein Interview mit dem Gefangenen Dean Reed im Magazin »Siete Días«, worin er für eine sozialistische Weltordnung plädierte. Gewerkschafter und Schauspieler schrieben Protestbriefe, und nach insgesamt 21 Tagen wurde er entlassen.

Vom 20. Juli bis zum 3. August 1971 war Dean Reed Gast des VII. Internationalen Moskauer Filmfestivals. Ungefähr zur gleichen Zeit erschienen in der UdSSR auf Melodija zwei Singles von Dean Reed. Auf der zweiten davon ist ein Song namens »Il Buckaroo« enthalten, dem Titelsong des gleichnamigen Films. Diese unscheinbare Veröffentlichung war ein Indiz für eine direkte Kooperation zwischen der italienischen Filmindustrie und der sowjetischen Musikwirtschaft.

Im Dezember 1971 kam Dean Reed erneut nach Moskau, um über seine nächste Tour durch die Sowjetunion zu verhandeln. Am 12. Dezember 1971 berichtete der »Sonntag«, Dean Reed plane einen »Spielfilm über die Hintergründe des Kennedy-Mordes, der in der Sowjetunion gedreht wird«. Die Idee wurde viele Jahre später von Oliver Stone in Hollywood realisiert. Reed kehrte inzwischen alljährlich in die UdSSR zurück und entwickelte sich dort zum prominentesten Gesicht der offiziell tolerierten Popkultur.

Hinter der Mauer hört dich niemand singen

Im Oktober 1971 verschlug es Dean Reed anläßlich des Leipziger Dokumentarfilmfestivals erstmalig in die DDR, wo er seinen Film über die Unidad Popular zeigte und Wiebke Reed kennenlernte. Fünf Jahre sollte die Ehe zwischen den beiden dauern, aus der auch eine Tochter, Natalie, stammt.

Wiebke Reed lebt heute nicht weit entfernt von dem Haus am Schmöckwitzer Damm, in dem sie mit Dean Reed gewohnt hatte. Ein Foto im Hausflur erinnert an ihren geschiedenen Mann. 1971, dem Jahr, in dem sie Reed kennenlernte, war Wiebke Reed noch mit einem Fotografen verheiratet, und überdies gelegentlich als Model tätig. So verschlug es sie auf einen Empfang für die Ehrengäste des Leipziger Filmfestivals, wo man einen arbeitslosen Sänger aus Amerika angekündigt hatte, der in der Sowjetunion riesige Erfolge feierte.

»Ich dachte an so einen alten Zausel mit langem Bart. Aber dann sah ich Dean«, erinnert sich Wiebke Reed an den Abend. Dean Reed stand mitten im Saal und sprach mit den Drehbuchautoren Alvah Bessie und Lester Cole, Mitgliedern der »Hollywood Ten«, die unter McCarthy ins Gefängnis mußten, über Vietnam. Dean Reed schlug vor, man sollte Friedenstauben ins Kriegsgebiet schicken, und wurde dafür von seinen Landsmännern veralbert. »Ich trank zwei schnelle Wodkas und sprach ihn an«, erinnert sich Wiebke Reed. »Ich sagte: ›You're the most beautiful man in the world.‹ Das hatte ich aus einem Song.«

Reed sah sie kurz an und fragte Wiebke, ob sie mit ihm fliehen wolle. Sein Dolmetscher Victor Grossman übersetzte für die junge Frau, die kein Englisch verstand und sich unter Flucht etwas anderes vorstellte als der Amerikaner. Schließlich war es Wiebke, die den Rockstar entführte. In ihrem Trabbi nach Leipzig-Schönefeld, wo sie wohnte.

Ein gutes Jahr später, am 3. Januar 1973, machte er ihr in Moskau bei Kaviar und Kerzenschein einen Heiratsantrag.

Dean Reed, der noch ein Auto mit römischem Kennzeichen fuhr, entschloß sich mehr oder minder spontan, bei Wiebke zu bleiben. Die Formalitäten waren schnell erledigt. Ein Herr von der Regierung besuchte das Paar in Leipzig, und der Amerikaner bekam einen roten Gästeausweis der DDR ausgehändigt.

Nach der Hochzeit bekam Wiebke Reed innerhalb von vier Wochen eine Ausreisegenehmigung, um die Familie ihres Mannes in den USA zu besuchen – ein gewaltiges Abenteuer für eine Frau aus der DDR.

Ursprünglich wollte man die Flitterwochen in Südamerika verbringen, aber der Militärputsch in Chile verhinderte die Reise. Salvador Allende, Victor Jara und andere Freunde von Dean Reed wurden getötet, eingesperrt oder schwer verletzt. Die Ereignisse erschütterten ihn schwer, und für einige Tage war er kaum ansprechbar. »Dean weinte wie ein verwundetes Tier«, erinnert sich Wiebke Reed.

Das Paar entschloß sich, statt dessen in die USA und anschließend nach Kuba zu fliegen, wo die geplante Audienz bei Fidel Castro zu Reeds Enttäuschung jedoch platzte.

Wiebke Reed sah erstmals das Dörfchen Wheat Ridge, die Heimat ihres Mannes am Rande von Denver, Colorado. Sie nahm Drinks mit Rocklegende Phil Everly in North-Hollywood, bummelte mit ihrer Schwiegermutter Ruth Anna Hanson Brown an den Stränden von Hawaii entlang und stieg in New York City im legendären Chelsea Hotel ab. Auch wenn sie noch heute den Namen ihres verschiedenen Mannes trägt und ihm vieles verziehen hat, seine Ambitionen in Bezug auf die DDR beurteilt sie eher nüchtern:

»Dean war nie wirklich glücklicher in der DDR oder anderswo in der Welt als in Amerika, besonders in Colorado. ›You can take the boy out of the country, but not the country out of the boy‹, pflegte er zu sagen. Er hatte es aber probiert, die Liebe und den Sozialismus. Er hatte ja nicht den sozialistischen Alltag, wie ihn andere Sänger oder Schauspieler hatten. ›Wenn du eine E-Saite brauchst, ein Sennheiser-Mikro, das du hier nicht kriegst, dann fährst du nach West-Berlin und holst es dir. Oder du siehst dir *Der letzte Tango* im Filmpalast auf dem Ku'damm an, fliegst nach Italien oder nach Amerika in den Urlaub, aber wir sind hier eingesperrt.‹ ›Eingesperrt seid ihr nicht‹, entgegnete er dann oft. ›Ihr könnt nach Bulgarien oder in die ČSSR fahren.‹«

Noch 1984 sah Reed, der sich selbst immer frei über die Grenzen bewegen konnte, kein Problem in den Reisebeschränkungen für DDR-Bürger. In einem Interview für den »Tagesspiegel« vom 19. August 1984 sagte er: »Natürlich habe ich auch in der DDR manche Probleme, und ich will hier nicht alles verteidigen. Aber es gibt in diesem Staat Prioritäten, mit denen ich mich als Marxist identifiziere. Was ist da immer im Westen die Rede von der ›Freiheit des Reisens‹? Mein Vater aus Colorado ist zeitlebens auch nie ins Nachbarland Mexiko gereist! Wichtiger ist doch in der DDR, daß keine Arbeitslosigkeit herrscht.«

Das Bild, das die Medien der DDR schon bald von Dean Reed zeichneten, glich einem Heldenepos. Reed legte sich zwar aus Image-Gründen einen alten Wartburg zu, aber er wurde von den meisten Kollegen als jemand wahrgenommen, der den Sozialismus predigte und gleichzeitig die Privilegien der führenden Elite genoß. Er suchte Kontakt zu den Filmschaffenden in Babelsberg und kokettierte mit seinem Status. Das DDR-Fernsehpublikum war entzückt, wenn der charmante Frauenschwarm aus

Amerika bei *Ein Kessel Buntes* auftrat. Seine pathetischen Reden und seine Unbefangenheit empfand man trotzdem als merkwürdig. Gisela Steineckert schildert in ihrem Buch »Das Schöne an den Männern« ein offizielles Mittagessen mit Reed und einem hohen Funktionär: »Ehe wir die Gabeln in die Erbsen pieken konnten, stand Dean auf und hielt eine Tischrede, in der er auf die Hungernden der Erde verwies und wie gern er seinen gefüllten Teller einem von ihnen geben würde. Nun gut, das war nicht möglich, alle wußten es, aber Dean war von seinen Worten ergriffen und ging zu seiner Hoffnung auf den Weltfrieden über, als ihn der Funktionär unterbrach und meinte, wir hätten heute genug gearbeitet und nun solle uns auch niemand unser Essen kalt werden lassen, wir könnten es ja wohl kaum nach Afrika transportieren. Mir war es sehr peinlich, aber Dean lernte aus solchen Vorgängen nichts.«

Im Fernsehen der DDR lief 1972 Wernfried Hübels dreißigminütiger Dokumentarfilm *Dean Reed – Sänger des anderen Amerika*. Reed ist mit Autogrammjägern auf dem Alexanderplatz, bei Proben und der Aufzeichnung eines Konzertes zu sehen. Er übergibt die Gage für das Konzert einem Vertreter Südvietnams und freut sich vor der Kamera: »Jetzt weiß ich auch, warum es in der DDR keine Arbeitslosigkeit gibt – ich habe noch nie ein so großes Orchester gesehen!« 1972 ging Reed erneut durch die Sowjetunion auf Tournee, und der Aufwand war gewaltig. Er hatte inzwischen seine Erfahrungen mit der UdSSR gemacht, und als erfahrener Showman war er gut vorbereitet. Sein Programm wurde von einem dreißigköpfigen Orchester begleitet, und die Tour wurde zum Triumphzug durch Moskau, Leningrad, Kiew, Rostow, Wolgograd, Nowosibirsk, Tbilissi, Baku, Tallinn, Odessa, Bratsk und Irkutsk. Rock- und Popkultur galt in der UdSSR weiterhin als bürgerlich, dekadent und vom Klassenfeind importiert. Trotzdem wirkte der Einfluß von Rock 'n' Roll, Musikfilmen und Pop Art natürlich über die Mauer hinaus. Die Machthaber mochten diese schleichende Veränderung lediglich nicht wahrhaben, doch Dean Reed war für die Sowjetunion eine Ausnahme von der Regel. Man war froh, daß man überhaupt einen Amerikaner zu Gast hatte, der sich als Kommunist bezeichnete. Aber ähnlich wie die Mythenwelt der westlichen Medien mußte auch die sozialistische Propaganda zunächst ein falsches Bild von der Welt zeichnen, um das zu präsentieren, was man als die angestrebte, wahre Welt erkannt zu haben glaubte.

Im Laufe des Jahres 1972 zog Dean Reed endgültig in die DDR und begann in Rumänien mit den Dreharbeiten für den Defa-Film *Aus dem Leben eines Taugenichts*, frei nach Motiven von Joseph Freiherr von Eichendorff. Regisseur Celino Bleiweiß hatte hierfür eine Starbesetzung aus Ost und West zusammengeholt: Hannelore Elsner, Eva-Maria Hagen, Gerry Wolff und Christel Bodenstein spielten mit. Ein junger Tunichtgut zieht mit dem Hund Bam und seiner Violine durch die Weltgeschichte und landet als Gärtner zweier Damen auf einem Barockschloß, wo ihn allerhand Komplikationen erwarten. Am Ende schließt er sich einer Bande von Räubern an, die ihm den rechten Weg in die Freiheit weisen, bevor er endlich seine Angebetete in die Arme schließen kann. Der Film weist interessante Parallelen zum Leben von Dean Reed auf. Neben Hannelore Elsner als Gräfin war er darin erstmals in einer ernsthaften Rolle zu sehen, und man ließ ihn sogar singen, wenn er auch durchgehend von Peter Reusse synchronisiert wurde. Er büffelte eifrig Vokabeln, bemühte sich um eine möglichst korrekte Aussprache und lernte schnell. Sein Talent für Sprache war verblüffend. Er hatte die Rolle eher zufällig bekommen, ursprünglich war der belgische Schlagersänger Adamo für den Taugenichts vorgesehen gewesen. Dann jedoch trafen die Autoren Wera und Claus Küchenmeister beim Dokumentarfilmfestival in Leipzig auf Dean Reed und schrieben ihm die Rolle auf den Leib. Der Taugenichts sollte männlich wirken, und mit solchen Vorstellungen war man beim Frauenschwarm Dean Reed, der im Film auch seinen durchtrainierten Oberkörper vorzeigen konnte, natürlich richtig.

Der *Taugenichts* ist ein »Film für die Jugend«, sagte Dean Reed der NBI in der Nr. 15 von 1973. Die Redaktion war nicht ganz überzeugt und fragte sich: »Die komische Figur mit Schlafrock und Zipfelmütze – Soll oder kann sie die jungen Menschen unserer Tage begeistern?« Regisseur Celino Bleiweiß war überzeugt von seiner Idee und verteidigte gegenüber der Zeitschrift seinen Hauptdarstelller: »Die Wirkung der Rolle, der Filmfigur ist von der Wirkung seiner Persönlichkeit, von seiner Ausstrahlung, von seiner kämpferischen politischen Haltung nicht zu trennen. Dean Reed würde auch dann nicht aufhören, Dean Reed zu sein, wenn er seine Lieder akzentfrei singen würde.«

Im Dialog mit einem Fremden am Wegesrand, der um ihn wirbt wie die DDR zu dieser Zeit um Dean Reed warb, spricht der Taugenichts über eine ungerechte Welt, die aus den Fugen geraten zu sein scheint. »Könnte sich die Welt besinnen und noch mal beginnen«, singt er.

»Ohne Empfindungen für die Atmosphäre und den Sinngehalt der Dichtung in eine künstlerisch teilweise niveaulose Form gebracht«, meinte das »Katholische Institut für Medieninformation«, und auch sonst schüttelte man den Kopf. Manfred Haedler befand in der Zeitung »Der Morgen« vom 13. Mai 1973: »Alles eine Spur zu nüchtern und trocken.« Vor allem die »Kurzatmigkeit der Bildsequenzen und die Scheu vor großen, weit ausschwingenden Gefühlen« hatten den Journalisten geärgert. »Dem

Film mangelt es an geistiger Souveränität, an einer unaufdringlichen, doch spürbaren Verknüpfung zwischen individuellem Geschick und historischem Hintergrund«, urteilte die »Leipziger Volkszeitung« am 16. Mai 1973. »Die Mischung aus Original, Retusche und Zutat will und will nicht zünden«, klagte Helmut Hahnemann in der »BZ am Abend« am 16. Mai 1973. »Zu feiner ironischer Distanzierung über die ganze Filmbreite fehlte wohl die Entschlußkraft«, vermutete Günter Sobe in der »Berliner Zeitung« vom 22. Mai 1973. Heinz Kersten verriß den Film im »Tagesspiegel« vom 3. Juni 1973 als »bar jeder Spannung oder Originalität als blasse Idylle in Szene gesetzt«. Nur »Die Union« aus Dresden pries am 18. Mai 1973 die »heitere Liebenswürdigkeit« des Films. »Wird weder Eichendorff noch dem Können Dean Reeds gerecht«, empörte sich »Die Freiheit« aus Halle am 25. Mai 1973. Die »Junge Welt« vom 15. Mai 1973 äußerte sich ein wenig differenzierter über den Hauptdarsteller: »Dean Reed gibt sich alle Mühe, ist charmant, manchmal zu sehr, hat Stimme, aber keine Lieder.« Auch die »Wochenpost« vom 1. Juni 1973 bemerkte: »Dean Reed wurde unterfordert«. Den Film empfand die Zeitung als »gelackt« und beschimpfte ihn als schlecht getarnten »Heimatfilm«: »Es fehlt dem Film an geistiger Souveränität. (...) Alles wirkt eine Spur zu schön, zu gefällig, zu geglättet, in seiner bemühten Naivität wie ein beschauliches Bilderbuch. Eine auch in ästhetischer Hinsicht moderne Sicht auf jenes Zeitalter findet nicht statt, dafür wird eine redliche Anpassung an den Zeitgeschmack von damals offenbar, was letztlich gar nicht anders denn antiquiert und mitunter kitschig zu wirken vermag.«

»Die Erwartungen wurden nicht erfüllt«, war der »Volksstimme Magdeburg« vom 24. Mai 1973 zu entnehmen, wo man ebenfalls der Meinung war, die Regie habe Dean Reed ein wenig im Stich gelassen. »In hübsch bunter

Elfenreigenmanier erreicht die Defa nicht das an guter und echter Romantik interessierte Publikum und schon gar nicht die Jugend.« Kurz vor Weihnachten 1973 lief *Aus dem Leben eines Taugenichts* auch in der ARD, und die »Stuttgarter Zeitung« druckte am 23. Dezember 1973 eine Rezension, die den Film erneut süffisant zerpflückte. Die DDR wolle »Action-Handlung als Romantik verkaufen«, um im Westen »besser anzukommen«, hieß es dort. »Man hatte immer das Gefühl, daß jenseits der Feldwege und Wiesen, über die der ondulierte Schönling Dean Reed mit seiner Geige hüpfte, gleich die deutsche Autobahn mit den Massenschlangen der Leistungsgesellschaft anfing.« Der Film war selbst 1972 schon völlig unzeitgemäß. Aus Romantik war bunter Kitsch geworden. Da half auch das internationale Ensemble aus Polen, BRD, DDR, der Tschechoslowakei und den USA nicht viel.

Dean Reed bemühte sich bei den Dreharbeiten um jeden einzelnen Mitarbeiter der Produktion und veranstaltete sportliche Wettkämpfe, um die Crew bei Laune zu halten. Er kontrollierte, ob Beleuchter und Zimmerleute das gleiche Essen bekamen wie der Regisseur, und war zufrieden, als man ihm die Gulaschkanone präsentierte, mit der das gesamte Team versorgt wurde. Dean Reed fühlte sich bestätigt, daß es bei einer sozialistischen Filmproduktion offensichtlich gerechter zuging, als er es bisher gewohnt war. Als ein Kameramann allerdings einen Seilabstieg des Hauptdarstellers nicht in einer Einstellung filmen konnte, habe der Amerikaner getobt, wie sich Victor Grossman erinnert: »Ein Schnitt sah so aus, als hätte man ein Double für die nicht ganz ungefährliche Szene verwendet, und Reed war stolz, sich niemals doublen zu lassen.«

Dean Reed war inzwischen über 30 und lebte fast ausschließlich von seinen Konzerten. Ein neuer Vertrag in Italien war nicht zustande gekommen. Bei seinem ersten

Besuch in der DDR lud man ihn ins Kino International zur Premiere von *Woltz – Leben und Verklärung eines deutschen Anarchisten*, einem Film von Günter Reisch, der in Cannes zunächst eingeladen, dann wieder ausgeladen, vom ZDF eingekauft, aber bis heute nie gesendet wurde. Man verkannte den Film und hielt *Woltz* für eine Verherrlichung von Terroristen. Reed zeigte sich von diesem Film tief beeindruckt. »In einem Land, in dem solche Filme gemacht werden, da könnte ich leben und arbeiten«, schrieb er an Günter Reisch.

1972 produzierte er in der UdSSR zwei LPs für die Melodija. Reed versammelte darauf seine Single-Hits, und die üblichen Klassiker aus dem Live-Programm. Die zweite LP auf Melodija wurde 1973 in der DDR von Amiga nachgepreßt und zusätzlich auf dem Backcover mit einem biographischen Text von Ingeborg Stiehler versehen. Dort wurde er als »Vertreter des progressiven Amerika« beschrieben: »Einst – in den 60er Jahren – war er der Rock 'n' Roll-Star Nr. 1 in Südamerika. Heute, gereift, tritt er auf und nimmt Partei für soziale Gerechtigkeit, Frieden und Fortschritt.« Geholfen hatten dem gereiften Star bei den Aufnahmen das Orchester des Moskauer Estraden-Theaters mit seinem Dirigenten Oleg Schimanowski und das Gesangs-Quartett »Ulybka«. Die Platte klang wie die millionenschwere Verfilmung eines Jerry- Cotton-Romans. Das renommierte Orchester verkaufte sich unter Wert, und Dean Reed klebte verhalten am strengen Arrangement. Das schmissig südamerikanische »Somos los Revolucionarios« wurde mit zirpenden Geigen unterlegt, wo man besser ein paar Mariachis mit Gitarren engagiert hätte. Mit »Things I Have Seen« stammte nur noch ein weiterer Titel aus Reeds Feder. Der Rest bestand aus Coverversionen. Sein musikalisches Programm war unverändert. Er interpretierte Evergreens und steuerte gelegentlich eigene Songs hinzu, aber sein kreativer Output war bescheiden. Sein Metier war eher der Film.

Der Kunstbanause

1971 hatte Reed den New Yorker Journalisten Victor Grossman kennengelernt, der 1952 unter abenteuerlichen Umständen in die DDR geflohen war. Als junger Mann war Grossman in Oberbayern als Soldat stationiert gewesen, wo ihm seine Mitgliedschaft in verschiedenen linken Organisationen in den USA zum Verhängnis wurde. Bevor man ihn in ein Militärgefängnis stecken konnte, gelang ihm die Flucht nach Linz, wo er die Donau durchschwamm, um in den sowjetisch kontrollierten Teil Österreichs zu gelangen. Von dort ging er nach Ost-Berlin, wo er als Journalist beim Radio und später für die Tageszeitung »Junge Welt« arbeitete.

1965 begann er an der Humboldt Universität mit dem Aufbau des Paul Robeson Archivs. Robeson, 1918 in New Jersey geboren, war ein schwarzer Footballstar, der aber vor allem als politisch engagierter Sänger und Schauspieler bekannt war. Er setzte sich schon früh für die Rechte schwarzer Profisportler und ein Ende von Rassentrennung und Lynchjustiz ein. Robeson trat in der ganzen Welt auf und hatte keine Berührungsängste mit dem Publikum in Moskau, Budapest oder Nairobi. 1947 wurde er von Senator McCarthy und dem House Committee On Un-American Activities als Kommunist verfolgt, und von 1950 bis 1958 verweigerte ihm das State Department seinen Ausweis. Paul Robeson starb am 23. Januar 1976 in Philadelphia.

Im Hinterzimmer des Archivs produzierte Grossman bis 1966 alle zwei Wochen eine Radiosendung und präsentierte die Musik von amerikanischen Songwritern wie Woody Guthrie, Pete Seeger, Phil Ochs oder Bob Dylan, die in der DDR noch relativ unbekannt waren. Man wollte die Amerikaner zwar schon bald wieder aus dem Radio verbannen, aber linke Liedermacher und Folksänger paßten der DDR gerade gut ins Konzept. 1967 gründete der kanadische Sänger Perry Friedman den Hootenanny Club in Ost-Berlin, der bald in Oktoberklub umbenannt werden mußte. 1970 veranstaltete der Oktoberklub erstmals das Festival des politischen Liedes mit internationalen Gästen, welches sich auch im Westen einen Namen machte. Der politische Folksong schien der SED vor allem unorganisierte Jugendliche zu erreichen, die man lieber in die offizielle »Singebewegung« integrieren wollte, wofür bis 1973 4000 »Singeklubs« gegründet wurden.

Als Dean Reed 1971 erstmals in die DDR kam, wurde Victor Grossman zu seinem Dolmetscher und später zu einem guten Freund, auch wenn Reed es hin und wieder zu impulsiven Ausbrüchen kommen ließ. So erinnert sich Grossman an einen gemeinsamen Besuch in einer Ausstellung moderner Kunst in Leningrad. »Als Colorado-Mensch hat er gesagt: ›Was ist denn das für Kunst? Das ist doch Schmiererei. Jedes Kind könnte so was malen.‹ Er hat sich darüber geärgert, daß dort Dinge hingen, die für ihn sehr primitiv waren. Seine Frau, Wiebke, war anderer Ansicht. Für sie war das große Kunst. Und er hat sich dann zur Unterstützung an mich gewandt. Ich war ja auch Amerikaner, aber nicht aus Colorado. Ich war aus New York und konnte ihm nicht beipflichten. Ich konnte nicht sagen, das ist nur Schmiererei. Und er hat sich so geärgert, über das, was für ihn wie Verrat von seinem Landsmann erschien, daß er abgehauen ist und nach unten ging. Wobei Wiebke gesagt hat: ›Keine Sorge, ich habe die Garderobenmarken. Im Leningrader Winter wird er schon nicht weit kommen.‹ Aber sie hatte unrecht. Er ist vor Wut ohne Mantel, im Februar, bei winterlicher Kälte, durch die Stadt gelaufen.«

Grossman respektierte Reeds Mut und seine Durchsetzungskraft. »Er war zwar ein Showman, aber er war echt und glaubte, wovon er redete, und war bereit, sich dafür einzusetzen«, sagt er. »Dean hat sich zurechtgefunden, wo er war. Hat gesagt, was er dachte, war manchmal zu weit links für die DDR-Leute. Es gab eine Szene in einem der Fernsehauftritte, wo er seine Faust hebt, dieser linke Gruß, der aber in der DDR gar nicht üblich war. Das hat man weggeschnitten. Das war zu weit links. Das war im Westen üblich, aber nicht hier.« In seinem 2003 erschienenen Buch »Crossing The River« führt Grossman dazu weiter aus: »Die Zensoren kannten die Reaktionen des Publikums besser als Dean, worin eine gewisse Ironie liegt, wenn behauptet wird, man hätte ihn wegen seines linkes Images mißbraucht. Geballte Fäuste, richtige oder verbale, wurden von den Zuschauern in der DDR und im restlichen Ostblock nicht richtig verstanden. Dafür kannten sie die amerikanische und westeuropäische Linke der Sechziger und Siebziger zu wenig.«

Dieses Miverständnis war das große Drama des Lebens von Dean Reed. Auch bei seinen Künstlerkollegen erntete er für seine oft naiven politischen Anschauungen, die die offizielle Ideologie der Unterteilung der Welt in »Gut und Böse« übernahmen, oft Spott. Nicht nur Manfred Krug, der mit Reed 1974 für *Kit & Co.* vor der Kamera gestanden hat, hielt ihn für einen Spinner:

Wiebke Reed schildert eine Begebenheit mit Manfred Krug, der den ›Friedenskämpfer‹ oft mit seinem Image aufgezogen hat: »Dean hatte Probleme mit Krugs Oldtimersammlung und seinen Sprüchen über den Abzug des Vietnam-Solibeitrags von der Gage. Bei einem Umtrunk während der Dreharbeiten des Films *Kit & Co.* in Petrosawodsk hatten die Teammitglieder und die anderen Schauspieler Dean ermuntert, alles etwas lockerer zu nehmen und einen mitzutrinken und mitzufeiern. Dean verließ das Zimmer mit den Worten: ›Während ihr hier feiert, sterben meine Freunde in Chile.‹ Die fröhliche Runde lachte ihn aus.

Wir gingen auf unser Zimmer und Dean sagte zu mir: ›If you hadn't been here with me tonight I had committed suicide.‹« Dieses war das zweite gravierende Erlebnis in bezug auf einen Suizid. Wiebke Reed war schockiert, verdrängte die Episode zunächst. Auch Krug war bestürzt, als Wiebke Reed ihm die Geschichte viele Jahre später erzählte. Er hatte nie vermutet, daß der Amerikaner zu sensibel für den Humor des verbalen Raufbolds war. Heute bedauert Manfred Krug, Reed gelegentlich auch unfair behandelt zu haben, will sich aber nicht öffentlich zu seinem verstorbenen Kollegen äußern.

»Er erzählte mir nach diesem Ereignis eine Begebenheit aus seiner Kindheit« berichtet Wiebke Reed.

In Boulder, Colorado, saß er oft, wenn er mit seinem Vater Streit hatte, unter einer Treppe, wo Gottesanbeterinnen oder andere giftige schwarze Spinnen wohnten. ›Mein Vater würde schon sehen, was er davon hätte ... wenn sie mich totbeißen würden.‹ Seine Mutter wußte von all dem natürlich nichts, als ich mit ihr mal darüber sprach, und wollte es auch nicht wahrhaben. Als meine Tochter und ich sie auf Hawaii zwei Jahre nach seinem Tod besuchten, wiederholte sie immer und immer wieder in Gesprächen mit Freunden: ›My son was killed by the Secret Service in East Germany or by the CIA since he was involved in the Iran-Contra Affair with Oliver North.‹ Sie nötigte mich, das zu bestätigen. Einen Selbstmord ihres über alles geliebten und starken, in so vielen Ländern der Erde erfolgreichen Sohnes hätte sie nie akzeptiert.«

Wiebke Reed hat den Geburtsort ihres Mannes gesehen, sie kennt die amerikanische Lesart seiner Lebensgeschichte, und sie war lange genug mit ihm verheiratet, um die

Amerikaner zu verstehen. Sie war die Frau, die daheim auf die Schmöckwitzer *Reed Ranch* hatte aufpassen sollen, während der singende Cowboy um die Erde galoppierte und seine Rastlosigkeit bekämpfte.

1972 erschien auf Amiga die erste Dean-Reed-Single »Wir sagen Ja« mit der B-Seite »I Can Hear History Calling«, zwei Songs, die Wasser für die Mühlen der Propaganda waren. Statt eine Lanze für junge Rockbands in der DDR zu brechen und die demokratisierende Wirkung richtig angewandter Popkultur für sich zu nutzen, ließ sich Dean Reed vor den Karren von Erich Honecker, Egon Krenz und ihrer FDJ spannen. In der Sowjetunion erschien dazu seine neue LP bei Melodija, eine Sammlung seiner alten Songs von »Our Summer Romance« zu »Pistolero«, »Annabelle« und »The Arms Of My Love«. Dean Reed bediente die Romantik der großen Leinwand.

Dean Reed ist für sein Engagement und seine Sicht der Dinge oft belächelt worden. Man hat seine Filme verlacht und seine Platten nach 1989 zum Flohmarkt getragen, aber es wäre zu einfach, sein Leben auf seine letzten Jahre als verzweifelter Schlagersänger in der DDR zu reduzieren. Es gab zu dieser Zeit keinen amerikanischen Künstler der Popkultur, der so weit gegangen war wie er. Ein internationales Auftreten als Sänger für den Frieden war für die USA noch undenkbar, als er in Südamerika erstmals aktiv wurde. Reed war kein wirklich überzeugender Sänger, aber ein charismatischer Entertainer, der die Mittel der Unterhaltung nutzen konnte, um linke Ideen in den Mainstream zu transportieren. Aus dem »One-Hit Wonder« mit dem makellosen Hollywood-Lächeln war längst ein politisch engagierter Mensch geworden, der sich selbständig einmischte. Dafür konnte man ihm künstlerisch manches verzeihen, und Popkultur mit politischem Fundament ist auch im neuen Jahrtausend nicht unbedingt gleichzeitig die Speerspitze der Avantgarde. Politisch aktive Punkbands mit korrekten Idealen gibt es im neuen Jahrtausend wie Sand am Meer, aber die Musik klingt immer noch wie 1976.

Dean Reed war Internationalist, und er meinte es ernst. Die DDR war für ihn nur das Basislager für sein weltweites Engagement. Um Geld war es ihm dabei nie gegangen. In einem Liebesbrief, den Dean Reed 1973 von Venezuela aus an seine Frau Wiebke schrieb, vermerkte er, daß er sie so schnell nicht wieder anrufen könne. Das letzte Gespräch nach Ost-Berlin habe 32 Dollar gekostet, und Reed war knapp bei Kasse. Keine Plattenfirma stützte ihn, und kein Manager kümmerte sich um seine Belange. In einem Interview mit dem Filmemacher Will Roberts vom 1. Juli 1981, welches in Auszügen auf der Website randomwalks.com dokumentiert ist, sprach Dean Reed ausführlich über die Vorstellung vom Marxismus, die er mit seinem Vorbild transportieren wollte: »Marxismus ist eine politische Philosophie, eine ökonomische Philosophie, bei der wir glauben, daß man die Gesellschaft ändern kann, um sie besser für die Menschen zu machen. Wir sind nicht auf metaphysische Weise in dieser Gesellschaft gefangen, wo sich die Gesellschaft selbst ändert, aber wir doch gefangen sind und die Konditionen zu akzeptieren haben. Die Kirche in Südamerika glaubt z. B. nicht an einen marxistischen Standpunkt, sondern an einen metaphysischen Standpunkt. Das bedeutet, die Welt wurde gemacht, man wurde arm geboren und hat zu akzeptieren, daß man arm ist. Und wenn man gut ist und daran glaubt, kommt man am Ende in den Himmel. Ein Marxist sagt: ›Nein, wir können die Bedingungen der Welt verändern. Wir müssen nicht darauf warten, daß sich Gott darum kümmert. Wir können das schaffen. [...] Ich bezeichne mich nicht als Kommunist. Ich glaube, ein Kommunist ist jemand, der Mitglied in einer Partei ist. Ich bin kein Mitglied einer

Partei, und darum bezeichne ich mich als Marxisten oder als Sozialisten. Weil ich eine Lebensphilosophie habe, sagen manche Leute: ›Dean ist eine Puppe des Kremls.‹ Ich akzeptiere solche Etiketten nicht. [...] Ich bin ich selbst, und seit zwanzig Jahren folge ich meinem Gewissen, was mir Probleme mit allen Regierungen eingebracht hat. Meistens weil ich meinem Gewissen und nicht einer Parteilinie oder irgendwelchen Befehlen folge, ob es nun Befehle von meinem Vater, von der Kirche oder von einer Regierung waren.«

5. Kapitel:
Es war einmal der Western

»Es ist nicht leicht, Cary Grant zu sein.«

(Cary Grant)

»Dean Reed wurde als Künstler wenig beachtet«, sagt Lothar Bisky, Professor für Kulturtheorie, ehemaliger Rektor der Filmhochschule in Potsdam-Babelsberg und seit Januar 1993 Vorsitzender der PDS. »Seine politische Rolle hat man eher wahrgenommen. Die jungen Leute mochten ihn ganz gerne, weil er eine Entscheidung getroffen hatte und gegen den Vietnamkrieg war. Er stand aber nicht für einen kulturellen Inhalt oder eine Tendenz innerhalb der Rockmusik.«

Lothar Bisky hat in der DDR ab 1971 das Zentralinstitut für Jugendforschung als Teil der Abteilung Freizeit und Massenkommunikation mit aufgebaut, das erstmals die Rezeption von Filmen und Rockmusik in der DDR mit empirischen Methoden analysierte. Landeten die Studien auch meist als vertrauliche Dienstsache auf dem Ablagestapel, verstand man aber selbst im ZK irgendwann, daß ein Langhaariger sehr wohl auch ein guter Sozialist sein konnte.

»Man durfte auch endlich über Massenkommunikation reden und nahm die Interessen ernster. Über Händel und Mozart durfte man endlos forschen, aber Popkultur war nicht geachtet. Das war eine Verdummung des Volkes und Ablenkung vom Klassenkampf. Vergnügen kam vom Klassenfeind. Was die Massen nicht wollten, das war gute Kultur. Die Massen sollten erzogen werden, wie sie den Faust zu lesen hatten«, erinnert sich Bisky.

Die DDR hatte die Wirklichkeit enteignet und Popkultur mit einem Bannstrahl belegt. »Die ewige Monotonie des ›Yeah, yeah, yeah‹ ist doch geisttötend und lächerlich«, bemerkte Walter Ulbricht im Jahre 1965, und lange war dies die offiziell vorherrschende Meinung.

»Mit Honecker begann 1971 eine Art von Umdenken in der DDR«, so Bisky. »Die Antennen wurden nicht mehr vom Dach gerissen, und es wurde auch in der Musik mehr zugelassen. Honecker hatte ja gesagt, es gäbe keine Tabus in der Kunst.« Musiker mußten trotzdem eine Auftrittsgenehmigung einholen und ihre Songs einer Prüfungskommission vorlegen. Englisch war als Liedsprache verpönt und fand nur selten die Gnade der Prüfer. Die äußerst lebendige Szene der DDR rang den Machthabern immer mehr textliche und musikalische Freiheiten ab. Im Laufe des Tauwetters der Siebziger bildete sich der spezifische Ostrock heraus, der mit Bands wie Karat und City auch im Westen Anerkennung fand. Die außerparlamentarische Opposition in West-Berlin gab sich mit den Ton, Steine, Scherben sicher progressiver, aber Dean Reed wirkte vor allem aus zwei Gründen wie das Abziehbild des politisch bewegten Freiheitssängers: Er war Amerikaner, und seine Musik klang fatal nach Schlager.

Auch im Westen diente der Schlager vor allem der Verdrängung von Realität. Gleich nach dem Krieg hatte man sich eine Schar bunter Clowns aus aller Herren Länder angeschafft, die Lieder über Urlaubsparadiese im Sonnenschein und das unerfüllte Glück der kleinen Leute sangen. Im Osten hatte der Schlager eine ähnliche Funktion. Es kam jedoch erschwerend hinzu, daß die inhaltslose Leichtigkeit zusätzlich ideologisch aufgefüllt wurde und eine popkulturelle Ebene erreichte, die allenfalls mit der amerikanischen Strandfilm-Mentalität der späten Fünfziger verglichen werden konnte. Dean Reed war perfekt für das Fernsehen der DDR. Sein Image als Vertreter uramerikanischer Schundkultur und sein Cowboyhut waren dabei kein Problem. »Die hätten alle Cowboys akzeptiert, wenn sie in der DDR geblieben wären«, kommentiert Lothar Bisky bissig. »Der hätte sich noch einen größeren Sombrero zulegen sollen.«

Die Alltagskultur des Ostens hatte sich immer mehr an die Ästhetik des Westens angepaßt, lag jedoch in ihrer Entwicklung mindestens zwanzig Jahre zurück. Die Versuche, den Statussymbolen des Westen mit sozialistischen Alternativen zu antworten, wirkten grotesk. Ostjeans und Club-Cola waren eben nicht *»the real thing«*. Diesen Mangel schien Dean Reed, der den ersehnten Westen repräsentierte, zu bedienen. Der charmante Frauenschwarm hatte unzählige Fans, vor allem beim älteren Publikum. Dean Reed sang jedoch nicht für mehr Freiheit oder Reformen in der DDR. Die Probleme in seiner Wahlheimat blieben ihm fremd. Er betrachtete sich eher als Weltbürger und konnte im Gegensatz zu anderen Schlagerinterpreten als Legitimation stets auf seinen politischen Aktivismus verweisen. Reed war international orientiert und sah keinen Widerspruch darin, daß er sein Engagement mit kitschigen Liebesliedern finanzierte. Immer wieder beschrieb er sich in Interviews als »Sänger von Love-Songs«. Er sah in der Liebe die alles entscheidende Kraft, die den Völkern der Welt irgendwann die Freiheit bringen sollte. Er wollte ein Held sein und glaubte an das Heroische so fest, wie es nur ein Amerikaner konnte.

Reeds öffentliche Äußerungen speisten sich dabei aus einer Haltung, die er in Südamerika kennengelernt hatte. Er gab sich poetisch und sprach von der »Zärtlichkeit der Völker«. Dean Reed hatte die poetische Revolution aber in einem revolutionären Umfeld kennengelernt. Victor Jara, Che Guevara und Pablo Neruda kämpften aus der Opposition gegen die Diktaturen, die sie unterdrückten. Dean Reed solidarisierte sich dagegen in der DDR mit dem sozialistischen Regime, einen Gegner hatte er hier nicht. Die naive Ernsthaftigkeit, die er stets an den Tag legte, war ein wichtiger Teil seiner Strategie. Solange man ihn für einen gutaussehenden Schlagersänger hielt, fühlte er sich sicher. Der Magdeburger »Volksstimme« sagte er am 17. August 1972: »Ich habe das Gefühl, mein Leben im entscheidenden Moment geändert zu haben, begriffen zu haben, daß der Marxismus-Leninismus die einzig menschliche Philosophie ist. Das kommt auch darin zum Ausdruck, daß die Kommunisten, so schwer und opferreich ihr Kampf mitunter ist, stets heiter, optimistisch sind. Weil sie wissen, daß ihre Idee siegt. […] Mein Platz im Leben ist dort, wo die arbeitenden Menschen noch nicht den Weg in eine sozialistische Gesellschaftsordnung gefunden haben. Dort muß ich kämpfen, diesen Menschen muß ich helfen. Und diese Menschen leben dort, wo noch der finsterste Kapitalismus herrscht. Auch das so oft veranstaltete Kesseltreiben auf mich kann mich daran nicht hindern. Ich gebe nicht auf!«

Der offiziellen Kulturpolitik kam Dean Reed gerade recht, um den Beweis antreten zu können, daß der Westen tatsächlich dekadent sein mußte, wenn ein Star wie Dean Reed in die DDR kam. Im gleichen Artikel der Magdeburger »Volksstimme« vom 17. August 1972 hieß es: »Als Rock-'n'-Roll-Idol in seiner Jugend war er ihnen gerade recht, konnte er in ihrem Beifall und in ihrem Geld schwimmen. Erst als ihm die Augen aufgingen, als er in Südamerika sah, wie einfachste Menschenrechte mit Füßen getreten werden, als er bitterste Armut, Leid, Terror miterleben mußte und bei seiner Rückkehr in die USA ›ausstieg‹ aus einer Meinungsmanipulation, da wurde er unbequem: Seine Lieder verschwanden aus den Rundfunk- und Fernsehprogrammen, ihn verfolgten sie seit der Zeit mit Ausweisungen und Verhaftungen.«

Reeds Karriere in den USA wurde unverhältnismäßig aufgeblasen, um zu unterstreichen, daß man es mit einem tatsächlichen Superstar zu tun hatte. Denn dies erhöhte seine propagandistische Verwertbarkeit.

Während das Kino realistischer wurde, wurde Dean Reed immer theatralischer. Er ging in seiner Rolle auf und entwickelte sich immer mehr zu einer Galionsfigur der sozialistischen Bruderstaaten. Die Medien taten ihr übriges, um seine Legende am Leben zu halten. Im Jugendmagazin »Neues Leben« Nr. 12 von 1972 galt er in einem Bericht über die Dreharbeiten zum *Taugenichts* als »perfekter Cowboy«:

»Alle Welt kennt Dean Reed. Und auch er kennt alle Welt. Wobei beides nicht gleich zu werten ist. Was geeignet scheint, ihn zum Allerweltskerl zu stempeln, geht auf oberflächliche Erinnerung zurück. Erinnerung an den, der einst Karriere machte als Rock'n'Roll-Star, an den, der später perfekte Cowboys in harten Western spielte, oder aber – was ihm die Abneigung der einen und die Liebe der anderen einbrachte – an den, der eines Tages begann, mit eindeutigen Liedern Partei zu ergreifen in der Auseinandersetzung zwischen Ausbeutern und Ausgebeuteten.

Diesen letzten, eigentlichen Dean Reed möchte ich den nennen, der alle Welt kennt. Die, die er zu ändern sucht, und die, die seine Ideale verwirklicht. Diese Aufzählung der verschiedenen Etappen seines Ruhmes ist nicht zufällig. Sie entspricht der chronologischen Entwicklung eines jungen Mannes aus im amerikanischen Sinn geordneten Verhältnissen, die ziemlich rasch und kontinuierlich von rechts (sprich reaktionär) nach links (sprich progressiv) führte.«

Im Jahre 1973 reiste Reed als Mitglied des Weltfriedensrates nach Bangladesch. Am 31. Juli stellte er einen Antrag auf dauerhaften Aufenthalt in der DDR. Zur gleichen Zeit war er bis zum 5. August prominenter Gast der X. Weltfestspiele in der DDR. Neun Tage verwandelte sich Ost-Berlin in eine riesige Rockbühne. Eine halbe Million

FDJler, 25000 Gäste aus dem Ausland und 1500 Journalisten bekamen eine weltoffene DDR präsentiert, wie es sie später nie wieder gegeben hatte.

Die Weltfestspiele begannen mit Dean Reeds schlagkräftigem Propagandahit »Wir sagen Ja«. Der Sänger mußte sich dafür mit Polizeibegleitung zum Alexanderplatz durchschlagen, und die Jugend ließ ihn, wie im offiziellen Programm vorgesehen, hochleben. Es war Hochsommer, und die Stadt war erfüllt vom dröhnenden Sound der Verstärker Dutzender von Bands, die erstmals so etwas wie künstlerische Freiheit auf der Bühne genießen durften. Für wenige Tage gab der heilige Rock 'n' Roll der Generation FDJ das Gefühl, daß sich irgendwas ändern könnte. Als Walter Ulbricht, der zwei Jahre zuvor von Erich Honecker gestürzt worden war, am 1. August 1973 verstarb, hatte man den Atem angehalten. Doch Ulbricht selbst hatte kurz vor seinem Tod darum gebeten, die Feierlichkeiten nicht zu unterbrechen. So wurden die neun Tage im August 1973 zu einem der wichtigsten Ereignisse der DDR-Historie.

Dean Reed lernte bei den Weltfestspielen die schwarze US-Aktivistin Angela Davis kennen, die 1972 wegen Mord, Kidnapping und Verschwörung vor Gericht stand. In einem spektakulären Prozeß war sie von der ausschließlich weiß besetzten Geschworenenbank in allen Anklagepunkten freigesprochen worden. Davis, die bei dem Marxisten Herbert Marcuse studiert hatte und sich vor allem für die Rechte schwarzer Gefangener einsetzte, war ihre Verbindung zu George Jackson zum Verhängnis geworden, der am 7. August 1970 aus dem Gerichtsgebäude im kalifornischen Marin County entführt worden war. Bei einem Schußwechsel waren dabei vier Menschen getötet worden. Obwohl Angela Davis nicht vor Ort war, landete sie prompt auf der gefürchteten »Most Wanted«-Liste des FBI, und eine der aufwendigsten Fahndungen der amerikanischen Geschichte nahm ihren Lauf. Im Oktober 1970 wurde Davis in New York verhaftet und für zwei Jahre hinter Gitter gebracht. Eine weltweite Solidaritätskampagne forderte daraufhin die Freilassung der Frau, die nebenbei als das hübscheste Gesicht der Black Panthers galt. Auch die »Junge Welt« beteiligte sich intensiv an der Mobilisierung für die »Free Angela Davis«-Kampagne. Dean Reed zeigte sich tief beeindruckt von dieser Frau.

Anläßlich der Festspiele war auch Yassir Arafat in Ost-Berlin und wünschte sich im offiziellen Protokoll ausdrücklich ein Treffen mit Dean Reed. Arafat war ein Fan von dessen Filmen. Vor allem *The Pirates of Green Island* hatte es ihm angetan. Reed kam der Einladung begeistert nach und erinnerte sich im Interview mit dem Berliner Rundfunk vom 7. Oktober 1982 an seine erste Begegnung mit Arafat:

»Ich erinnere mich, er hat mich umarmt, und ich habe gesagt: ›Aber sicher kennst du mich nicht. Ich war nie in einem arabischen Land.‹ Und er sagte: ›Ich kenne dich sehr gut, weil ich vor einigen Monaten in Kairo war in einem von deinen italienischen Western. Und davor war ich in Damaskus, und da war ein anderer italienischer Western von dir. Und wir kennen dich gut durch deine italienischen Cowboyfilme.‹ Danach haben wir uns sehr oft getroffen, überall in der Welt. Und ich habe diese Lieder für die PLO geschrieben. Ich fühle mich sehr, sehr verbunden mit der PLO.«

Man verstand sich blendend, es wurden ein paar Bilder für die Familienalben gemacht, und man verabredete ein erneutes Treffen. Arafat war extra einen Tag früher zu den Weltfestspielen gekommen, um durch seine Anwesenheit im Stadion einen Anschlag auf die israelische Delegation zu verhindern. Die DDR unterstützte die PLO ebenso wie die Rote Armee Fraktion (RAF) im Westen oder den international operierenden Auftragskiller Ilich Ramirez Sanchez alias Carlos, der Schakal. Nach den Olympischen Spielen in München 1972 war man jedoch auch in Ost-Berlin nervös geworden, was die Palästinenser anging. Das Kommando Schwarzer September hatte zwei Sportler aus Israel getötet und neun weitere als Geiseln genommen. Die Rettungsaktion des damaligen Innenministers Hans-Dietrich Genscher endete mit einem Fiasko und dem Tod aller Geiseln und Geiselnehmer.

Die X. Weltfestspiele von Berlin wurden auch zum Setting für einen Film von 1976, den Dean Reed in seiner Autobiographie unerwähnt ließ: *Soviel Lieder, soviel Worte*, eine Liebes- und Verwechslungsgeschichte mit jungen Schauspielern aus der Sowjetunion und der DDR.

Hans, Mascha und deren Verlobter Alexej treffen aufeinander. Da Alexej dauernd als Reporter zu tun hat, muß Mascha viel Zeit mit Hans verbringen. Mascha ist mal verliebt in Hans und gemein zu Alexej, mal ist es umgekehrt. Die Verhältnisse werden durch Kristina, ein polnisches Mädchen und eine Doppelgängerin von Mascha, zusätzlich erschwert. Zwischendurch tanzen allerhand Tanzgruppen zu exotisch gemeinten Rhythmen, und Dean Reed spielt sich quasi selbst – die Inszenierung einer heilen Bonbonwelt, die erstaunliche Parallelen zu den frühen Nachkriegs-Popwelten der Elvis-Filme aufwies. Die Betonwüste Alexanderplatz mußte als Strand herhalten, und ansonsten gehörte die Welt den Teenagern, die den lieben langen Tag von der Liebe träumten oder tanzen gingen. Mochte Dean Reed auch ideologisch mit der SED-Propaganda übereinstimmen, so mußte ihm doch klar gewesen sein, daß ein solcher Film seine Karriere weit zurückwarf. Seine letzten Filme waren keine Meisterwerke gewesen, aber als harter Cowboy war er mit über dreißig sicher glaubwürdiger als in dieser Teenie-Komödie.

Der Weltfriedensrat hatte Dean Reed inzwischen für die USA als Mitglied in die Kulturkommission berufen. Hinter den Kulissen der internationalen Friedensbewegung hielt man offenbar große Stücke auf ihn. Am 31. Oktober 1973 war er zum Weltkongreß der Friedenskräfte in Moskau geladen, doch nach einem fröhlichen Spektakel war niemand zumute. Salvador Allende und Victor Jara waren tot. Tausende von Menschen fielen der Diktatur von Augusto Pinochet zum Opfer.

1973 zogen die USA ihre Truppen aus Vietnam zurück, und US-Vizepräsident Spiro Agnew mußte wegen Korruptionsvorwürfen sein Amt aufgeben. Mehr als 56 000 amerikanische Soldaten waren in Vietnam gefallen. Die mächtigste Streitmacht des Planeten hatte trotzdem keinen Sieg erzwingen können. Amerika war schwer verwundet. Ein Jahr später mußte auch Präsident Nixon zurücktreten. Er war über die Watergate-Affäre gestolpert, die das Vertrauen der Amerikaner in die eigene Regierung ein weiteres Mal schwer beschädigte.

6. Kapitel:
Die Bande der Bluthunde

»Realität ist das, was nicht einfach verschwindet, wenn man aufhört, daran zu glauben.«

(Philip K. Dick)

»Ich war in der DDR der Rufer in der Wüste für Genrefilme«, sagt der Dramaturg Gerd Gericke über sich selbst. Schon allein deshalb mochte er Dean Reed, den er im Defa-Studio für Spielfilme kennenlernte. »Ich schätzte ihn. Er stellte die üblichen Rituale auf den Kopf.« So etwa bei den Treffen mit der Abteilung Öffentlichkeitsarbeit des Progress-Filmverleihs, die Dean Reed regelmäßig durcheinanderbrachte. Man war bemüht, daß die Medienvertreter der DDR möglichst schon während der Dreharbeiten über einen Film berichteten, kümmerte sich aber kaum um Promotion, Public Relation und Marketing im westlichen Sinne. So endeten die Sitzungen für gewöhnlich nach fünfzehn Minuten, wenn man nicht gerade einen Film mit Dean Reed vorbereitete. »Er brachte Vorschläge, von denen man noch nie gehört hatte, was natürlich zusätzliche Arbeit bedeutete und deswegen auch wenig Begeisterung ausgelöst hat«, so Gericke.

Dean Reed kümmerte sich um jedes Detail und warb unentwegt in eigener Sache. Er war ein Star zum Anfassen, der bis zum Umfallen Autogramme schrieb. Oft genug brachte er den sozialistischen Alltag allein damit durcheinander, daß er ständig in der Öffentlichkeit zu singen begann. »Ich habe ihn kein einziges Mal ohne Gitarre gesehen, und er hat immer gleich was gesungen«, erinnert sich Gerd Gericke an gemeinsame Reisen in die Sowjetunion. Auch in seinem Freundeskreis stand Reed gern unverhofft singend auf der Veranda. Defa-Regisseur Günter Reisch hatte einst eine Delegation von kirgisischen Filmschaffenden zu Besuch und lud auch Dean Reed zum Kaffee. Kaum war dieser eingetroffen, stand er auch schon mit seiner Gitarre auf dem Tisch, die Menschen von der Straße kamen dazu, und alle Augen waren auf ihn gerichtet. »Wenn Dean sang, dann sang er wie für ein Stadion. Im Zimmer war es kaum auszuhalten, diese Lautstärke ohne Mikro. Aber er schmetterte und war noch drei Straßen weiter zu hören«, so Reisch.

Reeds Freund, der Karikaturist Willy Moese, erinnert sich daran, daß der Amerikaner zu jedem Thema einen Song parat hatte. Wo andere diskutierten, griff Dean Reed zur Gitarre. Unterwegs auf Tour sang Dean Reed für Stewardessen, Hochseefischer und Bauarbeiter, gab spontane Konzerte an Schulen und vermittelte immer das Flair der exklusiven Begegnung mit einem international gefeierten Entertainer. Er gab den Menschen, was sie wollten, wenn er diesen Hauch von weiter Welt und Popmusik verbreitete, ein ruheloser Wanderer mit Gitarre von legendärem Ruf. »Es war eine Popularität, wie ich sie mir nicht vorstellen konnte«, sagt Gerd Gericke, der mit Reed in den Achtzigern mehrfach in der Sowjetunion unterwegs war.

Der Staatschef als Programmgestalter

Dean Reed mußte sich umstellen, wenn er bei der Defa eine Chance bekommen wollte. Nach dem *Taugenichts* hatte er eine kreative Auszeit genommen und festgestellt, daß Genreproduktionen in der DDR kaum Tradition hatten, anders als im Westen Deutschlands, wo man nach 1945 schon bald das Elend der Nachkriegszeit mit heiteren Lustspielen vergessen zu machen suchte. Filme, die sich mit der NS-Vergangenheit auseinandersetzten, wie

Wolfgang Staudtes »Die Mörder sind unter uns« (1946) oder der Film »Zwischen gestern und morgen« (1947), waren Ausnahmen. Die Verdrängungskultur der heiteren Lustspiele wurde in immer neue Formen gegossen, und die stille Weiterführung von Goebbels' Unterhaltungsverständnis führte zu einer Kontinuität im westdeutschen Kino, das über lange Zeit vor allem aus belanglosen Filmchen mit Stars wie O. W. Fischer, Curd Jürgens, Dieter Borsche, Karl-Heinz Böhm und dem durch seine Heimatfilme populären Rudolf Prack in den Hauptrollen bestand.

In der DDR verlief die Entwicklung gänzlich anders. Das Politbüro des ZK beschloß im Juli 1952 eine Resolution zwecks »Aufschwung der fortschrittlichen Filmkunst«. Darin war zu lesen, daß der »neue fortschrittliche deutsche Film« künstlerisch überlegen sei, vor allem gegenüber amerikanischen Filmen, die »zum Zwecke der Kriegsvorbereitung und der Vertiefung der Spaltung Deutschlands und West-Berlins die Kriegshetze und Demoralisation verherrlichen«.

Nach Stalins Tod etablierte sich ab Mitte der fünfziger Jahre ein »Neuer Kurs«, der auch Filme jenseits der bloßen Propaganda möglich machte. Erlaubt wurde nun in Maßen auch die Produktion von Unterhaltungsfilmen, die man zuvor als »Demoralisation« verdammt hatte. Dafür gab es einen einfachen Grund. Der alte Gegenkurs hatte sich an den Kinokassen als kompletter Reinfall erwiesen. Das Volk wollte die Filme einfach nicht sehen. Ab 1954 wurden mit *Alarm im Zirkus*, *Eine Berliner Romanze* und *Schlösser und Katen* Filme gedreht, die dem Alltag der DDR auch unterhaltende Seiten abgewannen. 1957 folgte *Berlin – Ecke Schönhauser* von Gerhard Klein, in dem er das Leben einer Ostberliner Gang von Halbstarken schildert. Der Film war ideologisch geprägt, konnte aber als halbwegs realistische Milieustudie durchgehen.

Zumindest war man mit diesem Jugendfilm voll auf der Höhe der Zeit. Mit *Tatort Berlin* und *Mädchen mit 16½* folgten 1958 zwei ähnliche Filme, die sich dem Alltag hinter der Mauer annäherten.

Es entstanden Filme wie Richard Groschopps *Glatzkopfbande* (1963), der das Thema Jugendkriminalität thematisierte. Erstmals durften Jugendliche im Kino auch an Funktionären scheitern. Kurt Maetzig verfilmte 1965 den Roman »Das Kaninchen bin ich« von Manfred Bieler, aber der Film wurde, wie viele andere des Jahres 1965, verboten. Nach Chruschtschows Sturz setzten sich die Stalinisten beim 11. Plenum des ZK der SED erneut durch. Man mochte der »Heroisierung des Abseitigen« nicht länger zusehen. Besonders kontrovers wurde die Diskussion um *Spur der Steine* mit dem aufmüpfigen Manfred Krug geführt. Zunächst wurde der Film zugelassen und im Juni 1966 bei den Arbeiterfestspielen bejubelt. Einen Tag vor der offiziellen Premiere verordnete das Politbüro allerdings »Störungen durch die Arbeiterklasse« und zog den Film nach inszenierten Krawallen wieder aus dem Verkehr. Im Kino begann eine neue Eiszeit.

Am 30. August 1968 ernannte Werner Lamberz, Mitglied des Politbüros und Sekretär des ZK für Agitation und Propaganda, Eberhard Fensch zum Verantwortlichen für Rundfunk und Fernsehen der Abteilung Propaganda. Er löste damit Joachim Herrmann ab, der zum persönlichen Mitarbeiter von Erich Honecker aufgestiegen war. Lamberz, der oft als Honeckers Nachfolger gehandelt wurde, galt als liberaler Kopf und guter Freund von Dean Reed. Am 6. März 1978 starb er bei einem mysteriösen Hubschrauberabsturz in Libyen.

Im Frühjahr 1969 fragte Lamberz seinen Genossen Fensch, ob man es nicht schaffen könne, im Sommer »mehr nacktes Fleisch« im Fernsehen zu zeigen, berichtet Eberhard Fensch in seinem 2003 erschienen Buch »So und noch besser«. Walter Ulbricht würde mit seiner Frau für vier Wochen auf der Krim Urlaub machen, und Honecker selbst, der in Ulbrichts Abwesenheit verantwortlich war, hatte den Wunsch nach mehr Erotik geäußert.

Erich Honecker machte die Unterhaltung zur Chefsache. Nach dem VIII. Parteitag im Jahre 1971 kritisierte er das Fernsehen für »eine gewisse Langeweile« und forderte mehr internationale Künstler und Filme. Wegen des Mangels an Devisen war dies nicht einfach, aber die DDR unterhielt trotzdem bald einen internationalen Programmaustausch, der jährlich 700 Filme von ausländischen Märkten beschaffte. Ein gewisser Dr. Hans Seidowski machte dabei gute Geschäfte mit dem Münchener Medienmogul Leo Kirch. Die Synchronstudios der DDR waren unschlagbar billig, und im Tausch gegen die Filmrechte lieferte man die synchronisierten Fassungen wieder zurück in den Westen.

Zwar wurde die Stagnation des DDR-Kinos immer wieder mit einigen experimentellen Filmen, etwa Egon Günthers Publikumserfolg *Der Dritte* (1971) durchbrochen. Grundsätzlich änderte sich die Situation aber erst mit Heiner Carows *Legende von Paul und Paula* (1972) und nachdem Frank Beyer für die Verfilmung von Jurek Beckers *Jakob der Lügner* (1974) eine Oscar-Nominierung einheimste. Erich Honecker hatte sich bei dieser Produktion persönlich eingemischt und die Besetzung von Heinz Rühmann verhindert, da man sich zu diesem Zeitpunkt nicht mit westlichen Stars schmücken wollte. Man hatte genug volkseigene Stars aufzubieten.

Lothar Bisky schüttelt über die Medienpolitik der DDR heute noch den Kopf. »Wann wird es je wieder eine politische Macht geben, die sich mit Studentenfilmen beschäftigt? Die Abteilung Agitation behandelte das Fernsehen wie eine Abteilung der Partei. Die wollten Fernsehleute an der Hochschule in Parteiarbeit ausbilden. Als Rektor der Filmhochschule hielt ich das für Quatsch.«

Der ehemalige Fernsehchef Fensch ist anderer Meinung. Im Interview und in seinem Buch »So und nur noch besser« bemüht er sich um die Darstellung, man habe alles gegeben, sei aber mangels Geld gescheitert. Er bezieht sich dabei vor allem auf den Bereich der leichten Unterhaltung, die durch das Tauwetter zwischen 1972 und 1976, dem Jahr der Biermann-Affäre, einen leichten Aufwind bekam.

Fensch war ein Freund von Dean Reed und diskutierte später lange nächtelang mit ihm über Gorbatschow, die Situation in Palästina, Versorgungsmängel in der DDR und persönliche Probleme. Man besuchte sich zu Geburtstagen und reiste auch gemeinsam nach Bolivien, wo Dean Reed seinem Freund die Ausbeutung durch US-Konzerne in den Bergwerken vor Augen führte. Eberhard Fensch unterstützte Dean Reed auch bei finanziellen Engpässen mit den monatlichen Unterhaltszahlungen für seine erste Tochter. US-Dollars waren auch für Dean Reed nicht immer einfach zu bekommen. »Zwei oder dreimal haben wir ihm aus der Staatskasse ausgeholfen«, bestätigt Fensch in Leopold Grüns Dokumentarfilm *Ein Amerikaner in der DDR*. Reeds Kontakte zum Politbüro sollen allerdings eher lose gewesen sein. »Es hat auch Kontakte mit Erich Honecker und anderen Politbüro-Mitgliedern gegeben«, sagt Fensch. »Aber es ist ein Irrtum zu glauben, er sei dort ein- und ausgegangen.«

Dean Reeds erster Besuch der BAM am 7. Februar 1974 stand unter keinem guten Stern. Der Schienenstrang von 3145 Kilometern, der Ust-Kut mit Komsomolsk verbinden sollte, war noch nicht fertiggestellt, und auch das Kulturhaus war noch in Planung. Trotzdem hatte jemand einen Auftritt für den amerikanischen Superstar gebucht, und dieser flog auch tatsächlich mit einem Helikopter in die äußerste Taiga. Irgendwo am Rande eines Schneesturms setzte ihn der Pilot ab, und ein verschüchterter

Arbeiter versuchte Dean Reed, der in der Eiseskälte nur Angst um seine Gitarre hatte, zu bedeuten, daß es am Abend kein Konzert geben würde.

»There must be a mistake, Sir«, sagte der Mann von der BAM. Dean Reed zuckte lediglich die Achseln und bemühte sich um seine Rückreise.

Cowboys und Indianer in der DDR

1974 drehte Dean Reed bei der Defa den Western *Kit & Co.* Sein Hauptargument für den Film war die Tatsache, daß es sich um eine Adaption von Jack London handelte und dieser in Rußland mehr gelesen wurde als in den USA. Die Defa sah die Chance, einen Film von internationalem Rang drehen zu können. Man verpflichtete eine Starbesetzung, die alles aufbot, was im DDR-Kino einen Namen hatte. Neben Rolf Hoppe in einer der beiden Titelrollen waren u. a. Armin Mueller-Stahl, Manfred Krug und Renate Blume zu sehen.

Dean Reed und Rolf Hoppe verkörperten zwei glücklose Goldsucher, die auf dem Weg nach Alaska an diverse Finsterlinge geraten, sich aber stets mit Mutterwitz und Arbeiterfaust zu helfen wissen. Die Aufnahmen hatten zwar das Flair der Romane von Jack London, aber der Film geriet recht langweilig. *Kit & Co.* wirkte ambitioniert, überzeugte aber an keiner Stelle mit neuen Ideen. Die Helden waren keine Helden, die Bösewichter wollten nur diskutieren, und die Jagd nach Gold durfte im Sozialismus nicht in den Vordergrund treten. Doch Dean Reed profitierte von der Produktion. Denn am Set lernte er seine dritte Frau kennen.

Renate Blume war eine der bekanntesten Schauspielerinnen der DDR. Dem Publikum war sie vor allem aus Konrad Wolfs *Der geteilte Himmel* (1964) nach dem gleichnamigen Roman von Christa Wolf bekannt, einem Film, der die Diskussion um den kontroversen Roman noch vertiefte und mit zur Eiszeit im DDR-Kino nach 1965 geführt hatte. Von 1965 bis 1970 war Renate Blume Mitglied des Dresdner Staatstheaters, und ab 1970 gehörte sie zum Ensemble des DDR-Fernsehens. Sie spielte in mehr als 40 TV- und Kinoproduktionen der Defa mit und war öfter in der beliebten Krimiserie *Polizeiruf 110* zu sehen. 1981 spielte sie die Jenny Marx im deutsch-sowjetischen TV-Mehrteiler *Karl Marx – Die jungen Jahre*, wofür sie mit dem Leninpreis ausgezeichnet wurde. Aus ihrer ersten Ehe mit dem Regisseur Frank Beyer hatte sie einen Sohn, Alexander, der 1969 geboren und später ebenfalls Schauspieler wurde. Nach ihrer Trennung von Beyer hatte Renate Blume mit Gojko Mitic zusammengelebt, der mit seinen Indianerfilmen in der DDR enorm populär geworden war. Der Junggeselle bekam jährlich bis zu 25 000 Briefe von Fans. Seine Popularität war immens, und es war schwer, Gojko Mitic nicht zu mögen. Auf der Leinwand sah man ihn erstmals als Weißer Rabe und Bruder von Karin Dor in *Winnetou II*. Produzent Horst Wendlandt erkannte das Talent des durchtrainierten Schauspielers aus Jugoslawien und besetzte ihn für *Unter Geiern* auf Augenhöhe mit Pierre Brice, Stewart Ranger, Terence Hill und Götz George, wenn man ihn im Vorspann auch der Einfachheit halber Georg Mitic nannte. Nach *Die Söhne der großen Bärin*, dem ersten Defa-Indianerfilm, wurde er im Osten zum Teenie-Idol. 1970 sah man ihn in *Zweite Liebe – ehrenamtlich* an der Seite von Renate Blume erstmals in einer realistischen Rolle und als Raumfahrer in *Signale*, einen der wenigen Science-fiction-Filme der Defa. Ursprünglich war ihm in *Kit & Co.* auch die Rolle von Manfred Krug angeboten worden, aber Mitic hatte dankend abgelehnt. »Da waren sie mir böse. Ich sagte: Jungs, laßt mich, ich muß das nicht machen«, berichtete er der

Website deanreed.de im August 2002. »Plötzlich hieß es, der Dean will jetzt einen Film machen, und da waren natürlich alle Türen offen bei der DEFA.«

Dean Reed suchte nach einen Film, der garantierte, daß ihn auch die westlichen Randspalten nicht länger nur als den Bauernjungen abtaten, der die Sowjets mit Elvis-Coverversionen bei Laune hielt. Mit *Kit & Co.* sollte das gelingen. *Kit & Co.* war aber auch der Versuch, dem enggesteckten Rahmen der Indianerfilme zu entkommen, die der DDR ihre größten Kinoerfolge beschert hatten. Mit *Die Söhne der großen Bärin* hatte man sich bei der Defa 1966 erstmals an einer eigenen Sichtweise des Wilden Westens versucht.

In der BRD hatten in den Sechzigern die Karl-May-Filme große Erfolge gefeiert, und der Western war auch in der DDR nicht totzukriegen gewesen. Wenn die *Winnetou*-Filme im deutschen Original mit Untertiteln in der Tschechoslowakei liefen, pilgerte die ostdeutsche Jugend über die Grenze. Das Genre erfreute sich großer Beliebtheit, und fast alle Indianerfilme waren Kassenknüller. *Die Söhne der großen Bärin* wurde zum Auftakt einer Reihe von fünfzehn Indianerfilmen, die zwischen 1966 und 1985 für die Defa entstanden und zu den erfolgreichsten Produktionen der DDR zählten. Die Westdeutschen hatten von den *Winnetou*-Filmen noch ein paar Kulissen in Jugoslawien gelassen, und mit Gojko Mitic fand man einen erstklassigen Häuptling Tokei-Ihto. Man konnte sogar ein paar Zirkusleute als Kaskadeure gewinnen und geschickt den Mangel an Stuntmen in der DDR vertuschen. *Die Söhne der großen Bärin* präsentierte einen historischen Blick auf Amerika im 19. Jahrhundert und wollte ohne die üblichen Ingredienzen des Westerns auskommen. Der Blickwinkel der Ureinwohner schien bestens geeignet, um unterhaltsam vom Funktionieren des »Wolfsgesetzes des Kapitalismus« zu erzählen und das fiktionale Repertoire des Western zu benutzen, um die Unebenheiten in der Agitation zu glätten.

Die Partei gab widerwillig grünes Licht. Der Film schien zumindest ungefährlich, wenn man im ZK auch hochmütig auf dieses »bürgerliche Genre« herabsah. Zudem stieß die Wahl des Spielortes, der Wilde Westen der USA, also ein kapitalistisches Feindesland, auf Mißtrauen. Lediglich der überwältigende Erfolg beim Publikum verbat jede weitere Diskussion. Allein in der DDR strömten 10 Millionen Besucher in die Kinos, aber auch in den sozialistischen Nachbarstaaten und in großen Teilen Asiens wollte man Gojko Mitic als edlen Wilden sehen.

Der ehemalige Defa-Dramaturg Günter Karl erläuterte in seinem Buch »Gojko Mitic, Mustangs, Marterpfähle« (Berlin, 1997) die Ideologie, mit dem man den Rückgriff auf das Westerngenre legitimierte: »Die Geschichte der Indianer ist nicht ohne die amerikanische Geschichte zu erzählen. Das aber ist eine Geschichte von Klassenauseinandersetzungen. Am Schicksal der Indianer wird auf verblüffend überzeugende Art die Klassenstruktur und der Klassenmechanismus der weiß-amerikanischen Seite sichtbar. Daraus ergeben sich fast zwangsläufig aktuelle Bezüge, Folgerungen für die Gegenwart.«

Die Defa produzierte bis 1974 jährlich einen weiteren Indianerfilm mit Mitic als Häuptling. 1967 folgte mit *Chingachgook, die große Schlange* (auf Video auch als *Die Wildtöter* bekannt) eine Adaption von J. F. Cooper und 1968 *Spur des Falken*, der in der BRD unter dem phantasievollen Titel *Brennende Zelte in den Schwarzen Bergen* lief.

Sowohl *Spur des Falken* als auch *Weiße Wölfe* (1969) kehrten zum Schicksal der Dakota im Zuge des Goldrausches in den Black Hills zurück. *Spur des Falken* schilderte die Vorgeschichte: den Goldfund, das Abschlachten Zehntausender Büffel und das Ende des Glaubens, daß sich die Bleichgesichter an ihr Wort halten würden. *Weiße*

Wölfe handelte vom Aufrücken der Siedler und ihren internen Kämpfen um 1879. Mit *Die Söhne der großen Bärin* als Mittelteil hatte man eine schlüssige Trilogie, die einen wichtigen historischen Zeitraum abdeckte.

Sogar im Westen erfuhren die Produktionen ein wenig Aufmerksamkeit. So beklagte die »Neue Zürcher Zeitung« am 9. August 1969: »*Weiße Wölfe* wäre der erste realistische Western, wenn historische Treue alleine ausreichte, um einen Film zu drehen. […] Im Wilden Westen, wenigstens in dem uns durch den amerikanischen Film eingepflanzten Bild des Wilden Westens, interessieren soziale Hintergründe aber sehr viel weniger als, gebrauchen wir ruhig das große Wort, mythische.«

Man übersah, daß man den Indianerfilm nicht an Western-Kriterien messen konnte, weil der aufklärerische Anspruch die mythologische Nebelmaschine des Genres abschalten wollte. Gegen die Welt der singenden Cowboys, den Zirkus von Buffalo Bill und die Märchen von den blutrünstigen Wilden erreichten die Indianerfilme einen ungewöhnlichen Naturalismus, der im Laufe der Serie weiter ausgebaut wurde. Großen Wert legte man vor allem auf die Ausstattung und historisch korrekte Details wie Federschmuck, Frisuren und Hüttenbau. Lediglich die mühsam beschafften Reitpferde ließen sich nicht zum unbesattelten Ritt bewegen und bereiteten der Crew oft Kopfzerbrechen.

Dennoch: Die fortwährenden Versuche der DDR-Kulturpolitik, den kapitalistischen Genres mit einem Gegenentwurf zu begegnen, waren hier ausnahmsweise sogar von kommerziellem Erfolg gekrönt.

Mit *Tödlicher Irrtum* (1970) führte man den Kurs der Indianerfilme weiter und beschäftigte sich mit der Ölförderung in Wyoming im Jahre 1897. Günter Karl sprach in einem Interview für die »Leipziger Volkszeitung« vom

Mai 1969, das in »Gojko Mitic, Mustangs, Marterpfähle« dokumentiert ist, von einem »Dreischnitt« in der Kontinuität: »In eine Wortverbindung gebracht, würde es Land-Gold-Öl heißen. Zeigten wir in *Spur des Falken*, wie die Indianer vertrieben wurden, so befaßte sich *Weiße Wölfe* mit Machtkämpfen und Terror, die die Indianer dezimierten. *Tödlicher Irrtum* wird diese Machtkämpfe vor der Jahrhundertwende zeigen, die Zeit der Bosse und Syndikate; die Organisation von Mord und Betrug wird im großen Stil betrieben; die individuelle Gewalt eines Bashan (der Schurke in den letzten beiden Indianerfilmen) wird zum System.«

In *Osceola* (1971) kehrte man in die dreißiger Jahre des 19. Jahrhunderts zurück und vermische die Motive des Indianerfilms mit der Problematik der Sklaverei in Nordamerika. Als Seminolen-Häutling von Florida durfte Gojko Mitic dabei erstmals ohne Perücke auftreten. Mit *Apachen* (1973) und *Ulzana* (1974) gab Mitic sein Debüt als Drehbuchautor. Der Wilde Westen hatte inzwischen seine Schuldigkeit getan, und nach den ersten zehn Indianerfilmen betrachtete der »Filmspiegel« die klassische Ära 1974 bereits als beendet: »Blickt man heute zurück, so hat die Defa mit der Kontinuität ein Kapitel – und zwar eines der finstersten – der amerikanischen Geschichte mit künstlerischen Mitteln dokumentiert. Sie hat den imperialistischen Völkermord, als dessen jüngstes mahnendes Beispiel der Vietnamkrieg in bedrückender unauslöschlicher Erinnerung ist, durch Exkurse in die indianische Geschichte entlarvt und so eine wichtige aufklärende Funktion erfüllt.«

Die Reihe wurde in den Achtzigern beendet, als das Publikumsinteresse nachließ und man in gewisser Weise auch alles gesagt hatte. Die späteren Produktionen *Severino* (1978), *Der Scout* (1983) und *Atkins* (1985) orientierten sich eher an den letzten Edelwestern aus den USA bzw. an der italienischen Variante. *Atkins* war der einzige Defa-Indianerfilm ohne Mitic in der Hauptrolle und lief seiner Zeit längst hinterher. Aus der Reihe fiel *Blauvogel* (1979) von Ulrich Weiß, die Geschichte des neunjährigen George, der von Irokesen entführt und anstelle des verstorbenen Indianerjungen Blauvogel adoptiert wurde. *Blauvogel* überzeugte durch einen unprätentiösen Realismus, der auf die doch arg romantisierenden Elemente der anderen Indianerfilme weitgehend verzichtet hatte und zu einer echten Überraschung im DDR-Kino wurde.

Einer der erfolgreichsten Filme des DDR-Kinos schlechthin war jedoch *Blutsbrüder* (1975) mit Gojko Mitic und Dean Reed. Der Film kam spät, aber die beiden Stars machten alle Zweifel wett, daß der Indianerfilm sich selbst zu wiederholen begann. Dean Reed hatte das Drehbuch verfaßt und sich die Rolle auf den Leib geschrieben. Er verarbeitete darin die Geschichte eines Massakers am Sand Creek unweit von Denver im Jahre 1864, eine Geschichte, die ihn lange beschäftigt zu haben schien.

Harmonika (Dean Reed) wird als Soldat der US-Army Zeuge eines Massakers in einem Cheyenne-Lager. Hilflos steht er in einem Meer von brennenden Tipis und zerbricht vor Zorn eine amerikanische Flagge, die dem Stamm 1864 von Präsident Lincoln als Symbol ihrer Zugehörigkeit zu den USA überreicht worden war. Entsetzt über das brutale Vorgehen der Army gegen die Indianer, desertiert Harmonika und trifft auf die verwundete Squaw Rehkitz (Gisela Freudenberg). Er verliebt sich in die Indianerin und muß sich mit ihrem Bruder Harter Felsen (Gojko Mitic) messen, bevor er sie heiraten darf.

Im Laufe des Filmes entdecken die ungleichen Männer ihre Gemeinsamkeiten, aber bei einem erneuten Überfall der Soldaten stirbt auch Rehkitz. Harmonika macht sich auf die Suche nach dem Mörder seiner Frau, kann sich dann aber nicht überwinden, ihn zu töten. Er ertränkt seinen Schmerz in Alkohol, bis er Harter Felsen wiedertrifft, der inzwischen von der Armee gefangengenommen worden war. Harmonika nüchtert aus, befreit den Häuptling, und in der letzten Szene sieht man die beiden Superstars der DDR, ihre blutigen Unterarme aneinander reibend, auf einem Felsen in der Landschaft stehen.

In einem Interview mit der Jugendzeitschrift »Neues Leben« von 1975, welches auf der Website deanreed.de dokumentiert ist, gibt Dean Reed über seine Motive, diesen Film zu drehen, folgendes zu Protokoll: »Es sind meine Gedanken, meine Emotionen, die ich aufgeschrieben habe und die ich spiele. Insofern ist es meine einfachste Rolle bisher. Harmonika – das ist beinahe Dean. Und es ist auch eine schöne Rolle, weil ich jemanden darstelle, der alle Gefühle durchlebt, traurige, glückliche, revolutionäre. Eine Persönlichkeit, die sich eigentlich aus zwei Menschen zusammensetzt. Die Handlung spielte zwar in Amerika, vor 100 Jahren. Aber es könnte heute sein. Der Film erzählt von einem Pazifisten, der anfangs ganz naiv ist und dann zum Kämpfer wird. Genauso, wie es auch in meinem Leben geschah. Denn ein Mensch wird nicht als Kommunist oder Revolutionär geboren. Er wächst mit jedem Tag, mit jeder Erfahrung.«

Der Autor und Filmkritiker Frank-Burkhard Habel nannte *Blutsbrüder* in »Gojko Mitic, Mustangs, Marterpfähle« einen »mit lyrischen Momenten durchsetzten Dean Reed-Film«, und in der Formulierung wird klar, daß der Film vor allem als Vehikel des Hauptdarstellers gedient hatte und sich von den anderen Indianerfilmen durch den Zuschnitt auf seine beiden Stars unterschied. Habel sprach von einem »Dean Reed-Film«, was ausklammerte, daß Mitic als Filmstar die älteren Rechte hatte. Gojko Mitic wollte den Film zunächst auch nicht machen, weil er sich im ursprünglichen Drehbuch die zweite Hauptrolle mit einem weiteren Indianerdarsteller hätte eilen müssen. Reed mußte also umschreiben und kombinierte seine Indianerfiguren, bis ein gleichwertiger Part für Mitic entstand. Warum Reeds Figur den gleichen Namen trägt wie die von Charles Bronson in *Spiel mir das Lied vom Tod* konnte leider nicht geklärt werden.

Für den amerikanischen Markt wurde eine neue Fassung geschnitten, die um acht Minuten länger war, aber keinen Verleih fand. Der Film wurde maßgeblich mit dem Argument produziert, daß der Mann aus Colorado als Defa-Star einen Imagegewinn für die DDR bedeutete. So ließ man ihm gewisse Freiheiten und übersah, daß es sich bei *Blutsbrüder* um ein Sammelsurium von Story-Elementen handelte, die 1970 bereits von drei US-Filmen definiert wurden: *Der Mann, den sie Pferd nannten* mit Richard Harris, *Little Big Man* mit Dustin Hoffman und *Das Wiegenlied vom Totschlag*. Die Auseinandersetzung um den Krieg in Vietnam hatte auch in den USA zu Filmen geführt, die aus der Perspektive der Indianer um Verständnis für andere Kulturen warben.

Das Motiv des »guten Weißen«, der bei den Indianern aufgenommen wird, war im Westen längst zum gängigen Klischee geworden. So setzte Dean Reed für sein Drehbuch zusammen, was man zumindest im Western bereits als bekannt voraussetzen konnte. Dean Reed hatte genug Szenen eingebaut, die sein Talent als Kunstreiter bewiesen, und auch seine Geschicklichkeit im Pistolen-um-den-Finger-Wirbeln stellte er unter Beweis. Schauspielerisch kam er aber nicht über die eigene Inszenierung hinaus. Er wirkte bis zum Finale wie ein Gast im Reich von Gojko Mitic und seinen jugoslawischen Kunstreitern. *Blutsbrüder* markierte das Ende einer Ära. Es entstand der Eindruck, daß die Motive des Indianerfilms zur kommerziellen Masche verkamen. Selbst die »Sächsische Zeitung« fragte sich am 22. August 1975, ob es nicht Zeit wäre, »den Babelsberger Rothäuten einen hübschen parodistischen Abgang zu bereiten«? Trotz des riesigen Erfolge von *Blutsbrüder* hatte man bei der Defa die Zeichen der Zeit erkannt, produzierte aber dennoch weitere Indianerfilme, doch ohne Dean Reed.

Bei Dreharbeiten beschloß Dean Reed gelegentlich Schauspieler und Crew hätten einen Teil ihrer Gage für einen guten Zweck zu spenden, den nur er zu bestimmen hatte, eckte mit solchen Vorschlägen aber nur bei allen an.

Seinem erfolgreicheren Kollegen Mitic wollte Reed Ratschläge erteilen, wie sich dieser in einem Interview vom 26. August 2002 erinnert, das auf der Internetseite deanreed.de veröffentlicht ist: »Er sagte zu mir: Mensch, du bist populär, du könntest mal ein bißchen Politik machen. Ich kann mal mit ›Erich‹ [Honecker] sprechen. Wahrscheinlich hatte er zu ›Erich‹ damals sehr gute Kontakte. Ich sagte: Weißt du, Dean, wenn man mich fragt, sage ich meine Meinung, aber ich möchte nicht unbedingt die DDR-Fahne tragen. […] Das hat sich irgendwie mit der Zeit entwickelt, wo wir zusammen gedreht haben, wo wir uns unterhalten haben, wo er von mir wollte, daß ich ein bißchen Politik mit mache und die Leute agitiere. Ich mochte das nicht. In Bulgarien z. B., da hatte er was gedreht, und gleich alles organisiert, große Rede, großes Konzert und so. Natürlich war es leicht, dort so was zu organisieren, weil die Leute alle von den Parteisekretären zusammengetrommelt wurden.«

Als Sänger war Dean Reed weiterhin gefragt. Am 13. Dezember 1975 trat er anläßlich des 25. Jahrestages der Pionierorganisation »Ernst Thälmann« im Berliner Friedrichstadtpalast auf. Er blieb dem seichten Country mit folkloristischen Einflüssen aus Südamerika treu, produzierte 1975 aber lediglich eine Single, die nur in Bulgarien und in der DDR erschien: »Love Your Brother«, das Titelstück zu *Blutsbrüder*.

1975 rief Dean Reed den Musiker Dieter Janik von den USA aus an und fragte ihn, ob er drei Tage später für ein Konzert in Chicago sein könne. Die Künstleragentur der DDR, zuständig für Gastspiele von DDR-Künstlern im Ausland und für Tourneen ausländischer Künstler in der DDR, hatte den Kontakt vermittelt. Janik gehörte zwar zum »Kader für das nichtsozialistische Ausland« und hatte bereits einige Touren mit seiner Band hinter sich. Doch obwohl er das Vertrauen der Künstleragentur genoß, konnte er natürlich nicht einfach in ein Flugzeug steigen, um Dean Reed in Chicago zur Seite zu stehen. Daß es für die Ostdeutschen erhebliche Reisebeschränkungen gab, war Dean Reed offenbar noch immer nicht ins Bewußtsein gedrungen, er mußte sich für den Auftritt in Chicago andere Musiker suchen.

Die Dieter-Janik-Band begleitete Dean Reed Mitte der Siebziger auf diversen Touren durch Bulgarien, die Sowjetunion, die Tschechoslowakei und bei kurzen Ausflügen ins westliche Ausland. 1975 tourte die Band mit Reed unter dem Motto »Solidarity with Chile« zum erstenmal durch die Tschechoslowakei. In Prag spielte man in einem Eisstadion drei Tage hintereinander je zwei Konzerte am Tag vor 12 000 Zuschauern. Der Moskauer »Lushniki Sportpalast«, eine Halle für 16 000 Besucher, war eine Woche lang ausverkauft. »Da waren die Leute noch eine Dreiviertelstunde da und haben geklatscht«, erinnert sich Dieter Janik. »Es war richtig beängstigend, da überhaupt wegzukommen. Die wollten uns nicht weglassen.« Vor allem trat man aber in der DDR auf, wo Dean Reed im Sommer 1975 für sechs Wochen unterwegs war, um *Blutsbrüder* zu promoten. An seiner Seite mußte sich die Band dabei keinerlei Gedanken über die gefürchteten Einstufungen der örtlichen Konzert- und Gastspieldirektion machen. Der Amerikaner wohnte zwar in der DDR, aber man behandelte ihn und seine Begleitband aus dem Osten wie ausländische Künstler, denen man mit den Konsequenzen einer Einstufung nicht drohen konnte.

Die Tentakeln der Stasi

Am 30. März 1976 begannen Dean Reed und die Dieter-Janik-Band mit den Aufnahmen zur LP »Dean Reed a jeho svet« im Prager Supraphon-Studio. In der Tschechoslowakei brachte er es im selben Jahr auf eine weitere Single, die wiederum in der DDR nachgepreßt wurde. Am 20. April 1976 wurde Dean Reed von einigen Mitarbeitern des Ministeriums für Staatssicherheit, Hauptabteilung II/3 (Spionageabwehr) besucht. »Der Kontakt war ausgesprochen gut und sehr herzlich«, protokollierten die Stasi-Agenten. »Wir stellten uns als Mitarbeiter des MfS vor und baten um eine Aussprache. Dean Reed führte uns ins Haus und war sehr freundlich.« Spionageabwehr? Sollte Dean Reed für die CIA gearbeitet haben? Der Krimi-Autor Peter Schrenk hatte diese Möglichkeit 1993 zum erstenmal zur Diskussion gestellt. Reeds ständige Reisen in Krisenregionen und Bürgerkriegsländer hätten ihn zum idealen Geheimdiplomaten gemacht. Der KGB und die CIA schienen in der Realität allerdings kein großes Interesse an Dean Reed gehabt zu haben. In seinem Privatleben war er von unzähligen Menschen umgeben, die observiert wurden, aber Dean Reed taucht in keiner dieser Akten auf. Die Akte »2279/92 Bd. 2« der Stasi gibt genauer Auskunft. Dean Reed war mit der Stasi seit 1974 durch einen Mann mit dem Decknamen Mike bekannt, und man war vor allem deshalb an ihm interessiert, weil er Zutritt zur US-Botschaft in der DDR hatte. Am 24. April 1976 wurde ein »Plan zur Durchführung einer Kontaktaufnahme« eingefädelt. Die Stasi wollte Reeds Kontakte nutzen und ihn möglichst auch für operative Aufgaben gewinnen. Man traf sich an windigen Ecken, auf Parkplätzen und bei Dean Reed zu Hause. Mit dem selbstgewählten Decknamen »Victor« schätzte man ihn als »zuverlässigen Informanten«, lobte sein »marxistisches Verhalten«, attestierte aber auch »fehlende Kenntnisse um feindliche Kontaktpolitik«. Man schien ihm nicht restlos zu trauen, auch wenn er die Stasi-Schergen offenbar mit seinem Charme um den Finger wickelte. Sein Potential als Agent verblaßte, als man durch IM Mike erfuhr, »daß Reed in den USA nicht sonderlich bekannt ist«.

Am 20. August 1975 teilte IM Bert Heine mit, daß sich Reed tags zuvor in der US-Botschaft aufgehalten habe, um einen neuen Paß zu beantragen. Am 11. Mai 1976 wurde er erneut in der Botschaft gesehen. »Er hatte eine gelbe Umhängetasche bei sich«, vermerkte die Stasi. Weitere Observationen folgten, und am 15. Juli 1977 plante man eine Kontaktaufnahme, die am 17. August um 17 Uhr erfolgte. Ein Hauptmann Sattler und ein Herr Siegert stellten sich unter Decknamen vor, um mit Dean Reed über die »Absicherung der US-Vertretung und die Aufdeckung der subversiven Pläne und Absichten gegen die DDR« zu sprechen.

Man verhandelte über eine anstehende Party, die Reed mit diversen Diplomaten zusammenführen sollte. Am 1. September ließ sich Hauptmann Sattler von der Party berichten. Reed gab an, daß bei seinem Auftritt »unbekannte US-Diplomaten sehr eifrig mitsangen«. Die Stasi plante für die Zukunft weitere »Liederabende in der USA-Botschaft«, um den Kontakt zu halten. Am 1. September traf man sich erneut, und am 28. Oktober hatte man auch endlich eine weitere Mission für »Victor«.

Der Tagesrapport 120/77 ergab, daß er am 3. November mit dem Leiter des PLO-Büros in der DDR nach Beirut fliegen würde, und man wollte seine Kontakte zur PLO abklopfen. Dean Reed war empört und wollte nur mit

Spionagechef Markus Wolf direkt sprechen. Die Stasi protokollierte: »Er gab gleich zu verstehen, daß er gern gegen die Amerikaner arbeiten will, jedoch was die PLO betrifft, möchte er in keiner Weise unangenehm auffallen. Er ließ hier geschickt durchblicken, daß er in Richtung PLO nicht arbeiten würde.«

Am 1. November um 14 Uhr kam es zu einem konspirativen Treffen auf dem Parkplatz des Kinos Kosmos mit Fiedler und Sattler. Wieder tauschte man nur Höflichkeiten aus und verabredete ein erneutes Treffen am 11. November, aber Dean Reed erschien nicht. Er weilte noch im Libanon und gab ein Konzert an der amerikanischen Universität in Beirut. Am 30. November lud Reed die Herren von der Stasi für den 2. Dezember zu sich nach Hause ein und überreichte ihnen überraschend einen Bericht über die Lage im Libanon. Er informierte die Stasi, Beirut würde »sehr idyllisch zwischen den Bergen und der See« liegen, man würde dort viel Tee trinken und sich von Tomaten und Brot ernähren. Der Bericht enthielt ansonsten keinerlei wesentliche Informationen. Hauptmann Sattler schrieb am 1. Dezember 1977 trotzdem einen Bericht für die Hauptabteilung II/3.

Am 11. Dezember hatte Dean Reed einige US-Diplomaten zur Premiere seines Films *El Cantor* eingeladen und erwies der Stasi damit einen letzten Gefallen. Fortan attestierte man ihm »Vorbehalte gegen das MfS«, die nicht weiter ausgeführt wurden. Am 24. November 1978 erhielt seine Akte bei der Stasi einen Abschlußvermerk. Dean Reed hatte sich inzwischen bei Erich Honecker persönlich beschwert, und dieser unterband weitere Kontaktaufnahmen durch die Stasi. Man hatte ihn erneut nach seinen Kontakten zur PLO gefragt, und Reed fühlte sich belästigt. Generalmajor Kratsch, Leiter der HA II, wies an, »auch bei Anrufen des R. keine weiteren Treffs zu organisieren«. Hauptmann Sattler schrieb in der »Abverfügung zur Archivierung« am 10. Januar 1979: »Zu ihm bestand inoffizieller Kontakt. Er beschwerte sich im ZK wegen seiner Verbindung zum MfS. Auf Weisung des Leiters der HA II/3 wurde der Kontakt zu Reed abgebrochen. Person war KK-erfaßt.« Die Akte wurde mit dem Vermerk »nicht gesperrt« ins Archiv gelegt und vergessen.

Egon Krenz ist über die Anwerbungsversuche der Stasi im nachhinein verwundert. Auch romantische Abenteuergeschichten, die Dean Reed zum Spion zwischen den Fronten des Kalten Krieges stilisieren, gehören in den Bereich der Phantasie. Wer Dean Reed persönlich kannte, konnte über Spekulationen dieser Art nur lachen. Auch Markus Wolf, ehemaliger Chef der Hauptverwaltung Aufklärung der Staatssicherheit, hält die These, Dean Reed habe als Geheimagent gewirkt, für Blödsinn. Sämtliche Recherchen in dieser Hinsicht erscheinen ihm als bloße Zeitverschwendung, wie er im Telefongespräch deutlich macht. Zwar war seine Schwägerin, die Schauspielerin Christel Bodenstein, die mit Wolfs Bruder, dem Regisseur Konrad Wolf, verheiratet war, eng mit Dean Reed befreundet, aber Hinweise auf dessen Aktivität als Geheimagent lassen sich beim besten Willen nicht entdecken. Dean Reed stand politisch für alles, wofür die CIA eben nicht stand. Ihm zu unterstellen, er hätte sich diesbezüglich nur verstellt, ist absurd. Reed hatte in den USA zwar eine Akte beim State Department, aber diese enthielt, ähnlich wie seine Stasiakten, hauptsächlich Zeitungsausschnitte aus einer Zeit, als Akten noch ohne Computer archiviert wurden.

Wenn die amerikanischen Geheimdienste Dean Reed nicht als Agenten geführt haben, ist es trotzdem merkwürdig, daß sich die CIA niemals für ihn interessiert zu haben scheint. Im Zusammenhang mit den verdeckten Aktivitäten des Congress For Cultural Freedom und angeschlossenen Programmen der Ford Foundation erscheint dieser Umstand allerdings ganz normal. Immerhin verbreitete Dean Reed international das Bild vom guten Amerika und weckte Sehnsüchte nach dem Land der unbegrenzten Möglichkeiten.

Seit den dreißiger Jahren hatten sich die USA international um Einfluß auf die kulturelle Avantgarde bemüht, um dem sozialistischen Realismus mit einer spezifisch amerikanischen Kunstrichtung zu begegnen. Immerhin übte der Kommunismus großen Reiz auf europäische Künstler aus. Der Congress for Cultural Freedom bemühte sich deshalb um die nichtkommunistischen Linken in Paris, London und Berlin als Gegenfront. Man hielt die linke US-Zeitschrift »Partisan Review« finanziell am Leben und mischte sich in Hollywood ein. Die CIA sponsorte z. B. bei der »International Conference of Twentieth Century Music« 1954 in Rom die 12-Ton-Musik, aber auch amerikanische Künstler wie das Boston Symphony Orchestra oder Jackson Pollock und andere abstrakte Expressionisten.

Die CIA bezeichnete den Congress For Cultural Freedom, dessen Aktivitäten bisher kaum untersucht wurden, später als seine »größte Front in Europa«.

Als kultureller Brückenkopf hinter dem Eisernen Vorhang schien Dean Reed also in den Augen der CIA ungewollt durchaus seine patriotische Pflicht zu erfüllen. Als Gegenpol zur sozialistischen Kultur wirkte er wie eine ewige Werbesendung, die ein besseres Amerika pries, was es nie gegeben hatte.

Die Affäre Biermann

Durch seine Frau Wiebke und die Freundschaft mit dem Ehepaar Moese lernte Dean Reed auch die intellektuellen Zirkel der DDR genauer kennen. Willy Moese, geboren in

Barcelona, arbeitete seit 1955 als Pressezeichner und Karikaturist in der DDR, u. a. für den »Eulenspiegel« und die »Wochenpost«. Wegen seiner Haltung gegenüber der DDR-Kulturpolitik wurde von der Stasi gegen ihn der operative Vorgang »OV Stift« eingeleitet. Seine Frau Maria arbeitete beim Fernsehen der DDR als Moderatorin, Ansagerin und Redakteurin. Nach der Wende wurde sie Pressesprecherin im Außenministerium für Markus Meckel und war bei den 2-plus 4-Gesprächen in Paris dabei. Heute kümmert sie sich um die Öffentlichkeitsarbeit im Jugendamt Marzahn-Hellersdorf.

Willy und Maria Moese bildeten einen Freundeskreis mit Manfred Krug, Frank Beyer, Jurek Becker, Stefan Heym und anderen prominenten Künstlern der DDR. In den inneren Zirkel war Dean Reed nie eingeweiht gewesen. »Dazu hatte er weder die nötige Zeit noch den nötigen Tiefgang«, sagt Willy Moese. »Er konnte jederzeit seine Tasche nehmen und über die Grenze gehen. Und nach Amerika fahren oder sonstwohin fahren. Kein Mensch hat ihn daran hindern können. Und das war zum Beispiel schon einer der Punkte, den er gar nicht nachempfinden konnte, wie das Menschen trübte, die auf einmal, wenn sie eine bestimmte Reife erreicht hatten, nicht mehr über sich selbst bestimmen können. Das ist das, was den internen Kreis von seiner Person ein bißchen unterschied.« Trotzdem mochten die Moeses Dean Reed und hatten ihn gern im Haus, wenn er auch ständig seine Gitarre hervorholte und sang. »Dean war der einzige, der in unserem Kreis das Bedürfnis hatte, seine Kunst zu präsentieren. Mit allen anderen kamen wir damit gar nicht ins Gespräch. Unsere Künste, die spielten gar keine Rolle. Aber bei Dean spielte es eine große Rolle. Er war ja sozusagen der große Musik- und Gesangsagitator.«

»Die Intellektuellen begannen sich über Dean entweder lustig zu machen oder ihn schlechtzumachen«, erinnert sich Victor Grossman. »Er paßte nicht in das Bild der Intellektuellen.«

Neben Italienisch, Spanisch und Russisch sprach Dean Reed inzwischen einigermaßen gut Deutsch. Dennoch bekam er nur wenig von dem mit, was seinen Freundes- und Bekanntenkreis wirklich bewegte. Sein fester Glaube an den Sozialismus war ungebrochen, bis im November 1976 plötzlich Jurek Becker und Armin Mueller-Stahl vor seiner Haustür standen und ihn zur Unterschrift gegen die Ausbürgerung des Hamburger Liedermachers Wolf Biermann bewegen wollten. »Ich kenne den Mann überhaupt nicht«, wich Dean Reed aus und gab sich gereizt, weil der Schriftsteller ihn konsequent »Herr Reed« nannte, wie sich Wiebke Reed erinnert. »Aber sogar Manfred Krug hat unterschrieben«, sagte Armin Mueller-Stahl. »Ein Grund mehr, daß ich nicht unterschreibe«, erwiderte Reed, der nicht verstand, was man von ihm wollte. Einen Tag später versuchte es Mueller-Stahl erneut und verärgerte seinen amerikanischen Kollegen endgültig. In ihrem Buch »Das Schöne an den Männern« erinnert sich die Lyrikerin Gisela Steineckert: »Er sagte mir, er hätte die Unterschrift freudigen Herzens gegeben, jedem, aber nicht denen, die zu ihm in die Garderobe kamen und ihn oft genug tödlich beleidigt hätten.« Wolf Biermann hatte ein Konzert in Köln gegeben, in dem er sich kritisch über die Politik der DDR geäußert hatte. Im Anschluß war ihm die Rückreise in die DDR verweigert worden. Dieses Vorgehen polarisierte die Kulturschaffenden, und viele Prominente unterzeichneten den offiziellen Protestbrief gegen die Ausbürgerung von Biermann. Unter dem Druck der Regierung nahmen etliche von ihnen ihre Unterschrift unter die Petition wieder zurück. Die, die es nicht taten, hatten mit massiven Restriktionen zu rechnen. Schauspieler wie Armin Mueller-Stahl, Manfred Krug u. a. erhielten keine Engagements mehr und verließen das Land. Auch Maria

Moese bekam Schwierigkeiten. »Es sollte ein Bericht kommen, da weiß ich noch genau den Text: ›Wir, das Kollektiv der Ansager und Ansagerinnen des Fernsehens der DDR, fühlen uns voll und ganz in Übereinstimmung mit den Maßnahmen unserer Regierung im Fall Biermann.‹ Das wäre auch ohne Unterschriften gegangen. Und da habe ich gesagt: ›Leute, es tut mir leid, aber ohne mich. Ich unterschreibe das nicht, weil ich nicht dieser Meinung bin. Ich bin genau der Meinung dieser Leute, die auf der Liste stehen.‹ Diese Zustimmung des Kollektivs des Fernsehens der DDR ist nicht zustande gekommen, und das hat man mir natürlich doppelt verübelt.« Wenige Tage später wurde Maria Moese zu ihrem Chef bestellt. »Und dann schob er mir einen Zettel hin und sagte: ›Du unterschreibst das jetzt. Oder du machst heute keinen Abenddienst. Kannst nach Hause gehen.‹ Ich schaute mir den Zettel an, und es war diese Resolution.« Frau Moese unterschrieb nicht und ging nach Hause.

In einem Bericht der Hauptabteilung II/3 vom 23. August 1977 ging Hauptmann Sattler auf Reeds Verhältnis zu Wolf Biermann ein. In Reeds Stasiakte war unter der Nummer 000162 zu lesen: »Er informierte auch darüber, daß er kürzlich in Spanien weilte und mit Carillio gesprochen hat. Darauf wurde nicht eingegangen. Er sagte lediglich, daß zur gleichen Zeit Biermann bei C. war und sich mit C. als Kommunist aufspielte. Reed sagte, daß er C. umarmte, um zu zeigen, daß es sich bei Reed um einen ehrlichen Kommunisten handelt, der auch C. als Kommunisten ansieht, auch wenn er entscheidende Fehler macht. Dies war ein Schlag gegen Biermann.« Der spanische Kommunist Don Santo Carillio hatte zuvor die sowjetische Invasion in Afghanistan in scharfer Form verurteilt und trat für eine größere Unabhängigkeit von Moskau ein. Statt über Carillio zu berichten, spielte sich Reed gegenüber der Stasi aber mit einer Spitze gegen Biermann auf.

Dean Reed verstand die Welt nicht mehr, als seine Freunde immer mehr ins Visier der Staatssicherheit gerieten. Künstler und Intellektuelle wandten sich ab von ihm, der von vielen als unkritischer Repräsentant der offiziellen Staatskultur betrachtet wurde. Er begann die DDR langsam mit neuen Augen zu sehen.

»Ich habe ihm die ganze Geschichte erst mal von Anfang an erzählt«, erinnert sich Willy Moese. »Danach hat er natürlich eine völlig andere Einsicht gehabt als vorher. Vorher war er derjenige, der herumgereicht wurde, der nur in den höchsten Kreisen der Funktionäre verkehrte, dem alle auf die Schulter klopften. Und der auch gar keinen tiefen Einblick hatte in die Dinge, die uns hier jeden Tag begegneten. Das war nicht sein Feld gewesen. Und da kam es zum erstenmal dazu, daß ich ihn in gewisse Dinge eingeweiht habe, die doch für ihn neu waren.«

7. Kapitel:
Melodie in Blei

»Selbst wenn die Legende von historischen Persönlichkeiten berichtet, erscheinen die Siegestaten nicht auf einer realistischen, sondern auf einer traumhaften Szene.«

(Joseph Campbell, »Der Heros in tausend Gestalten«)

Mit »Dean Reed aktuell« kam 1977 eine neue LP in die Läden, die ein Jahr zuvor bereits bei Supraphon in der Tschechoslowakei erschienen war. Das Cover zierte eine schwarze Eiche mit dem Gesicht Dean Reeds in der Baumkrone. Die Platte versammelte alte und neue Hits, die mit großem Aufwand eingespielt worden waren. In einer Rezension der DDR-Musikzeitschrift »Melodie und Rhythmus« (Nr. 11, 1977) beschäftigte man sich ausführlicher mit den Titeln der Platte, die man als »von einer stark individuellen Haltung geprägt« einordnete: »In ihrer überschaubaren Liedhaftigkeit geben sie der zart-lyrischen wie kraftvoll akzentuierten Stimmführung des Sängers breiten Raum. Selbst die Arrangements (neben Vladimír Popelka sind noch Ladislav Staidl, Otakar Petrina und Bohuslav Ondráček zu verzeichnen) ordnen sich dem unter; gerade aber durch die sparsame Anwendung instrumentaler Soli und Effekte wird die jedem Titel eigene Ausstrahlung noch unterstrichen.«

Dean Reed beherrschte nur fünf Griffe auf der Gitarre, womit er den Punks immerhin zwei voraus hatte, aber sein schlichter Sound wurde durch die bombastische Produktion immer wieder an die Wand gedrückt. Oft genug hätte man ihm statt eines riesigen Orchesters einen Produzenten gewünscht, der ihn allein mit Mikrophon und Gitarre in ein Studio gesperrt hätte. Bei »Melodie und Rhythmus« sah man die Sache anders. Man wollte Dean Reed nicht einfach als »Protestsänger abstempeln«, und dieser stimmte dem Journalisten zu: »Ich sage immer, daß ich kein Protestsänger bin, denn ich singe in meinen Liedern von der Liebe zu den Arbeitern, zu den unterdrückten Indianern und von der Liebe zu den Kindern. Ich singe meine Lieder für den Frieden der Welt.« Solche Äußerungen fand auch der Journalist von »Melodie und Rhythmus« sonderbar: »Daß sich Dean Reed zu solchen oder ähnlichen Worten über sein Wirken immer wieder veranlaßt sieht, mag verschiedene Ursachen haben: Die Abkehr von der amerikanischen Popmusik, deren manipulierte Scheinwelt er früh genug durchschaute, zum einen, das bewußte Hinwenden zu einer gerechten Sache, für die es sich lohnt zu leben und zu arbeiten, zum anderen. Leidenschaftliches Engagement und die Einheit zwischen Wort und Tat, wie sie seine Persönlichkeit heute charakterisieren, können mitunter zu Vorurteilen führen, das Bild einer umfangreichen künstlerischen Wirksamkeit nivellieren, ihn schließlich darin zu einem reinen Protestsänger abstempeln.« Mit »For Bobbie« von John Denver und neuen Songs wie »Hey Babe«, »You«, »Little Juana« und »Hey Little One« bediente sich Reed auf dieser Platte spanischer Gitarrenklänge und beschwor unbändige Wehmut. Auch mit »Compañeros« und »If You Go Away« von Jacques Brel und Rod McKuen setzte sich der Trend fort. Hätte Dean Reed sich der Wurzeln eines Victor Jara besonnen und die Entwicklung des amerikanischen Folksongs besser verarbeitet, wären seine Songs zeitloser und interessanter geraten.

»Together«, das Duett mit Wiebke Reed von 1973, das sich ebenfalls auf der Platte findet, war eine fragwürdige Inszenierung. Als die LP 1977 in der DDR erschien, war Wiebke Reed längst aus dem gemeinsamen Haus ausgezogen. Reed schien darin keinen Widerspruch zu sehen. »Together, bearing a new born child together, giving it strength and love forever«, sang er. Der Song schaffte es 1981 sogar noch mal auf die LP »We Will Say Yes«, die nur in der UdSSR erschienen war. Dean Reed schien auch keine Skrupel zu haben, Wiebke Reed und die gemeinsame Tochter Natalie 1977 in seiner TV-Show *Der Mann aus Colorado*, die er für das Fernsehen der DDR produzierte, zu präsentieren, trotzdem man sich bereits getrennt hatte. Reed war ein Medienprofi und wußte, daß die Trennung von Frau und Tochter nicht zu seinem Image des gerechten Saubermannes paßte. Offenbar wollte er der Öffentlichkeit gegenüber weiter ein heiles Privatleben vorführen, daß es so längst nicht mehr gab. Immer öfter hatte es Auseinandersetzungen zwischen Wiebke und Dean Reed gegeben, nicht zuletzt, weil man einfach aus zu verschiedenen Welten kam. »Er paßte nicht zu den Intellektuellen, mit denen Wiebke befreundet war, und sah sich vielleicht isoliert durch ihre Freundschaft mit Leuten, die ihn nicht sehr ernst nahmen«, erinnert sich Victor Grossman. Der extreme Geltungsdrang Dean Reeds brachte in allen seinen Ehen Schwierigkeiten mit sich. Er schien sich nach einer Partnerin zu sehen, die ihn bedingungslos anhimmelte und ihm zujubelte wie seine Fans es taten. Zugleich aber mußte er bemerken, daß die künstlerische Anerkennung, nach der er sich so sehnte, ausblieb.

Libanon

Im November 1977 flog Dean Reed auf Einladung der PLO in den Südlibanon, um Arafat zu besuchen. Die Fedajin statteten ihn mit Maschinenpistole und Handgranaten aus. Für einige Tage spielte er Gitarre im Kampfgebiet und gab sich als überzeugter Revolutionär. Unter dem Titel »Der Feddajin mit der Gitarre« erinnerte sich Dean Reed in der »Neuen Berliner Illustrierten« (Nr. 42, 1978) persönlich an seinen Aufenthalt. Der Bericht hat frappierende Ähnlichkeit mit dem Text, den er etwas früher für die Stasi geschrieben hatte: »Wir sitzen in einem alten Steinhaus, das zu einem Bunker umgebaut worden ist. Hier befindet sich das Hauptquartier der militärischen Einheiten der PLO in Südlibanon. Es ist Abend geworden. Wir trinken stark gesüßten Tee, ›Palästina-Whisky‹, wie meine Freunde von der Befreiungsbewegung sagen. Immer wenn ein Fedajin eine der kleinen Tassen ausgetrunken hat, sagt er: Benasser! Das heißt: Auf den Sieg! Als mich Kommandeur Bilal, ein in Vietnam und Algerien ausgebildeter Kommandeur, bittet, etwas zu singen, überlege ich nicht lange. Auch diejenigen Feddajin, die Englisch nicht verstehen, kennen die Bedeutung des Liedes. Ich singe: We shall overcome. Wir werden siegen. Der abendliche Frieden ist nicht von Dauer. Während ich singe, wird Artilleriefeuer laut. Die Grenze zu Israel ist nicht weit. Zuerst hören wir die Einschläge östlich von uns, in den Bergen, dann beginnt der Feind auch im Westen, an der Küste zum Mittelmeer, zu schießen. Das Funkgerät zwitschert. Einer der Feddajin spricht in schnellem, gutturalem Arabisch irgendwelche Befehle. Dann ist wieder Stille. ›Sing weiter, Bruder Dean‹, sagt Bilal.«

Dean Reed traf erneut mit Arafat zusammen, der ihn für einen Film über die Kinder im libanesischen Kampfgebiet gewinnen konnte. Reed war begeistert und begann sofort an einem Drehbuch über das Dorf Tell Zaatar zu arbeiten, das er im Frühjahr 1978 einreichte. Aber das Projekt *Tell Zaatar* kam nie zustande. Auf Weisung von Defa-Generaldirektor Dieter Mäde und dem Politbüro wurde der Film abgelehnt. Dean Reed produzierte jedoch zwei Songs für den Film, »He Biladi« und »O Jerusalem«, die von der PLO-Delegation bei den XI. Weltfestspielen in Havanna als Single verschenkt wurden.

Der Regisseur

Im September 1977 nahm Dean Reed im Prager Supraphon-Studio die ersten Songs für seine nächste LP »My Song For You« auf. Die Aufnahmen dauerten bis Februar 1978. Am 22. Dezember 1978 feierte er im Berliner Filmtheater »Kosmos« die Premiere von *El Cantor*, seinem wohl ambitioniertesten Film. Für die fiktionalisierte Geschichte seines ermordeten Freundes Victor Jara war Dean Reed zum ersten Mal auch als Regisseur verantwortlich. Er nutzte seine Popularität und Beziehungen in Chile für einen bemerkenswerten Spielfilm mit Gastauftritten alter Oppositioneller. Es spielten sich u. a. selbst: Clodomiro Almeyda, Exekutivsekretär der Unidad Popular, Hernán del Canto, Mitglied des ZK der Chilenischen Sozialistischen Partei, Alejandro Rojas, ehemaliger Präsident der chilenischen Studentenvereinigung, und die Sängerin Isabel Parra. International wurde *El Cantor* auch von den Kritikern Tribut gezollt: »Ein ungewöhnlich intelligenter Film, der gerade deswegen starke Emotionen auslöste, und das ist nur wenigen Filmemachern bekannt: daß Intelligenz Emotionen weckt, Emotionen aber nicht die Intelligenz«, befand der Berliner »Tagesspiegel«. Lediglich in den USA war der Import des Films mit einem Bannstrahl belegt und kursierte nur in einem kleinem Kreise von Filmschaffenden. Reed hatte den Film zwar persönlich in Los Angeles vorgeführt, aber es war offensichtlich, daß er in Hollywood damit an der falschen Adresse war.

1978 sang Dean Reed auch beim sowjetischen Komsomolkongreß, beim Treffen der Jugend in der DDR sowie in Hradec Králové (Tschechoslowakei), beim Pressefest der SED-Zeitung »Neues Deutschland«, zum »Tag der Solidarität« im Palast der Republik, beim Tag der antiimperialistischen Solidarität und auf der XXI. Internationalen Leipziger Dokumentarfilmwoche in Leipzig. Dean Reed war auf dem Höhepunkt seiner Karriere angelangt.

Der politische Gefangene

Im August 1978 sollte Dean Reed bei den XI. Weltfestspielen der Jugend in Kuba auftreten. Am 15. März 1978 hatte Major Karraß von der Hauptabteilung XX/7/III der Staatssicherheit bereits an Oberst Dietel von der Hauptabteilung II geschrieben. Der Brief ist unter der Nummer 000250 in Reeds Stasiakte abgelegt worden. Die HA XX/7/III forderte »Auskunftsberichte über Personen, die zu den Weltfestspielen zum Einsatz kommen und für die HA II erfaßt sind.« Karraß fragte sich, »ob im Interesse der Geheimhaltung wichtiger operativer Materialien bzw. IM diese gegenüber der HA XX zu konspirieren sind bzw. ob eine operative Nutzung durch andere Diensteinheiten während ihres Einsatzes in Kuba nicht angebracht ist«.

Oberstleutnant Heckerodt von der Hauptabteilung II/3 antwortete am 29. März 1978. »Reed wurde von der HA II/3 aufgeklärt, um seine Eignung für eine inoffizielle Zusammenarbeit zu prüfen«, schrieb er in seinem Bericht, der unter der Nummer 000249 in Reeds Stasiakte zu finden ist. »Es wurde festgestellt, daß R. gegenüber dem MfS Vorbehalte hat. Von einer Kontaktaufnahme im Zusammenhang mit den XI. Weltfestspielen 1978 sollte abgesehen werden. [...] Im übrigen liegen über R. keine negativen Hinweise vor. [...] Es wurden keine Anzeichen bekannt, daß er sich mit politisch negativen Kräften unter Künstlern in der DDR solidarisiert. [...] Nach den uns vorliegenden Informationen gibt es keine Gründe, eine

Teilnahme an den XI. Weltfestspielen in Kuba abzulehnen.«

Kaum in Havanna angekommen, sollte Dean Reed die Stasi schon wieder beschäftigen. Er wollte seine Reisepläne ändern und über Mexiko in die USA reisen. Reed suchte den Botschafter der DDR in Kuba auf, der ihn vor einer Reise in die USA warnte. Ein kubanischer Stempel in einem amerikanischen Reisepaß könne nur eine Verhaftung nach sich ziehen, mutmaßte er. Der Auftritt in Kuba mochte auch in Amerika neues Interesse am verlorenen Sohn aus Colorado geweckt haben, und bei der Stasi schien man besorgt um Dean Reed. »Auf Grund des sehr eigensinnigen Charakters des Reed gelang es bis zum 11. August 1978 noch nicht, ihn umzustimmen«, hieß es in der Information 754/78 der Hauptabteilung XX. Am 11. August 1978 erreichte Oberst Kienberg von der HA II/608 in Ost-Berlin ein Telegramm von Oberst Damm aus Havanna, welches unter der Nummer 000009 in Reeds Stasiakte archiviert ist. Darin hieß es: »Argumentation Reed operativ interessant, bei König erfragen. Dean noch nicht entschieden wohin er reist.«

Vom 11. bis zum 14. August verhandelte Dean Reed in Havanna weiter mit dem Sekretär des Zentralrates der FDJ, Hartmut König. Reed rechnete mit einer Festnahme in den USA und arbeitete schon im voraus an seinem Notfallplan. »Reed hat in Havanna darüber mit dem Genossen König gesprochen, damit bei seiner eventuellen Festnahme durch amerikanische Behörden durch die FDJ eine weltweite Solidaritätskampagne zu seiner Befreiung in Gang gesetzt werde«, hieß es in der Information 754/78. Dean Reed schien auf eigene Faust zu handeln, aber die Stasi fand seinen Plan »operativ interessant« und bereitete schon mal die »weltweite Solidaritätskampagne« vor. Die Hauptabteilung XX hatte die Informationen über Reeds Reisepläne mit dem Prädikat »Streng geheim« versehen.

Bei keiner seiner anderen Reisen schien oberste Geheimhaltung notwendig. Doch diese Art von Vorbereitung hatte natürlich geheim zu bleiben oder sie war zum scheitern verurteilt.

Am 29. Oktober 1978 tauchte Dean Reed überraschend bei einer der seltenen US-Vorführungen von *El Cantor* in Minnesota auf. Er hatte zuvor bereits vereinzelt Einladungen von liberalen Colleges bekommen, den Film zu präsentieren. Bei einer Demonstration in Minneapolis wurde er mit 19 anderen Menschen in Haft genommen. Ein paar örtliche Farmer hatten gegen neue Hochspannungsmasten demonstriert, und Reed nutzte die Situation für sich. Statt 1000 Dollar Kaution zu zahlen, begann er mit einem Hungerstreik und organisierte eine breite Protestwelle. Reed rief bei Erich Honecker an und bat offiziell um Solidarität. Der im vorhinein verfaßte Plan einer »weltweiten Solidaritätskampagne« schien aufzugehen.

Niemand ahnte, daß man einen Prominenten hinter Gitter gebracht hatte. Zur großen Überraschung der Amerikaner rückte das Wright Country Jail in Buffalo schnell in den Mittelpunkt der weltweiten Berichterstattung. Körbe von Telegrammen und Briefen aus aller Welt trafen ein. Prominente wie Joan Baez oder Pete Seeger protestierten in der Öffentlichkeit, und internationale Nachrichtenagenturen schickten ein Heer von Beobachtern zur Hauptverhandlung.

»Zahlreiche Solidaritäts- und Grußschreiben aus allen Teilen der DDR brachten auch am Wochenende die Verbundenheit der Bevölkerung der Republik mit dem Sänger und Schauspieler Dean Reed und seinen Kampfgefährten zum Ausdruck«, meldete die Nachrichtenagentur ADN in Ost-Berlin am 6. November 1978. »Der in Buffalo (USA-Staat Minnesota) Eingekerkerte übermittelte in einem Telegramm dem Volk der DDR und dem Generalsekretär des Zentralkomitees der SED, Erich Honecker, Grüße der

Kampfverbundenheit. Er teilte mit, daß er und weitere Bürger der USA wegen der Verteidigung der Menschenrechte widerrechtlich gefangengehalten werden.« Egon Krenz schrieb dem Gefangenen im Auftrag des Zentralrates der Freien Deutschen Jugend ein Telegramm, das in der »BZ am Abend« vom 6. November 1978 abgedruckt wurde: »Der Willkürakt der amerikanischen Behörden gegen Eure friedliche Demonstration in Buffalo zeigt einmal mehr das wahre, menschenfeindliche Gesicht des Imperialismus und entlarvt sein Gerede von der Freiheit und den Menschenrechten als das, was es ist: Als pure Heuchelei [...]. Wir sind zu jeder Zeit an Deiner Seite. Freundschaft.«

Auch die FDJ wurde nun aktiv. »Die unrechtmäßigen Verhaftungen nach einem Meeting gegen die Ausbeuterpolitik der Agrarmonopole werfen ein bezeichnendes Licht auf die Klassenjustiz in den Vereinigten Staaten, die sich angeblich für die persönliche Freiheit und Menschenrechte in der Welt einsetzen«, schreiben die FDJler des Singeklubs »Con Passione« aus Suhl in der »Jungen Welt« vom 7. November 1978.

Die Zeitung zitierte weiter aus Protestschreiben der Schüler der Paul-Robeson-Oberschule Leipzig, der FDJ-Grundorganisation des Ernst-Moritz-Arndt-Regiments und der Mitglieder des Ensembles »Solidarität« der Karl-Marx-Universität Leipzig, der Offiziersschüler in der Berufsausbildung im VEB WEMA Plauen, der 3. FDJ-Gruppe der Grundorganisation »Conrad Blenkle« Basdorf bei Berlin und der FDJler der Klasse 8c der Pestalozzi-Oberschule in Weimar. Die Medien der DDR berichteten täglich, und an den Schulen ließ man die Kinder Protestbriefe schreiben. Dean Reed bekam die Protestaktion, die er sich im Falle seiner Verhaftung in den USA zuvor von der Stasi gewünscht hatte.

Das »People Magazine« berichtete in der Nr. 11 von

1978, Mitgefangene hätten sich beschwert, Reed habe im Gefängnis jeden Morgen laut »Oh, What A Beautiful Morning« gesungen. Die Häftlinge, die mit Dean Reed die Zelle teilten, waren besonders genervt. Zudem fühlten sie sich von diesem sonderbaren Sänger für einen Plan instrumentalisiert, in den man sie nicht eingeweiht hatte. Dem »People Magazine« sagte Dean Reed zu dem Vorwurf, er würde sich »antiamerikanisch« verhalten: »Meine Feinde mögen so was sagen, aber ich denke, ich bin der gute Amerikaner. Ich bin der einzige, der wirklich an die revolutionären Traditionen unseres Landes glaubt.«

Die Aufregung um Dean Reed wurde auch im Weißen Haus bemerkt. Präsident Carter wollte einen Skandal vermeiden. Zwar hatte niemand eine genaue Ahnung, wer dieser Kerl war, aber wenn China, die Sowjetunion und Kuba mit ihren Medienapparaten anrückten, mußte man schleunigst handeln. »Überraschend teilte der präsidierende Richter, Harold Dahl, mit, daß der Vertreter der Anklagebehörde, Bezirksstaatsanwalt William McPhail, aufgrund öffentlicher Proteste von der Verhandlung suspendiert werden mußte«, berichtete die »Junge Welt« am 9. November 1978. McPhail hatte wiederholt verleumderische Bemerkungen über die Angeklagten in die Öffentlichkeit lanciert.

Die Verhandlung wurde zu einem Medienspektakel. Die Beschuldigten ignorierten die Anklage wegen Betretens fremden Eigentums und betrachteten sich als politische Gefangene. Die »Junge Welt« berichtete am 11. November 1978 ausführlich vom Schauplatz: »Sein ›großes Interesse‹ an einer exemplarischen Verhandlung im Prozeß gegen Dean Reed und 19 weitere Menschenrechtsdemonstranten verdeutlichte der Vertreter der Anklagebehörde, Staatsanwalt Thomas Price, am Donnerstag in seiner Anklageeröffnung. An die Geschworenen gewandt, die über Schuld oder Unschuld der Angeklagten zu entscheiden haben, sprach er nachdrücklich von der ›Schwere dieses Falles‹ und behauptete, daß es sich um einen ausgesprochen ›kriminellen Prozeß‹ handle. [...] Die Anklagevertretung ließ in der Beweisaufnahme 18 Sheriffs und Hilfssheriffs als Zeugen der Anklage aufmarschieren. Sie schilderten, daß fünf Sherifftrupps, mehrere Polizeiautos, ein Gefangenentransportwagen und eine spezielle Einheit, die die erkennungsdienstliche Behandlung von Arrestierten vornimmt, bereits Stunden vor Beginn der ordnungsgemäß angemeldeten und genehmigten Bürgerrechts-Demonstration Aufstellung genommen hatten. Die Demonstranten, die auf einer öffentlichen Straße entlangzogen, hätten gesungen, Transparente getragen und sich friedlich und gewaltlos verhalten. Dean Reed habe ein Schild mit der Aufschrift getragen: ›Alle Macht dem Volke‹. Auf Befragen des Verteidigers mußten die Polizeizeugen bestätigen, daß es von seiten der Demonstranten keinerlei Akte von Gewalt oder Anzettelung von aufrührerischen Handlungen gegeben habe. Der Prozeß wird am Montag fortgesetzt.«

Am 13. November meldete die »Junge Welt«: »Wie Rechtsanwalt Kenneth Tilsen erklärte, will die Verteidigung besonders die Verfassungsmäßigkeit der friedlichen, angemeldeten und genehmigten Demonstration betonen. Die Anklagebehörde hatte versucht, die Protestaktion für die Menschenrechte existenzbedrohter Farmer in den rein kriminellen Akt eines Verstoßes gegen Besitz und Eigentumsschranken umzufälschen.« Am 15. November hielt Dean Reed, bereits vom Hungerstreik gezeichnet, eine pathetische Rede, die er in seiner Autobiographie abdruckte:

»Euer Ehren, Mitglieder der Jury. Mein Name ist Dean Reed. Ich bin geboren und aufgewachsen in Colorado. Ich bin ein amerikanischer Bürger. Ich habe in Kalifornien gelebt, in Argentinien, in Chile, in Peru, in Mexiko, in

Italien, und gegenwärtig wohne ich in der Deutschen Demokratischen Republik. Manche Leute versuchen daraus zu schließen, ich sei ein Außenseiter. Doch bin ich ein Internationalist, denn ich glaube, daß es eine einzige große menschliche Familie gibt. Wie könnte ich ein Außenseiter sein? Genau wie Sie esse ich – zumindest unter normalen Bedingungen –, wie könnte ich gegenüber dem Schicksal unserer Farmer gleichgültig sein, die unsere Nahrung produzieren? Alle Menschen dieser Welt, die essen wollen und die wünschen, daß die Millionen Menschen, die gegenwärtig Hunger leiden, Nahrung bekommen, müssen an den Problemen der Farmer unseres Landes Anteil nehmen. [...]

Ich bin des widerrechtlichen Betretens fremden Grund und Bodens angeklagt worden, aber ich erkläre hiermit, daß ich diese Anklage nicht anerkenne. Ich brauche mich nicht zu verteidigen, sondern ich klage die großen Energiekonzerne an, die mit der Errichtung von neuen Hochspannungsleitungen Profit machen wollen. Sie sind es, die gegen jedes Recht gehandelt haben. Sie sind es nicht nur deshalb, weil sie sich widerrechtlich das Land der Farmer von Minnesota angeeignet haben, sondern weil sie auch deren Menschenrechte mit Füßen getreten haben. Nachdem ich am 29. Oktober auf einer friedlichen Protestkundgebung gesungen habe, trug ich ein Plakat mit der Aufschrift ›Die Macht dem Volke‹ einer Kette von Polizisten entgegen, und während ich weitersang, wurde ich verhaftet. Ziviler Ungehorsam ist eine ehrenwerte amerikanische Tradition des Kampfes gegen Ungerechtigkeit, wenn alle anderen Mittel versagt haben. [...] Das Recht der großen amerikanischen Energiekonzerne, Profit zu machen, bedroht die Menschenrechte der Farmer. Einer der Farmer erzählte mir kurz vor meiner Verhaftung vom Schicksal eines seiner Nachbarn, der achtzig Jahre alt ist. Die Leute des Energiekonzerns sind zu diesem Mann gekommen und haben ihm gesagt, wenn er ihnen nicht das Land verkaufe, würden sie es beschlagnahmen lassen und ihm wegnehmen. So eingeschüchtert, verkaufte er sein Land und verlor mit einem Schlag alles, was er sich achtzig Jahre lang bewahrt hatte: Lebenskraft, Lebenssinn, Lebensunterhalt, Lebensfreude – und Liebe. Euer Ehren, Mitglieder der Jury. Von Südamerika bis Europa blicken heute Millionen von Menschen auf Sie und darauf, wie Sie entscheiden werden, ob Sie sich zugunsten der großen Unternehmen und ihrer Profite entscheiden oder zugunsten der Menschenrechte der Farmer und der anderen Bürger Ihres Staates und unseres ganzen Landes.«

Dieser geballten Ladung Rhetorik war man in Minnesota offenbar nicht gewachsen. Carter griff persönlich in das laufende Verfahren ein. Es gab Getuschel mit Staatsanwalt Thomas Price und Richter Harold Dahl, bevor man überraschend die Anklagen zurückzog und die Inhaftierten auf freien Fuß setzte. »Dean Reed ist freigekämpft«, jubelte die »Junge Welt« am 15. November 1978.

Das Urteil von Buffalo gilt bis heute als Präzedenzfall. Es wurde immer wieder von Anwälten herangezogen, wenn Bürgerrechtler in den USA bei der Wahrnehmung ihrer Bürgerrechte mit dem Gesetz in Konflikt gerieten. Dean Reed flog zurück in die DDR und verbreitete die Nachricht von seinem Sieg. Als er auf dem Flughafen Berlin-Schönefeld landete, wurde er begierig von der Presse erwartet, wie sich Gojko Mitic in seinem Interview für deanreed.de erinnert: »Ich hörte damals im Auto zufällig DT 64, dieses Jugendradio in der DDR. Ich hörte eine Sendung, ein Direktinterview mit Dean Reed aus dem USA-Gefängnis. Und die Schulen forderten dann alle Freiheit für Dean Reed. Das wurde dann zu so einer künstlichen Kampagne aufgebaut. Und ich dachte: Mensch Kinder, was macht ihr denn, ihr tut keinem einen Gefallen.

[…] Es war immer egal, in welcher Notlage er war, Reporter waren da, und sie haben berichtet.«

Dean Reed hatte seine Aktion in Minnesota vorher genau geplant. Ein Bericht aus dem »Neuen Deutschland« vom 15. November 1978 stellte dazu deutlich heraus, daß die Entlassung aus dem Gefängnis zusätzlich mit einer Forderung nach der Freilassung des Indianers Russell Means und aller politischen Gefangenen in den USA verbunden war. Es ging also nicht nur um ein paar Strommasten. Means war einer der wichtigsten Kämpfer für die Rechte der Indianer, und 1978 hatte man ihn und seinen Stamm fast schon vergessen. »Russell Means wird vom Bundesstaat South Dakota als politische Geisel gegen den Stamm der Oglala Sioux benutzt«, hieß in einem gemeinsamen Protestschreiben aller Freigesprochenen in Minnesota. »Es handelt sich ganz klar um einen Versuch der USA-Behörden, komplette Kontrolle über die Ländereien, Rohstoffe und Bewohner der Reservation zu erreichen.« William Janklow, der Gouverneur von South Dakota, wollte die Indianer erpressen, und Means, der zu vier Jahren Haft verurteilt war, nur auf Bewährung entlassen, wenn der Stamm dafür jeglichen Anspruch an ihre Reservationen in South Dakota abtreten würde. Die Geschichte der Oglala Sioux ließ Dean Reed nicht mehr los. Auch der Song »Wounded Knee '73« von 1979 zeigte, daß er sich mit dem Thema beschäftigte.

Die Verhaftung war eine Lappalie, die erst durch Dean Reed selbst zur großen Sache wurde. Er ließ sich mutwillig verhaften, um sich und seine Mithäftlinge zu politischen Gefangenen zu stilisieren. Seine Rede schien er gut vorbereitet zu haben. Dean Reed nutzte den Prozeß für sich als politische Plattform und forderte am Ende die Freilassung aller politischen Gefangenen in den USA. Die Aktion war gut geplant und verlief erfolgreich, aber er machte sich die Regierung der USA durch diese Aktion endgültig zum Gegner. Das »People Magazine« vermutete in der Ausgabe vom 16. Februar 1978, »der Kreml habe Reed eingesetzt, um auf Carters Kritik am Umgang mit sowjetischen Dissidenten zu reagieren.« Der Kreml war zwar nicht direkt beteiligt gewesen, aber völlig falsch war die Vermutung nicht. Da die Stasi Reeds Mission in Minnesota zuvor als »operativ interessant« eingestuft hatte, liegt die Vermutung nahe, daß sich Dean Reed als unschuldiges Opfer der US-Justiz seine Rolle schon im voraus zurechtgelegt hatte. Er hatte die Operation jedoch selbst geplant und war weder von der Stasi, noch dem KGB darum gebeten worden.

Mit dieser gewaltigen Kampagne in den Medien der DDR begann der Stern von Dean Reed im Osten zu sinken. Die Realität der politischen Gefangenen, die lange Jahre in den Gefängnissen der DDR zubrachten, war etwas anderes, als nur ein paar Tage abzusitzen. Dean Reed entfernte sich immer weiter von der Realität seiner Wahlheimat, wo sich die Konflikte zuspitzten.

Poor lonesome Cowboy

Das Jahr 1979 wurde für Dean Reed vom Tourleben geprägt. Am 11. Januar 1979 berichtete das »Neue Deutschland«: »Dean Reed, der in der DDR lebende amerikanische Sänger und Bürgerrechtskämpfer, weilt gegenwärtig auf Einladung des sowjetischen Komitees zum Schutze des Friedens in Moskau. Er wird offizielle Gespräche (...) führen und Gast bei zahlreichen Veranstaltungen sein.« Zwei Tage später verkündete das »Neue Deutschland« den Ausgang der Gespräche: »Zu einer Konzertreise durch Sibirien, unter anderem an die Abschnitte der BAM, wurde Dean Reed während eines Treffens mit dem 1. Sekretär des ZK des Komsomol, Boris Pastuchow, ein-

geladen. Dabei wurde auch vereinbart, einen Dokumentarfilm über Sibirien zu drehen, wie es der Amerikaner und Bürgerrechtskämpfer erleben wird. Dean Reed wurde auch vom Vorsitzenden des sowjetischen Komponistenverbandes, Tichon Chrennikow, empfangen. Allen seinen Gastgebern dankte er für die aktive Solidarität im Kampf um seine Befreiung aus dem Gefängnis von Minnesota.«
Drei Wochen gastierte Reed entlang der sibirischen Baikal-Amur-Magistrale. Die Zeitschrift »FF dabei« schrieb in der Nr. 41 von 1979: »Als er bei uns in der Redaktion war, stand Dean noch ganz unter dem Eindruck seiner Konzertreise an die BAM, zu den jungen Bauarbeitern in entfernte Siedlungen entlang des Schienenstrangs in Sibirien. ›Für mich sind sie Helden‹, sagte er. ›Sie besitzen Kraft und Kühnheit, ohne das Empfinden für Güte und Romantik verloren zu haben. Ich habe ihnen mit den Konzerten meine Solidarität entgegengebracht, so wie ich ihre spürte, als ich im Gefängnis in den USA saß. Sie applaudierten mir für meine Lieder, ich applaudierte ihnen für ihre großartigen Leistungen.‹«
Am 5. Februar sang Dean Reed »We Shall Overcome« mit den Teilnehmern einer Gedenkveranstaltung zu Ehren Martin Luther Kings bei der Außerordentlichen Tagung des Weltfriedensrates in Berlin. In Budapest spielte er vor 70 000 Zuschauern im Nép-Stadion. In der DDR gab er 58 Konzerte, und im August tourte er erneut durch die Sowjetunion, wo er als einziger Amerikaner und erster Ausländer den Preis des Komsomol für Kunst und Literatur erhielt. Dies war im sozialistischen Sinne gleichbedeutend mit einem Oscar für die spektakuläre Unterhaltung, die er den Genossen gewissermaßen mit seinem Lebensfilm geboten hatte. Das »Neue Deutschland« zitierte am 6. November 1979 aus einem Glückwunschschreiben des Komitees der sowjetischen Jugendorganisationen: »Deine gesellschaftlichen Aktivitäten als Mitglied

des Weltfriedensrates, als aktiver Kämpfer für Frieden und Demokratie haben die Achtung der Sowjetjugend und der progressiven Jugend der ganzen Welt gewonnen. Mögen Deine schöpferische Energie, Dein Talent und Deine Begeisterung auch künftig dem Kampf der Menschen unseres Planeten gewidmet sein.« In einem kurzen Interview für die gleiche Ausgabe äußerte sich Reed auch persönlich zu dieser Auszeichnung: »Diese Würdigung erhält für mich in diesen Tagen, da die ganze Welt von den sowjetischen Abrüstungsvorschlägen spricht, eine besondere Bedeutung. Sie kommt aus einem Land, das den Völkern der Erde mit seiner neuerlichen Friedensinitiative so viel Hoffnung für die Zukunft gegeben hat, und sie ist ein Beispiel dafür, daß die Probleme der Menschheit statt mit Gewalt nur mit gutem Willen zu lösen sind. Kann es eine ehrenvollere Auszeichnung geben als die, von der Jugend dieses Landes als zuverlässiger Kampfgefährte betrachtet zu werden? Manchem mag Politik kompliziert und schwer überschaubar scheinen. In den Fragen der Abrüstung aber liegen die Dinge für jeden klar auf der Hand: Abrüstung dient dem Menschen, Aufrüstung seiner Vernichtung. Wenn weniger gerüstet würde, könnte man den Hunger besiegen, könnten überall in der Welt Schulen gebaut werden.«

Ende des Jahres gab Dean Reed zusammen mit Stefan Diestelmann und Achim Mentzel zwölf weitere Konzerte in der Tschechoslowakei. In der zweiten Ausgabe seiner TV-Show »Der Mann aus Colorado« brachte er seinen alten Freund Phil Everly auf die Mattscheiben der DDR, und mit »Dean Reed singt Rock 'n' Roll, Country & Romantic« erschien 1980 eine neue Sammlung von alten Songs, die der Star bereits seit Jahren in seinem Live-Repertoire hatte. Darunter finden sich viele Klassiker, die vom Prager Orchester unter der Leitung von Vladimír Popelka in Grund und Boden gedudelt wurden.

Kurt Demmler hatte mit »Gute Freunde« einen deutschen Text für Kevin Johnsons »Rock 'n' Roll Gave You The Best Years Of My Life« geschrieben, und das Arrangement dazu war gnadenloser Schlager. Zusammen mit Kati Kovács wagte sich Dean Reed überdies an Chuck Berrys »Sweet Little Sixteen« und im Alleingang an ein Medley aus »Be-Bop-A-Lula«, »Heartbreak Hotel«, »Rock Around The Clock«, »Blue Suede Shoes«, »Let's Twist Again« und »Tutti Frutti«, sechs Songs, die auch im neuen Jahrtausend noch die Massen zum Toben brachten.

Der Rezensent der Zeitschrift »Melodie und Rhythmus« (Nr. 4, 1979) befand zu dieser Platte: »Ich glaube nicht, daß vorwiegend rhythmisch betonte Titel so sehr ›sein‹ sind. Bei dem im Konzert vorgestellten Rock 'n' Roll-Medley fehlte mir ein wenig die nötige Lässigkeit.« Man schrieb das Jahr 1980, Punkrock war schon wieder Geschichte, Dean Reed wurde 42 Jahre alt, und er trug immer noch einen Cowboyhut. Für ihn schien sich nichts geändert zu haben. Dabei entstammte er derselben Generation wie Gene Vincent, Chuck Berry, Elvis Presley, Carl Perkins und all die anderen, die mit zügellosem Temperament dem Rock 'n' Roll zum Durchbruch verholfen und der Emanzipation der Jugend Vorschub geleistet hatten. Die frühen Rock 'n' Roller machten Schluß mit gewerkschaftlich organisierten Studiomusikern und dem immer gleichen Schmus von Frank Sinatra und Pat Boone. Dean Reed brachte diese Form von genormten Schnulzen wieder zurück, als wäre er gerade einer Zeitmaschine entstiegen. In der sozialistisch gemäßigten Variante von Hits wie »Tutti Frutti« oder »Heartbreak Hotel« fehlte alles, was Rock 'n' Roll so unwiderstehlich sexy gemacht hatte. Wo Chuck Berry und Little Richard hemmungslos in die Saiten griffen, spielten die Orchestermusiker präzise jede Note nach, als hinge ihr Leben davon ab.

Reeds Einfälle waren nicht originell. Die Eigenkompoitionen »Fighting and Fussing«, »Rock 'n' Roll«, »Sensible« und »Wounded Knee in 73« gerieten zu langweiligen Standards. »Sensible« fiel mit einem merkwürdig technoiden Percussion-Teil aus dem Rahmen, und vor allem das mit Hundegebell und Trompeten unterlegte »Fighting and Fussing« warf die Frage auf, was sich der Künstler dabei wohl gedacht haben mochte. Dean Reed war kein Schauspieler, er war ein Selbstdarsteller. Er war auch kein Sänger, sondern ein Interpret.

1980 legte sich Dean Reed mit František Hrabal, dem Prager Chef der Agentur Pragomusic, an. Bis 1980 hatte man seine Gage in der Tschechoslowakei zur Hälfte in Dollars bezahlt. Nun mußte er sich jedoch mit tschechischen Kronen begnügen. Reed war außer sich. Reggie Nadelson beschrieb in ihrem Buch, Reed habe dem Kulturminister der Tschechoslowakei einen Brief geschrieben, in dem er Hrabal als »Pinochet der tschechischen Kultur«, »Monster«, »Schwein« und »Idioten« bezeichnete. Für den Rest seiner Karriere war man deshalb in der Tschechoslowakei nicht mehr sonderlich interessiert an seinen Shows. Filmemacher Will Roberts interpretierte die Episode jedoch anders. In einer Nachricht vom 26. September 2003 schrieb er im Internet-Forum randomwalks.com: »Soweit es um seine Aktivitäten im Ostblock geht, kämpfte er dafür, ›den Sozialismus zu einem besseren Sozialismus zu machen‹. Diese Kämpfe wurden von der Presse natürlich verschwiegen. Sonst hätte es in Moskau Schlagzeilen gegeben wie: ›Dean Reed droht Absage von Tour durch die UdSSR, wenn man ihn bei Konzerten nicht »My Yiddishe Momma« singen läßt.‹ Oder in Prag hätte man gelesen: ›Dean Reed enthüllt Schmiergelder in der Musikszene. Tschechische Musiker sollen bezahlen, um reisen zu dürfen.‹ Er hat diesen Kampf verloren und durfte in der Tschechoslowakei drei Jahre lang nicht auftreten.«

Michael Prostejovsky, ehemaliger Produzent bei Supraphon Records, sagte der Zeitung »Prague Pill« am 14. Januar 2003: »Er haßte die korrupte Art und Weise der Behandlung von ausländischen Musikern durch die Funktionäre von Pragoconcert. Er schreib Briefe an Präsident Husák. Danach ging es mit seiner Karriere bergab und seine nächste Platte war ein Flop.« Erst viele Jahre später kehrte Dean Reed wieder nach Prag für ein Konzert zurück und trat dort vor 4000 Leuten auf. Er nahm weiter bei Supraphon auf, aber nach der wüsten Attacke auf Hrabal war der Amerikaner in Ungnade gefallen. Kommerziell hatte er sich damit keinen Gefallen getan. Die Tschechen gehörten vorher neben dem sowjetischen Publikum zu seinen größten Fans und er konnte in der Tschechoslowakei nie wieder seinen alten Status erreichen. In der DDR drohte er trotzdem, er würde nur noch exklusiv bei Supraphon aufnehmen, wenn er sich von der Amiga ungerecht behandelt fühlte.

Als Märchenonkel für Kinder war Dean Reed allerdings immer gern gesehen. In der Zeitung der Pionierorganisation »Ernst Thälmann« »Die Trommel« (Nr. 11, 1979), schrieb die Schülerin Grit H. aus Reeds Wohnort Schmöckwitz: »Herzlich willkommen war Dean Reed in der 15. Oberschule bei der Klasse 7a. Er erzählte den Pionieren über seine Reise nach Havanna und auch andere Episoden aus seinem Leben. Beeindruckt waren alle Zuhörer, als er ihnen berichtete, wie er vor einigen Monaten in den USA ins Gefängnis eingesperrt und vor Gericht gezerrt wurde. Alle Lieder, die Dean Reed für uns gesungen hat, gefielen uns sehr. Er signierte Schallplatten. Sie werden Ende März an der Peter-Lamberz-Oberschule versteigert. Der Erlös wird für Vietnam gespendet. Dean Reed fand diese Idee so gut, daß er gleich 50 Mark dazu gab.«

Im März 1981 spielte Dean Reed gemeinsam mit den Evergreen Juniors zehn Konzerte im Moskauer Estradentheater und präsentierte musikalisch die Cowboyklamotte *Sing, Cowboy, sing*, die abermals in allen sozialistischen Ländern ein riesiger Erfolg wurde. Dean Reed blieb beim Cowboykino. Mit *Kit & Co.* hatte er bereits seinen Einfluß geltend gemacht, um immerhin ansatzweise eine Westernkomödie zu drehen, die eine gewisse Massentauglichkeit aufwies. Wenn der Western auch langsam ausstarb, war das Genre in der Komödienversion immer noch halbwegs erfolgreich. *Sing, Cowboy, sing* erzählt die Geschichte von Joe und Beny, zwei glücklosen Herumtreibern, die mit ihrer Cowboyshow durch den Wilden Westen tourten. Ihre Kunststücke sind nicht immer gefragt, und so gerät das Duo in allerlei komische Situationen. Da wird mit Schlangen oder Schweinen im Schlamm gerungen, und auch wenn die Kugeln fliegen, fällt irgendwem immer noch ein lockerer Spruch ein. Jenseits der oberflächlichen Gags verweist der Film ironisch auf die Jahrmarktvergangenheit der ersten Westernhelden. Dean Reed machte sich über sich selbst lustig, und die Defa produzierte ihren ersten Film, der ausschließlich unterhaltsam gemeint war und gänzlich ohne Politik auskam. Erneut schrieb Reed das Drehbuch, führte Regie und spielte die Hauptrolle. Ihm zur Seite stand Václav Neckář, ein enger Freund von Dean Reed. Der tschechische Sänger und Schauspieler war in seiner Heimat ein Star. Reed hatte ihn erstmals 1975 in Prag besucht und später so lange interveniert, bis dessen Berufsverbot in der Tschechoslowakei aufgehoben wurde.

In einem Interview für die »Berliner Zeitung« vom 13. Juni 1981 ging Dean Reed näher auf *Sing, Cowboy, sing* ein: »Ich war der Meinung, einen solchen Film könnte ich besser machen als jemand, der sich in dieser Thematik und Lebensweise nicht so direkt auskennt. Ich habe diese Art von Filmen bereits in Italien gemacht, und ich habe auch als Cowboy gelebt. Die Geschichte des Papa Joe ist auch ein bißchen meine Geschichte, ebenso wie – in einer ganz anderen Art – die Geschichte El Cantors mit meiner verknüpft ist. Aus diesen Gründen habe ich die dreifache Funktion übernommen. Die Idee hatte ich schon lange. Ich wollte einen Film drehen, der die Leute unterhält, bei dem sie ihre Probleme eineinhalb Stunden vergessen und in einer Traumwelt leben. Ja, eine Filmwelt kann und muß auch eine Traumwelt sein, was ein humanistisches Anliegen nicht ausschließt.«

In seiner Autobiographie äußerte er sich noch detaillierter zu seiner kreativen Vision: »Wenn die Leute einen Film lang lachen, dann macht es sie froher und vielleicht auch ein bischen besser. Ich bin der Meinung, Film ist eine Massenkunst, und die Kinos müssen voll sein. Die größte Wahrheit auf der Leinwand ist sinnlos, wenn das Kino leer ist. Und weiterhin meine ich, Film ist ein emotionelles Erlebnis, kein intellektuelles. Die Zuschauer sollten lachen oder weinen, lieben oder hassen. Auf jeden Fall sollen sie zunächst etwas fühlen, und danach werden sie – hoffentlich – darüber nachdenken.«

Die führende US-Filmzeitschrift »Variety« verglich seine Darbietung in einer Randnotiz der Juniausgabe von 1982 mit der von Gene Autry, einem ehemaligen Radiostar, der den singenden Cowboy als feste Figur etabliert hatte und 1953 seinen letzten Film drehte, um exklusiv zum Fernsehen zu wechseln. Der Vergleich war nicht unbedingt schmeichelhaft gemeint, aber man befand trotzdem, der Film sei »zum Totlachen«. *Sing, Cowboy, sing* hatte allein in der DDR mehr als eine Million Zuschauer, aber die Kritiker fielen einhellig über den Film her. Die »Berliner Zeitung« fand, daß man die richtige »Tagesform, Stimmungslage« und »natürlich Veranlagung« mitbringen müsse, um den Film lustig zu finden. »Warum der Wettlauf auf dieser US-Spezialstrecke des heiteren Handwerks«, fragte sich die »Wochenpost«. Die »Tribüne« fand den Film »nicht klamottig« genug, weil man sich nicht

»zwischen Ulk und ernster Wildwest-Story« habe entscheiden können. Lediglich der Rezensent der »Nationalzeitung« lobte die »kräftigen Charakteransätze« und verteidigte den Film mit dem Argument, er sei eben »nichts für stirnzerfurchte Sinndeuter«. Im Interview mit der Zeitschrift »Rolling Stock« (Nr. 11, 1986) sagte Reed: »Ich hatte einige Probleme mit *Sing, Cowboy, sing*. Sie nannten mich einen Friedenskämpfer und mochten es, wenn ich Victor Jara spielte oder einen Film über Indianer machte. Es war aber sehr schwer, die Partei zu überzeugen, daß diese Komödie nicht den Prinzipien widerspricht, an die wir glauben. Viele Kritiker meinten, ich würde meiner sozialen Verantwortung nicht nachkommen. Sie glaubten nicht, daß es auch hart arbeitende Cowboys gab, die ihr Leben lang nie einen Indianer getötet haben. Sie glaubten nicht an die Cowboyversion der Westerngeschichte. Die Indianer hatten im Kino die guten Jungs zu sein, und wir wollten, daß sie gewannen.«

Der »Berliner Zeitung« sagte Dean Reed am 13. Juni 1981: »Mein Prinzip ist, alles auszuprobieren. Für mich gibt es folgende Alternativen zu leben: Ein Mensch kann auf einer breiten, geraden Straße gehen, die gut beleuchtet ist und wenig Schlaglöcher aufweist. Er wird nicht stolpern, er wird nicht viel weinen, aber er wird auch wenig lachen. Oder der Mensch nimmt seinen Weg durch eine kleine Straße, auf der er durch tiefe Löcher stolpert, auf die Nase fällt und sich die Knie zerschlägt. Aber er steht wieder auf und geht weiter. Und ich meine, ein Künstler muß durch diese kleine Straße gehen, sonst kann sein Werk keine Emotionalität besitzen und vermitteln. Und all jene Leute, die Angst vor dem Abenteuer haben, etwas neu zu probieren, muß er mitführen.«

»Country«, die nächste LP von Dean Reed, konnte nur noch als Stillstand bezeichnet werden. Unter der Leitung von Jiří Svoboda und seinem Orchester wurde eine Platte eingespielt, die sich mit Symphonie-Unterstützung an poppigem Country versuchte. Der simple LP-Titel »Country« verhieß, daß Dean Reed sich endgültig für eine Schublade entschieden hatte. Man hatte ihn bereits als »Johnny Cash of Communism« bezeichnet, und das alte Genre Country & Western erwies sich im Osten zudem immer noch als solide Geldquelle mit nicht zuviel Konkurrenz auf dem Markt. Dean Reed hatte erkannt, daß er in der Rockmusik mit fortschreitendem Alter von jüngeren Interpreten ausgestochen wurde. Mit Country konnte er sich im Osten dagegen behaupten. 1981 hatte er mit »Susan« auf Platz 25 seinen einzigen Eintrag in den Single-Jahrescharts der DDR. Er mußte merken, daß er niemals selbst einen internationalen Hit hatte, den die Leute immer wieder hören wollten. »Er coverte berühmte Songs wie ›Eloise‹, ›Blue Suede Shoes‹ oder ›My Way‹, um den schnellen Erfolg zu haben«, sagt Wiebke Reed, die geahnt hatte, daß sein Publikum die ewigen Evergreens irgendwann leid sein würde.

Für die LP »Es gibt eine Liebe, die bleibt« von 1984 ließ sich Reed von der Lyrikerin Gisela Steineckert, von 1979 bis 1990 Vorsitzende des Arbeitskreises Chanson/Liedermacher beim Komitee für Unterhaltungskunst der DDR, deutsche Texte schreiben. Arndt Bause komponierte dazu die entsprechenden Songs. Steineckert glaubte nicht an ihre Zusammenarbeit mit Dean Reed, den sie trotzdem sehr schätzte. Ihre Texte schienen ihr einfach nicht passend für den Amerikaner, der sich mit dieser LP als Schlagerstar neu etablieren wollte. Die Veröffentlichung der Platte war im Vorfeld umstritten gewesen, und Reed hatte gedroht, exklusiv zu Supraphon nach Prag zu wechseln. Gisela Steineckert besuchte René Büttner von Amiga und bat ihn, die Platte intern zu blockieren. Andere Musiker vertröstete man ja auch mit dem Hinweis auf einen akuten Erdölmangel in der DDR. In ihrem Buch »Das Schöne an den Männern« erinnert sich Steineckert an Büttners Antwort: »Wenn ich die Platte verhindere, bin ich weg vom Fenster. Wenn sie erscheint, dann er. Nun rate mal, was ich mache.« Die LP erschien und lag wie Blei in den Regalen. »Wenn ich meine Abrechnungen recht verstehe, dann ist sie vielleicht ein halbes Dutzend Mal verkauft worden«, schreibt Steineckert.

Neue Angebote jenseits offizieller Auftritte im Namen der Partei ließen inzwischen immer länger auf sich warten. Man empfand Dean Reed vor allem als Anpasser und Salon-Bolschewiken. Jeder seiner symbolischen Proteste hätte in der DDR mit einem längeren Gefängnisaufenthalt geendet, und viele Menschen, die nicht seine Reisefreiheit genießen durften, empfanden die permanente Zurschaustellung seiner Heldentaten auf Dauer unerträglich. 1982 ging Reed erneut in der Sowjetunion auf Tour, wo man ihn weiterhin feierte. Er drehte im Laufe des Jahres in Bagdad einen Beitrag fürs irakische Fernsehen und traf in Erfurt mit Babrak Karmal zusammen, dem damaligen »Generalsekretär des Zentralkomitees der Demokratischen Volkspartei Afghanistans und Vorsitzenden des Revolutionsrates der Demokratischen Republik Afghanistan«.

Vom 25. bis zum 30. August produzierte das Fernsehen der DDR die Personalityshow *Sing, Dean, sing* im Großen Saal des Palastes der Republik. Diesem besonderen Ereignis in den heiligen Hallen der DDR wurde eine Rezension von Anja Braatz gerecht, die mit »Dean Reed und seine Gäste lassen singend bitten« überschrieben war: »Wir beginnen die international seit langem praktizierte Personality-Show (zu Deutsch weniger wohlklingend Persönlichkeitsschau) für unsere Unterhaltungsszene zu entdecken. Testballon Nr. 1 stieg mit Jürgen Walter, seinen Gästen und dem Programm ›Vor dem Wind sein‹ mit vielen neuen Liedern. Testballon Nr. 2 steigt zur Zeit vor ausverkauftem Hause mit Dean Reed, Dagmar Frederic, Josef Laufer

(Tschechoslowakei), Phil Everly (USA), Marion Scharf und Elke Martens. Hier nun vor allem Evergreens – Beatles-Titel, Countrysongs, Rock-'n'-Roll-Medleys ...

Vom Konzept her scheint es aufzugehen, wenn ein so populärer Interpret wie Dean Reed dem Publikum vertraute und liebgewordene Melodien antragen will, auf eigene Weise natürlich. Und wenn er dazu immer wieder einmal sein ›jüngstes Kind‹, den viel kritisierten und doch so publikumswirksamen DEFA-Western ›Sing, Cowboy, sing‹ ins Spiel bringt, so hat das durchaus seine Berechtigung. Dean Reed kommt auch mit dem schönen Filmschlager ›Susan‹ und schlägt mittels der bunten, turbulenten Bilder von der Leinwand die Brücke zu seinen singenden Gästen. Elke Martens, Dean Reeds Filmmitstreiterin, stellt sich mit Eigenem (›Trampen‹ und ›Warum erfahr ich's von ihr‹) vor. Da ist noch die Angst vor dem großen Saal, der großen Bühne spürbar, aber ganz unverkennbar auch ein hoffnungsvolles Talent. Mit Charme und Souveränität offeriert Dagmar Frederic ihren Tango und Charleston und läßt ihren Goldenen Orpheus (›Wer beginnt‹ und ›Bunte Wagen‹) glänzen. [...] Dazwischen immer wieder Dean Reed, plaudernd, mal solo (zum Beispiel mit einem Berlinlied), mal mit den Gästen gemeinsam singend. Am überzeugendsten gelingen ihm die langsamen, leiseren Lieder. Eine Personality-Show steht und fällt mit ihrer Mittelpunktfigur und lebt von und mit den starken Partnern. Buch (Heinz Quermann) und Regie (Frieder Kranz) hätten Dean Reed akzentreicher ins Licht rücken, mehr auf der Bühne in Bewegung und in Szene setzen sollen, auch unter Einbeziehung von Dekoration, Licht, Requisite. Die gestaffelte Statik – Orchester auf dem Podest, Bühne mit allein oder gruppiert agierenden Interpreten, Zuschauerreihen – hätte einer lebendigen Auflösung bedurft. Der Palast der Republik verspricht für die Zukunft weitere Personality-Shows. Man kann gespannt sein, denn es steht uns gut zu Gesicht, in großem Rahmen das Beste aus unseren eigenen Reihen zu zeigen.«

Im Namen der Gerechtigkeit

Am 22. September 1981, seinem 43. Geburtstag, hatte Dean Reed Renate Blume im Standesamt Berlin-Köpenick geheiratet. Ungefähr ein Jahr nach der Hochzeit schenkte er sich und seiner dritten Frau eine Grabstätte zum Beweis, daß er mit ihr nun bis an sein Lebensende und darüber hinaus zusammenbleiben wollte.

Maria Moese erinnert sich an dieses seltsame Geschenk und die Reaktion Renate Blumes: »Ob es nun eine Liebeserklärung ist, am ersten Hochzeitstag einen Friedhofsplatz geschenkt zu bekommen, das fand sie dann auch ein bißchen makaber, und sie hat mir erzählt: ›dann bin ich zwei Tage später auf den Friedhof und hab die Stelle erst mal mit Unkraut-Ex bestreut, weil ich nicht alle 14 Tage auf den Friedhof gehen wollte und eine Grabstätte pflegen, die ich noch lange nicht belegen möchte, und auch von Deans Seite her noch nicht belegt haben möchte.‹«

Drei Wochen nach der Hochzeit reiste Dean Reed nach Beirut. Bereits im Frühjahr 1981 war er mit Renate Blume und deren Sohn aus erster Ehe in den Südlibanon gereist und hatte zusammen mit Arafat für ein Foto posiert. Arafat scheint Dean Reed wirklich gemocht zu haben. In Will Roberts Dokumentarfilm *American Rebel* singt Reed »Ghost Riders In The Sky«, während maskierte PLO-Kämpfer sich mit ihren Gewehren im Takt wiegen und Arafat mit den Fingern den Rhythmus auf seinem Schreibtisch trommelt.

Dean Reed hatte inzwischen die offizielle Politik der DDR übernommen, die Israel nie anerkannt und das Wettern gegen den Zionismus nie aufgeben hatte. Er stand voll und ganz hinter dem Kampf der Palästinenser, war aber kein Anti-Semit. »Kein Marxist kann Antisemit sein«, fand Dean Reed, der das Lied »Yiddishe Momme« fest in sein Repertoire integriert hatte und es auch Arafat vorsang, um zwischen den israelisch-palästinensischen Fronten zu vermitteln. In der Öffentlichkeit posierte er öfter mit festgezurrtem Helm und voller Propagandamontur. Im Interview mit dem Berliner Rundfunk vom 7. Oktober 1982 hieß es: »Das letzte Mal war ich im November letztes Jahr bei der PLO. Wir haben zusammen gelebt, jeden Tag, jede Nacht. Ich kenne die Familien. Inzwischen sind einige der Leute, die ich kannte, tot. Mein bester Freund ist ein Autor von Kinderbüchern. Seine Frau wurde umgebracht. Ich weiß nicht, was inzwischen mit ihm passiert ist. Viel mehr Leute werden sterben, Kinder und Frauen. Sie haben nichts getan. Ihr einziges Ziel ist, in ihrem Heimatland zu leben, in Frieden mit allen Leuten, mit Christen, mit jüdischen Leuten. Aber Zionismus ist genau wie Faschismus. Wie die UNO schon gesagt hat, Zionismus ist Rassismus. Es ist eine aggressive Politik, eine expansionistische Politik gegen alle Nachbarländer dort in Nahost. Es ist eine richtige Gefahr, der Weltkrieg. Jeden Tag denke ich an meine Freunde in Beirut. Und ich hoffe, daß sie es irgendwie durchleben werden.«

In einem längeren Aufsatz für die Zeitung »Neues Deutschland« vom 15. Juni 1982 durfte Dean Reed sich schon in der Überschrift über »Zionisten im Dienste der imperialistischen Strategen« auslassen. Er schilderte unter anderem das Schicksal seines Freundes, des Dichters Taufik, der acht Jahre in Haft verbracht hatte, weil er für palästinensische Kinder dichtete: »Alle mit dem gleichen Schicksal zerstörten Lebens und unsagbarer Leiden, die ihnen und ihrem Volk die rassistische, aggressive Politik des Zionismus gebracht hat. Diese Politik und Ideologie bringen heute wieder Tausenden Menschen in Libanon

Tod, Leiden und Zerstörung. Sie richten sich nicht nur gegen die Palästinenser und die fortschrittlichen Libanesen, sondern im Grunde genommen gegen das israelische Volk selbst. Es ist eine Politik und Ideologie, die der amerikanische Imperialismus für seine Strategie benutzt, die progressiven Kräfte im Nahen Osten zu schlagen und sich diese bedeutsame Region zu unterwerfen. Es darf keinen geben, der das nicht versteht! Keinen, der das nur einen Moment vergißt!«

Obgleich seine Sympathie und sein Engagement für die Sache der Palästinenser sicher ehrlich gemeint war, irritiert auch hier die große Pose. Die Unterstützung der PLO gegen die israelischen Angriffe war in der DDR offizielle Parteilinie, die dazu geführt hatte, daß auch führende Mitglieder des ZK nicht öffentlich bekennen mochten, daß sie Juden waren. In einem Interview für die Erfurter Zeitung »Das Volk« vom 26. Mai 1982 unterstrich Reed gegenüber der neu aufkommenden Friedensbewegung in Ost und West, daß er außerdem durchaus dafür war, daß man Frieden auch mit Waffen schaffen könne: »Nach einem dritten Weltkrieg werden keine Blumen mehr blühen. Damit es gar nicht erst soweit kommt, muß man jetzt mehr tun, als nur fragen, wo die Blumen geblieben sind. Was wir im Moment durchleben, ist die gefährlichste Phase für den Weltfrieden seit dem zweiten Weltkrieg. Und ich sehe die Ursache dafür in der Politik, die gegenwärtig von der Regierung meines Vaterlandes, von der Reagan-Administration, betrieben wird. Ich kenne mein Land. Wäre der Sozialismus nicht verteidigungsbereit, der US-Imperialismus hätte ihn längst ›eingekauft‹. Darum kann man den jetzigen Zustand nicht nur registrieren. Jeder vernünftige Mensch muß einsehen, daß man für den Frieden kämpfen muß – auch mit Waffen.«

Mochten ihn manche Strategen dafür im nachhinein als Kenner militärischer Planspiele hinstellen, so wurde er als

Friedensaktivist immer unglaubwürdiger. Am 25. Oktober trat Dean Reed beim Festival »Künstler für den Frieden« in Ost-Berlin auf. Die vierstündige Veranstaltung wurde im Fernsehen live übertragen, und neben Dean Reed traten u. a. auch Udo Lindenberg und Harry Belafonte auf. Für Lindenberg war es der erste Auftritt in der DDR. Der Hamburger Rocker hatte Erich Honecker mit seinem Song »Sonderzug nach Pankow« persönlich angesprochen und dem Staatsratsvorsitzenden eine Lederjacke geschickt. Wenig andere Sänger bemühten sich so intensiv um einen Auftritt im Osten. Udo Lindenberg gehörte zudem zu den Prominenten, die sich im Westen glaubhaft für die internationale Friedensbewegung engagierten. Honecker mochte sich auch nicht länger von einem Rockstar in den Hitparaden als »sturer, alter Schrat« bezeichnen lassen. Man genehmigte dem notorischen Querulanten Lindenberg also auch gleich noch eine zweiwöchige Tour durch die DDR. Der Auftritt des Panikrockers bei »Künstler für den Frieden« geriet eher unspektakulär. Udo Lindenberg, damals noch ohne den obligatorischen Hut und die Sonnenbrille, hielt sich aber nicht ganz an das offizielle Protokoll. Er kritisierte die Aufrüstungsmentalität auf beiden Seiten des Eisernen Vorhangs, aber die Aufregung hielt sich in Grenzen. Der Auftritt von Harry Belafonte leitete das Finale der Veranstaltung ein. Alle Künstler sangen mit Belafonte als Chorleiter »We Shall Overcome«. Udo Lindenberg spielte dazu Schlagzeug und hielt sich im Hintergrund. Am Ende umarmte er Belafonte, zu dem er bis heute ein sehr gutes Verhältnis hat. Auch Dean Reed wollte Belafonte an sein Herz drücken, aber dieser schien ihn im Gedrängel einfach zu übersehen. Reed stand eingereiht mit einem Mädchenchor der FDJ am Bühnenrand. Sein Auftritt war artig beklatscht worden, aber den großen Applaus hatten andere bekommen. Neben dem schwitzenden Udo

Lindenberg in schwarzem Leder und dem politisch engagierten Superstar Harry Belafonte war seine hülsenhafte Selbstinszenierung verblaßt.

Rückkehr nach Chile

Am 15. August 1983 kehrte Dean Reed nach Chile zurück, das sich mitten im Aufstand gegen den Diktator Pinochet befand. Zuvor hatte er sich mit dem Journalisten Will Roberts, der an einem Dokumentarfilm über ihn arbeitete, in Moskau aufgehalten. Der Trip nach Chile war gefährlich. 27 Menschen waren seit dem 11. August bei Straßenschlachten getötet worden, Hunderte waren schwer verletzt und Tausende verhaftet worden. 18 000 Polizisten, Soldaten und Folterknechte erstickten jeden Versuch einer Demonstration im Keim. Dean Reed trat auf einer verbotenen Kundgebung von Bergarbeitern in Rancagua auf und am nächsten Tag vor 2000 Studenten der Universität von Santiago de Chile, wo er »Venceremos« spielte, die seit zehn Jahren von Pinochet verbotene Hymne der »Unidad Popular«. Seine Familie und seine Freunde in Ost-Berlin waren besorgt um ihn, aber der singende Rebell ließ sich nicht aufhalten. Er begab sich wieder an die vorderste Front und forderte erneut internationale Solidarität mit den kämpfenden Chilenen, die für jede Unterstützung dankbar waren.

Der »Jungen Welt« sagte Dean Reed am 26. August 1983: »Arbeiter der Kupfermine ›El Teniente‹ hatten mich zuerst eingeladen zu einem Solidaritätskonzert für 800 ihrer Kollegen, die wegen eines Streiks entlassen worden waren. Als ›Eintritt‹ mußte jeder ein Kilogramm Lebensmittel mitbringen, die den arbeitslosen Mineros zugute kamen. Trotz eines Massenaufgebotes an Polizei haben die Mineros in das verbotene Lied der Unidad Popular

›Venceremos‹ miteingestimmt. Auch beim Auftritt an der Universität von Santiago war es ein bewegendes Erlebnis, wie die 2000 Studenten vor den Augen der aufmarschierten Polizei mitsangen und ihre Fäuste erhoben. 18000 Soldaten hatte das Regime am 11. August allein in Santiago eingesetzt, aber sie konnten das Volk nicht zum Schweigen bringen. Alles, was ich erlebt habe, zeigt: Die Leute haben keine Angst mehr, immer mehr sind bereit, auf die Straße zu gehen, zu kämpfen.«

In einem Interview für die Wiener »Volksstimme«, das in Dean Reeds Autobiographie abgedruckt ist, berichtete Dean Reed von den Ereignissen in Chile: »Meine Freunde waren sehr besorgt um mich, und zwischen meinen Auftritten, bei denen mich immer wieder viele Menschen vor der Polizei abschirmten, bin ich stets in irgendwelchen Wohnungen versteckt worden. Dort habe ich auch immer übernachtet, und nicht in den Hotels, wo man mich hätte leicht bespitzeln können. Ich wollte unbedingt bis Sonntag, das war der 21. August, durchhalten; denn für diesen Tag hatte mich Santiagos Erzbischof Enrique Silva, ein entschiedener Gegner Pinochets, eingeladen, in einer großen Kirche in Santiago zu singen. Das aber war dem Diktator offenbar zuviel. Am Freitag umstellten etwa 60 Polizisten das Haus, in dem ich mich aufhielt, und nahmen mich fest. Ich sollte dann ein Revers unterschreiben, demzufolge ich das Land für immer zu verlassen hätte. Doch die zwei Worte *für immer* paßten mir nicht, und da ich wußte, daß man mich ohnehin abschieben würde, unterschrieb ich nicht.«

Dean Reed war kein Flanell-Revolutionär und kein Sozialdemokrat. Im Gegensatz zu den Hippies von der Friedensbewegung und den marxistischen Kaffeekränzchen an westlichen Universitäten lief er nicht weg, wenn es darauf ankam. Er hatte zwar volle Rückendeckung in der DDR, aber er begab sich mit dieser Reise in Gefahr wie kein anderer Popstar vor ihm, wenn er auch seinen internationalen Einfluß und das Medienecho im Ostblock überschätzte. Sein Weg als politischer Akteur war ihm wichtiger als eine neue Platte. Mochte man auch argumentieren, daß sich sein Image aus dieser Art von Aktivismus speiste, gab es auch im neuen Jahrtausend kaum einen politisch motivierten Musiker, der mit dieser Art von internationalem Engagement seine Grenzen suchte.

Im Osten litt Reed an dem Dilemma, keinen Adressaten für seinen Protest zu haben, denn dort war die »Diktatur der Arbeiterklasse« ja zu einer, wenn auch verzerrten, Wirklichkeit geworden. So konnte er mit seinen Aktionen, die an der Wirklichkeit der DDR vorbeigingen, sich nur in zunehmendem Maße lächerlich machen. Seine Bühne und sein Denken blieben international, seine Feindbilder hatten anderswo Gültigkeit, und das bewahrheitete sich nun, als er in Chile Partei ergriff.

Der Ausflug nach Chile endete mit einer Intervention der amerikanischen Botschaft, die Dean Reed freibekam. Zwar sah man Reeds antiamerikanische Umtriebe mit Argwohn, aber er war immer noch ein amerikanischer Staatsbürger. Gerüchte besagten auch, daß er seinen Rückflug mit der American-Express-Karte von Paton Price bezahlt hatte. Wieder scheint ein entscheidendes Stück der Geschichte zu fehlen. Man schob Reed nach Peru ab, und am 27. August wurde ihm in Berlin-Schönefeld ein großer Empfang bereitet. »Dean Reed würdigte die solidarische Unterstützung der DDR, der Sowjetunion und aller anderen fortschrittlichen Kräfte für das chilenische Volk«, befand das »Neue Deutschland« am 29. August. Wieder schrieb man ihm übermenschliche Retterqualitäten zu.

Will Roberts hatte Dean Reed nach Chile begleitet und dessen Auftritt an der Universität von Santiago für seinen Dokumentarfilm *American Rebel* auf Zelluloid gebannt. Es war ein müder Dean Reed, der da auf der Bühne stand und »Venceremos« singen wollte. Er hatte das Stück Salvador Allende gewidmet, und die Zuschauer riefen immer wieder den Namen ihres toten Präsidenten. Reed wirkte ungeduldig und schien zu warten, daß im Saal endlich Ruhe einkehrte, aber die Menge war mit sich selbst beschäftigt. Für einen Moment stand er im Rampenlicht, ohne wirklich im Mittelpunkt zu sein. Er wirkte vergessen und verloren. Unruhig wartete seine rechte Hand über den Saiten der Gitarre. Dean Reed hätte den Song einfach beginnen können, aber er brauchte die volle Aufmerksamkeit des Publikums. Für einen kurzen Moment wirkte er angespannt, sein Lächeln wich einer Mischung aus Angst, Frust und Langeweile – einer der seltenen Momente in denen der Mensch Dean Reed hervortrat, und er sah alles andere als glücklich aus.

Im Mai 1984 reiste Dean Reed als Mitglied des Weltfriedensrates zum »Internationalen Gewerkschaftstreffen für den Frieden der Welt« nach Nicaragua und unterstützte dort den Wahlkampf des Sandinisten Daniel Ortega. Auch hier wurde er von Will Roberts begleitet, der für *American Rebel* beeindruckende Nachtaufnahmen filmte, die Dean Reed mit der Gitarre am Lagerfeuer zeigten. Reed hielt vor der amerikanischen Botschaft eine Rede gegen die Nicaragua-feindliche Politik Ronald Reagans, der das sandinistische Nicaragua für ein zweites Kuba hielt, und sang einen Song gegen den Präsidenten, den er für die Übergriffe der Contras verantwortlich machte. In seiner Rede, die in Dean Reeds Autobiographie dokumentiert ist, wurde er in seiner Kritik an der US-Politik in Nicaragua noch deutlicher: »Sie haben eine Armee, die Unschuldige umbringt, die Menschen in Ketten schlägt. Sie haben Augen, aber Sie können die Wirklichkeit nicht sehen. Wenn Sie einen Nicaraguaner töten lassen, werden vier neue seinen Platz einnehmen, wenn Sie vier töten, werden hundert mehr für den Sieg kämpfen.«

In den folgenden Tagen sang er in Krankenhäusern, in einem Instandsetzungswerk für von Contra-Banditen zerstörte Fahrzeuge und bei der zentralen Maifeier in Chinandega. »Zwei Flugzeuge aus Honduras befanden sich auf dem Anflug, ein Überfall der Contras war nicht auszuschließen«, sagte Dean Reed dem »Neuen Deutschland« am 12. Mai 1984. »So machten wir aus der Kundgebung kurzerhand eine Demonstration durch die Straßen, um nicht mehr ein solch gutes Ziel abzugeben. Besonders im Grenzgebiet zu Honduras gehen Männer, Frauen und auch Halbwüchsige nur bewaffnet auf die Straße, denn mit einem Angriff muß immer gerechnet werden. Als ich mit dem Regierungskoordinator Daniel Ortega zusammentraf, sprach er von etwa 11 000 Mann, die an den Grenzen zu Honduras und Costa Rica sowie auch mitten im Land operieren. Es sind Profis, Killer, die für Geld morden. Dank der USA-Unterstützung sind sie sehr gut ausgerüstet.«

Im Anschluß reiste er nach Jalapa an der Grenze zu Honduras, einer Region, die von den Sandinisten kontrolliert wurde, aber ständig mit Überfällen der Contras rechnen mußte. Ein ideales Szenario für eine weitere Lagerfeuer-Szene mit edlen Revoluzzern. Wer das »Neue Deutschland« las, mußte sich inzwischen an die Buffalo-Bill-Ästhetik der Dean-Reed-Fortsetzungsserie gewöhnt haben. Am 12. Mai 1984 war zu lesen: »Es waren alles einfache Menschen, viele Frauen, junge und ältere Bauern, mit wettergegerbten Gesichtern, und Jugendliche, oft fast noch Kinder. Wohlangemerkt, keine regulären Soldaten, Miliz, freiwillig zu den Waffen geeilte Menschen. Im Licht der Scheinwerfer von vier aufgefahrenen Jeeps sang Reed Melodien der Freiheit und Solidarität. Lieder des freien Amerikas, geboren im Kampf gegen Pinochet in Chile, gegen die Diktatur in Uruguay, gegen die Kriege des Imperialismus überall auf dem Subkontinent.«

In einem Interview für die Nr. 22 der »Neuen Berliner Illustrierten« von 1984 sagte er weiter: »Nicht wenige Frauen waren unter den Zuhörern, ältere Bauern mit vom Wetter gegerbten Gesichtern und viele junge Leute, ja fast noch Kinder. Sie sahen mich aus dunklen Indioaugen an und warteten auf meine Lieder. Als sie dann später mitsangen, wurde das für mich zu einer Stunde, die ich nie vergessen werde.«

Im Herbst 1984 wurde Dean Reed in Uruguay, wo er sich auf Einladung des Parteibündnisses »Frente Amplio« aufhielt, abermals verhaftet. Er hatte für die Bewegung mit »No nos moverán« bereits dreizehn Jahre zuvor eine Hymne geschrieben und sang vor der US-Botschaft, bis ihn zwei Herren mit schwarzen Anzügen in ein Auto zerrten, ihm Handschellen anlegten und ins Gesicht schlugen.

Die amerikanische Nachrichtenagentur UPI schrieb dazu in einer Meldung, die in Dean Reeds Autobiographie dokumentiert ist: »Der amerikanische Sänger Dean Reed ist, wie Juan Peyrou, ein Kandidat der Frente Amplio für die Parlamentswahlen, mitteilte, von der Polizei zusammengeschlagen und festgenommen worden. United Press International bestätigte diese Erklärung, die Peyrou gegenüber einer lokalen Radiostation abgegeben hat. [...] Reed, der vergeblich versucht hatte, mit dem Botschafter seines Landes in Uruguay, Thomas Aranda, zu sprechen, wollte heute dem US-Diplomaten einen Brief übergeben, in dem er gegen die Unterstützung ›aller lateinamerikanischen Diktaturen‹ durch sein Land protestierte.« Abermals wurde er kurze Zeit später aus der Haft entlassen und seine Rückkehr in die DDR triumphal inszeniert.

Dean Reed nutzte die Episode in Uruguay als offenes Ende für die 2. Auflage seiner von Hans-Dieter Bräuer aufgezeichneten Autobiographie. Er änderte drei Seiten mit Liebeserklärungen an seine zweite Frau Wiebke und schrieb statt dessen von Renate Blume als der Liebe seines Lebens. Reed beanstandete 1984 auch Texte für die LP »Es gibt eine Liebe, die bleibt« von Gisela Steineckert, die von einer ersten Liebe in seinem Leben handelten. »Er wollte ausschließlich Liebeslieder für seine Frau und solche, als wäre er eben erst geboren«, erinnert sich die Autorin in ihrem Buch »Das Schöne an den Männern«. Der kämpferische Schlagersänger geriet in seiner Autobiographie zur schimmerlosen Lichtgestalt des Arbeiter- und Bauernstaates, der gern Nudeln, Chili und Steaks aß, sich aus Bier und modischer Kleidung nicht viel machte, Mark Twain und Ernest Hemingway zu seinen Lieblingsautoren zählte und morgens fünfzig Liegestütze machte. In der DDR schätzte er vor allem den Oktoberklub und die Puhdys, »vor allem dann, wenn sie klassischen Rock spielen«. Als einzige Extravaganz wurde Reeds Vorliebe für die Motocross-Bahn in Zeuthen angeführt, auf der er regelmäßig mit den örtlichen Rockern seine Runden drehte. Für Nuancen und Zwischentöne, Zweifel oder gar Nachdenklichkeit war in dem Buch kein Platz.

Am 10. Februar 1984 wandte sich Reed schriftlich an die Stasi und fügte seinem Anschreiben einen Brief an James M. Markham, den Bonner Korrespondent der »New York Times«, bei. Reed hatte dem Journalisten auf Wunsch des Außenministeriums der DDR ein Interview gegeben und war mit dem Ergebnis alles andere als einverstanden. »Früher brachte er die Massen an der Universität Moskau zum Kochen«, schrieb Markham in seinem Artikel und sprach von einem Mann, der seine besten Jahre bereits hinter sich hatte. Er erwähnte die vergilbten Zeitungsausschnitte, die Reeds Erfolg in Südamerika belegen sollten, dessen privilegierte Existenz in der DDR und seine Humorlosigkeit. Als Markham ihn nach der Mauer fragte, sagte Reed: »Das ist ein Problem, was ich natürlich nicht verteidigen kann, aber andererseits hat die Polizei vor Dallas mehr von ihren eigenen Leuten erschossen als die der DDR.« Das politische System der USA bezeichnete er abfällig als eine »Wahl zwischen *Coca-Cola* und *Pepsi*«.

Der Artikel, der am 10. Januar 1984 auch in der »International Herald Tribune« erschienen war, war freundlich, aber weit entfernt von der Lobhudelei, die Dean Reed gewohnt war. Er fühlte sich ungerecht behandelt und wandte sich an die Hauptabteilung Presse des Ministeriums für Auswärtige Angelegenheiten, wo man mit der »zuständigen Abteilung des ZK der SED« Rücksprache hielt. In Reeds Stasiakte ist dazu in einer Anlage zur »Grobübersetzung der beiden Briefe und des Artikels« mit der Nummer 000043 zu lesen: »Reed schlägt vor, den Markham nicht wieder in die DDR zu lassen, weil er glaube, er sei [geschwärzt]. Reed fügte dem Brief einen Artikel (Kopie) und eine Kopie des Briefes an Markham bei und bittet [geschwärzt], sich mit ihm zu treffen. Er warte schon mehr als zwei Monate auf ein Zusammentreffen. In dem Brief an James M. Markham setzt sich Reed mit ›Lügen und Verdrehungen der Wahrheit‹ in dem Artikel auseinander. Er zitiert Stellen des Artikels wie ›er singt friedensliebende, antiamerikanische Lieder‹ und bittet darum zu erklären, welches seiner Lieder antiamerikanisch ist. [...] Er schreibt, daß der Markham ›seine Seele der USA-Regierung verkauft habe‹. [...] Viele Aussagen des Artikels sind antikommunistisch bzw. stellen Aussagen von Reed ironisch dar. Reed tritt in vielen Fragen wie Polen, Afghanistan, angeblicher Unterdrückung in der UdSSR, Unfreiheit in den USA im Sinne unserer Politik auf.« Die Hauptabteilung II/13 führte Markham in der Kartei, wollte den Journalisten aber nicht verprellen. Am 30. April 1984 schrieb die HA XX/AKG: »Seine Veröffentlichungen entsprechen zwar dem großbürgerlichen Charakter und den antikommunistischen Grundtendenten der ›New York Times‹, sind jedoch überwiegend sachlich und realistisch. In Abstimmung mit der zuständigen Abteilung des ZK der SED sowie mit dem MfAA gelangte die HA II/13 zu dem Ergebnis, daß dieser Artikel des Markham die Verfügung einer Einreisesperre gegen ihn nicht rechtfertigt.«

Selbst im ZK der SED war man mit dem Artikel einverstanden. Dean Reed hatte die DDR im ihrem Sinne tapfer verteidigt und nebenbei versucht, sein Image in den USA zu verbessern. Der hartgesottene Journalist aus New York hatte seine künstlerische Bedeutung allerdings sofort durchschaut und eher gering eingeschätzt. Markham respektierte Reeds politisches Bemühen um eine bessere Welt und ging verhältnismäßig milde mit ihm um, aber als Image-Werbung für einen Künstler war der Artikel nicht zu gebrauchen. Dean Reed fühlte sich persönlich beleidigt und verlangte Sanktionen gegen Markham. Von einer freien Presse schien er nicht viel zu halten, wenn es um ihn selbst ging. Seine Beschwerde wurde am 27. September 1984 erneut bearbeitet, aber nicht länger ernst genommen. Man empfahl Dean Reed, sich erneut schriftlich an das Außenministerium zu wenden, um über deren Hauptabteilung Presse Markham »auf diese Tatsache aufmerksam zu machen und eine sachliche und objektive Berichterstattung zu verlangen«.

Dean Reeds letzter Film war die japanische Produktion *Uindii* von 1984, eine Liebesgeschichte mit Männern und Motoren. Kei Sugimoto (Hiroyuki Watanabe), Schlagzeuger und ehemaliger Rennfahrer aus Japan, ist nach einem Unfall auf der Avus in Westberlin hängengeblieben. Während der Rennsaison versucht ihn seine Tochter Anna mit der Mechanikerin Sam (Leslie Malton) zu verkuppeln. Interessant waren lediglich die weiteren Namen auf der Besetzungsliste. In einer Liga mit Dean Reed tummelten sich dort Claus-Theo Gärtner, Supersternchen Olivia Pascal und der junge Patrick Steward, der Jahre später das zweite *Raumschiff Enterprise* und die *X-Men* kommandieren sollte. Gedreht wurde auf dem Nürburgring, am Hokkenheimring, in Zandvoort und an anderen Rennstrecken der Formel 1. Der Film wurde trotz des attraktiven Settings zu einer künstlerischen Katastrophe, die niemand sehen mochte. Die Kritik monierte, daß man vor allem das internationale Flair der Rennställe nicht genutzt hatte, die Liebesgeschichte zu flach angelegt war und der Japaner genausogut ein Oberbayer hätte sein können. In Anbetracht der Drittklassigkeit dieser Produktion konnte Reed nichts anderes erwarten als eine paar Devisen, die er noch immer dringend für die Unterhaltszahlungen an seine Tochter Ramona in den USA brauchte.

Anläßlich des 35.Geburtstages des Arbeiter- und Bauernstaates bedankte sich Dean Reed in der Wochenzeitung »Sonntag« vom 16. September 1984 öffentlich für die Gastfreundschaft in der DDR: »Ich habe viel von euch gelernt, zum Beispiel, daß es eine Sache ist, eine Revolution zu machen, aber sehr viel schwerer dann, den Sozialismus Tag für Tag zu bewahren. Das anstrengende Bemühen der täglichen Suche nach der Wahrheit zu verteidigen, ist keine leichte Aufgabe. Aber eine große ist es allemal: Es gibt keine menschliche Alternative zum Sozialismus, so daß wir alle Teilnehmer eines großen geschichtlichen Abenteuers sind! Ihr baut eine bessere und gerechte Gesellschaft. Es ist keine perfekte, es ist eine bessere, denn sie bewegt sich in die richtige Richtung, weil ihr ein gerechtes und humanes Ziel habt. Und nach meiner Meinung ist das die einzige Gesellschaftsordnung, die wirklich einen realen und dauerhaften Weltfrieden auf unserem Planeten bewirken kann. Ich wünsche Euch Mut, Kraft und Ehrlichkeit auf diesem Weg und danke für die Freundschaft und das Wissen, das ich mit euch teilen darf.«

Dean Reed war weiterhin Gast in DDR-Shows wie der »Pfundgrube« mit Gisela May vom 31. März 1985. »Er reist in die entferntesten Länder, wenn es darum geht, sich mit Menschen zu solidarisieren, denen Unrecht geschieht«, kündigte die Moderatorin ihren Gast an. »Dort singt er seine Lieder, genau wie bei uns«, lautete die knappe Überleitung für ihren ersten Gast, der den Saal, in dem die Schlagersendung aufgezeichnet wurde, anwärmen sollte. Man wechselte drei Sätze über den Frieden, erwähnte die neue Platte, und Reed durfte noch ein zweites Lied singen. Die älteren Damen im Publikum waren entzückt. Dean Reed sah immer noch sehr gut aus, und er war auch immer noch ein routinierter Showman, aber sein jungenhafter Enthusiasmus war gedämpft. Er sang inzwischen deutsche Schlager in einer Sendung für Senioren, wo man keinen Platz für lange Vorträge politischer Natur hatte. Dean Reed hatte seine Basis und seinen Status in der Unterhaltungsbranche verloren.

Coming Home

Am 17. Oktober 1985 hatte Will Roberts' Dokumentarfilm *American Rebel* im Tivoli Center in Denver Premiere. Roberts hatte Dean Reed längere Zeit begleitet und ihn vor den Reaktionen auf seine Person in den USA gewarnt. Reed wurde unter Polizeischutz gestellt, nachdem er ein Interview für den lokalen Radiosender KNUS gegeben hatte und erregte Amerikaner ihm bereits mit Mistgabeln nach dem Leben trachteten. Der Radio-Moderator Peter Boyle hatte die Stimmung mit seinem Interview künstlich aufgeheizt und nannte Reed eine Marionette. »Ich kann ein Schwert nehmen und 360 Grad damit um meinen Kopf schlagen, aber ich würde keine Fäden treffen«, konterte Dean Reed. Als er dem Moderator vorwarf, er würde sich anhören wie die Neonazis, die Boyles Freund Alan Berg umgebracht hatten, warf Boyle sein Mikro in die Ecke und den Popstar aus dem Studio, während er ihn als schmutzigen Kommunisten beschimpfte. Reed wurde zusätzlich unter den persönlichen Schutz von Colorados Gouverneur Lamb gestellt, und trotz kleinerer Proteste konnte die Premiere des Dokumentarfilms über Denvers berühmten Sohn rechtzeitig stattfinden. In einer persönlichen Notiz zu »Nobody Knows Me Back In My Hometown«, die in Reggie Nadelsons Buch »Comrade Rockstar« dokumentiert ist, erinnert sich Reeds Freund Johnny Rosenburg: »Als sich Dean 1985 auf sein Kommen nach Denver vorbereitete, um *American Rebel* zu zeigen, hatte er die wildesten Ideen, wie er bei seiner Ankunft begrüßt werden könnte. Der verrückteste Vorschlag war eine Pferdeparade vom Flughafen bis zum Capitol in Denver. Ich sagte ihm immer wieder, daß er solche Ideen verges-sen könne, weil ihn niemand, weder in seiner Heimatstadt noch in den Vereinigten Staaten, kennen würde. Er kämpfte ein bißchen mit dieser Offenbarung und konnte nicht glauben, daß man nicht wenigstens von einigen seiner Erfolge in seinem eigenen Land gehört hätte. Um ihm meine Ansicht verständlich zu machen, schrieb ich ›Nobody Knows Me Back In My Hometown‹ und schickte ihm den Song. Wie sich herausstellte, gefiel ihm der Song. Sogar so gut, daß er in ein Prager Studio ging, ihn aufnahm und ihn in seinen Dokumentarfilm *American Rebel* einarbeitete.«

Der Text handelt von Reeds Rückkehr in die USA. »I've shook the hands of presidents, I've traveled near and far, but deep inside I feel the hurt that sometimes gets me down«, heißt in diesem Song. Am Ende fand der Protagonist aber doch zurück zu seinen Wurzeln im Herzen Amerikas.

Rosenburg bezeichnete *American Rebel* als einen Dokumentarfilm *von* Dean Reed, und der Star hatte sich auch alle Mühe gegeben, seinen Einfluß geltend zu machen, und sich um starke Bilder bemüht, die alle Zweifel an seiner Integrität beseitigen sollten. Die Mühe war nicht umsonst, obwohl es vor allem die unbefangenen und persönlichen Bilder jenseits der Posen mit Gitarre sind, die Roberts' Film außergewöhnlich machen. Daß Reed jedoch mit diesem Film in erster Linie seinem Sendungsbewußtsein nachkam, zeigt eine entlarvende Szene am Schluß, in der er auf dem Sofa mit Renate Blume und ihrem Sohn Alexander sitzt. Die Familie klammert sich wie eine Notgemeinschaft aneinander, und Dean Reed fragt seine Frau, ob sie den amerikanischen Zuschauern etwas zu sagen hätte. Renate Blume stutzt und stammelt etwas davon, daß sich zwei Systeme nur besser verstehen lernen sollten, und umschrieb ihre Ehe metaphorisch als Schlachtfeld des Kalten Krieges.

Nicht nur Roberts' Dokumentarfilm ist ein Indiz dafür, daß Reed sich mit dem Gedanken trug, wieder in die USA zurückzukehren. Doch die Irritation über die Politik der Perestroika, die Gorbatschow seit seinem Regierungsantritt 1984 verfolgte und die schlußendlich zum Fall des Eisernen Vorhangs führen sollte, war sicher nicht der alleinige Grund für diese Gedanken. Reed war im Osten am Ende seiner Karriere angelangt. Er wußte, daß er sich als alternder Cowboy dort nicht mehr lange halten konnte. Dean Reed hatte seinen alten Freund Johnny Rosenburg in den USA zuletzt mehrfach besucht und geäußert, der Sozialismus hätte ihn im Stich gelassen. Rosenburg tröstete ihn und machte ihm Mut. Insgeheim schien Rosenburg von der Verbindung aber auch finanziell profitieren zu wollen und sicherte sich bis 1988 die Rechte an potentiellem US-Merchandising für seinen Jugendfreund – von der bedruckten Tasse bis zum Dean-Reed-Püppchen. Er war strikt konservativ und konnte mit

Reeds Politik wenig anfangen. Johnny Rosenburg war nach gescheiterter Karriere als Popstar wieder zurück in seiner Heimatort Loveland in Colorado gekehrt. Das letzte Lebenszeichen seines ehemaligen Mitbewohners war für ihn eine Weihnachtskarte von 1962 gewesen. Rosenburg hatte ihn bis zum Sommer 1984 vergessen, als er Dean Reed, dem er die Chance seines Lebens bei Capitol Records verdankte, zufällig im Fernsehen sah. Er hatte eine schwere Operation hinter sich und war seit 1981 arbeitslos.

In Colorado traf Dean Reed auch Dixie »Lloyd« Schnebly wieder. Sie hatte Dean Reed schon als Kind angehimmelt und als Teenager mit ihm in einer Eisdiele gearbeitet, aber als Erwachsene waren sie sich nie begegnet. Dixie Schnebly war lange mit einem Mr. Lloyd verheiratet gewesen, der im Ölgeschäft tätig war. Sie hatte Geld, vertrieb sich aber die Zeit als Truckerin. Dixie Schnebly wollte Reed in den USA »groß rausbringen« und begann, an einer neuen Karriere für ihn zu arbeiten. Sie plante eine zünftige Country-Tour und einen Fanclub, aber ihre Bemühungen blieben erfolglos. Dean Reed glaubte dennoch an ihre Manager-Qualitäten und schrieb ihr regelmäßig oder rief sie an. In einem Brief an Dixie Schnebly vom 4. Januar 1985, der im »Rolling Stock« (Nr. 12, 1986) dokumentiert ist, schrieb er: »Im Februar sollte ich in Prag sein, um die LP zu machen, und wenn sie fertig ist, schicke ich dir ein originales Tape ... Ich denke, eine vierseitige Broschüre, zusammen mit Videokopien des ABC TV Segmentes und den 12 neuen Songs, wäre ein Package, was man gebrauchen könnte, um einen Plattenvertrag, eine Tour oder einen Vertrag mit einem Verlag zu bekommen.«

Dean Reed war sich darüber im klaren, daß er sein Bild nach außen verändern mußte, und er entdeckte seinen Patriotismus wieder. Sich wieder zu Amerika zu bekennen schien ihm die beste Strategie, und er hatte bereits genaue

Vorstellungen, wie er sein Image an die Verhältnisse in den USA anpassen konnte. Dixie Schnebly schrieb er in seinem Brief vom 4. Januar 1985: »Es gibt ein großes kommerzielles Loch in den USA. Es gibt Bedarf für einen Sänger, der die Lücke füllen kann, die Pete Seeger hinterlassen hat. [...] Vergiß nicht, man muß sich die Frage stellen, was macht Dean so besonders? Es gibt Tausende von Sängern in Amerika, die jünger sind als ich, besser aussehen und besser singen können als ich ... Ich sollte nie ein kommerzieller Wert für das normale Amerika sein. Ich bin ein politischer Mensch und sollte weiter einer sein. [...] Ein Rebell und Amerikaner zu sein ist nicht negativ. Ein Rebell gegen Ungerechtigkeit, Ausbeutung und Krieg zu sein, kann positiv sein. Das Wort Revolutionär ist auch kein schlimmes Wort. Vor 200 Jahren waren wir stolz darauf, uns so zu nennen. Persönlich bin ich sehr stolz, mein ganzes Leben lang ein amerikanischer Rebell gewesen zu sein und meinen Ruhm, mein Leben und meine Zeit gewidmet habe, um gegen Ungerechtigkeit zu rebellieren, wo auch immer ich sie sah.«

Reed setzte immer größere Hoffnungen in seine Freundin, die sich mit aller Kraft in ihre neue Aufgabe warf. Er schickte ihr Arafats Kopfschmuck, den dieser ihm persönlich vermacht hatte.

In seinem privaten Umfeld in der DDR fand man die Pläne für das große US-Comeback eher lächerlich. »Die Sache mit Dixie, dieser Truckerin aus Colorado – ich weiß nicht, was ihn in den letzten Monaten dazu veranlaßt hatte«, winkt Wiebke Reed ab. »Er kam im Frühjahr 1986 oft vorbei, um mit mir und Freunden über seine Rückkehr in die USA zu sprechen.« Er verstieg sich in Hirngespinste wie die Gründung einer sozialdemokratischen Partei in den USA und wurde von Dixie Schnebly immer wieder bestärkt. Er schenkte seiner Managerin Schmuck und flirtete mit ihr, was zu einer Krise seiner Ehe mit Renate

Blume führte, die sich vernachlässigt fühlte. Sie verstand ihren Mann nicht mehr, der sich immer an die Hoffnung auf ein Comeback in den USA klammerte. Dean Reed schlug Dixie Schnebly vor, sie solle Renate Blume schreiben, um die Situation zu klären. Nach einem kurzen Briefwechsel versicherten sich beide Frauen gegenseitige Freundschaft, lernten sich aber niemals kennen. Reed hatte Schnebly jeden Freitag aus West-Berlin angerufen, wo er ein Konto bei der Berliner Bank hatte. Gelegentlich tarnte er sich im Westen mit Schnurrbart und Brille und firmierte dann als der Filmproduzent Manfred Durniok *(Mephisto, Oberst Redl)* aus West-Berlin, der zu seinem Freundeskreis zählte. Niemand kennt den Grund für diese Maskerade oder kann sich einen Reim darauf machen. Durniok, der am 7. März 2003 an den Folgen eines Herzinfarktes verstoben ist, war der einzige Produzent aus dem Westen, der mit der Defa arbeiten durfte. Er war an der Produktion von *Aus dem Leben eines Taugenichts* beteiligt gewesen und nahm unter seiner Privatadresse gelegentlich Post für Dean Reed entgegen. Zumindest verschickte Reed seine Briefe an Dixie Schnebly aus dem Westen und benutzte mitunter Durnioks Adresse als Absender. Schnebly hatte die Anrufe von Dean Reed aufgezeichnet und Reggie Nadelson vorgespielt, die einen Teil davon in ihrem Buch »Comrade Rockstar« dokumentierte. Bei seinem letzten Anruf aus dem Westen wirkte Dean Reed panisch und angespannt. »Ich habe Angst«, sagte er. »Ich kenne meinen Status nicht mehr.«

Dean Reed blieb seinem romantisierenden Eskapismus treu und fühlte sich weiter für alles zuständig. »Eigentlich liebte er nur sich selbst«, sagt Wiebke Reed. »Er hat niemandem getraut, auch keinem Manager – deshalb hatte er auch nie einer Partei angehört oder je mit einem Management gearbeitet.« Private Probleme verdrängte er immer mehr und entschuldigte sich meist mit seinem politischen

Auftrag. Wenn es Auseinandersetzungen gab, floh er, der ohnehin rastlos unterwegs war. Für die politischen Krisen der Welt hatte er ein Instrumentarium: die Gitarre und die gerechte Faust. In seinem Privatleben konnte er die nicht anwenden.

Alles schien realer, wenn man ein Publikum hatte. Im Zuge seiner eigenen Erfolglosigkeit steigerte er sich immer mehr in eine maßlose Selbstüberschätzung hinein. »Ich habe in der DDR 50 Prozent Feinde und 50 Prozent Freunde«, sagte Reed öfter. Sein Verhalten bekam zunehmend paranoide Züge. Er spielte weiter sich selbst, aber niemand wollte ihn mehr sehen.

Renate Blumes Sohn Alexander hatte inzwischen den Namen Reed angenommen. Dean Reed wollte ihn zeit seines Lebens adoptieren, aber der leibliche Vater Frank Beyer war dagegen. Reed empfand das als ungerecht. Er hatte sich in Amerika sterilisieren lassen und litt darunter, keines seiner leiblichen Kinder direkt um sich zu haben. Dean Reed bekam Depressionen, die sich seit Ende der Siebziger immer öfter bemerkbar machten. In ihrem Buch »Das Schöne an den Männern« schrieb Gisela Steineckert über ihn: »Er fing an, sich müde zu fühlen, er wehrte sich dagegen, aber er empfand, gegen sein Wesen, auch eine gewisse Resignation. Wenn das geschieht, glaubt einer wie er, er läge am Boden, auf dem er wirkt.« Seine Fassade bekam Risse, und das fortschreitende Alter ließ ihn immer tiefer in seinen depressiven Stimmungen versinken. Er fühlte sich von seinem Publikum nicht mehr genug geliebt und verstand nicht, was sich alles verändert hatte. Mochte er politisch auch an eine neue Öffnung der Sowjetunion glauben, war ihm als Künstler klar, daß man ihn bald immer weniger auf der Bühne sehen wollen würde. Der Berliner Sänger und Komponist Reinhard Lakomy hatte ihn als netten Kumpel in Erinnerung: »Er war ehrlich, uneitel, freundlich zu jedermann. Aber er war auch eine tragische

Figur: Mit geballter Faust auf der Bühne Protestsongs singen in einem Land, das seine eigene Bevölkerung unter Verschluß hält, war anachronistisch, in den Augen der Zuschauer lächerlich. Das war ihm in seinen letzten Lebensjahren wohl bewußt.«

Im August 1985 lud man Reed zu den XII. Weltfestspielen nach Moskau ein, aber die Aufmerksamkeit gehörte längst den Bands, die viele Jahre offiziell nicht existierten. Selbst in den USA standen russische Rockstars für den neuen Zeitgeist, und die Bosse der Musikindustrie bekamen glänzende Augen, wenn sie von den Möglichkeiten der neuen Märkte sprachen. Als man Bruce Springsteen, Joe Cocker, Bob Dylan & Co. in den Osten zu importieren begann, fiel die Nachfrage nach Platten von Dean Reed von einem Tag zum anderen in den Keller.

Zwar waren die Frauen weiterhin verrückt nach dem schlanken Schönling aus Amerika, dessen Schlüssel zum Erfolg sein unverschämt gutes Aussehen gewesen war. Aber er war inzwischen Ende Vierzig, die Haare wurden grauer, und er bekam Falten. Auch seine Stimme war im Laufe der Jahre greller geworden, und seine Mißtöne waren deutlicher zu hören. »So ein ›Gerät‹, könnte man sagen, nutzt sich ja mit der Zeit ab«, hält Willy Moese fest. »Also so eine Art und Weise der Darstellung. Das kann vielleicht ein Jahr gutgehen oder zwei Jahre. Aber wenn es dann über einen längeren Zeitraum geht, und man strahlt nur reinen Optimismus aus, dann ermüdet das sehr schnell. Da haben viele eben gemerkt, daß das ja eigentlich mit ihrem echten Dasein nur wenig zu tun hat. Das brachte die Leute dazu, auf Dean Reed, der ja nun inzwischen ein DDR-Bürger geworden war, nicht mehr mit der Freundlichkeit zu sehen, die sie ihm einige Jahre vorher entgegengebracht haben.«

Reed sprach immer öfter davon, nach Amerika zurückkehren zu wollen. Im Oktober 1987 wollte er in den USA endlich auf Tour gehen, aber Engagements jenseits von Kneipen am Rande eines Highways waren schwer zu bekommen. In den USA galt er als unerwünscht und vor allem »unamerikanisch«, das hatten auch die Reaktionen auf den Dokumentarfilm *American Rebel* in Denver gezeigt. Seine offiziellen Freundschaften mit Ortega und Arafat taten ihr übriges, um ihm einen kommerziellen Erfolg in seiner Heimat zu erschweren. Vor allem wollte ihn aber das amerikanische Publikum nicht hören, denn sein Repertoire war schon lange nicht mehr zeitgemäß. Bei einem aufwendig angekündigten Auftritt in Minnesota erschienen nur sechs Zuschauer, um den Superstar aus dem Ostblock zu sehen.

Reed schien keinen Gedanken an seine Familie in der DDR verschwendet zu haben als er seine Rückkehr in die USA geplant hatte. Als Renate Blume ihn darauf ansprach, was aus ihr und ihrem Sohn werden solle, wenn er in die USA ginge, ließ Reed durchblicken, daß er seine entsprechenden Verbindungen zu nutzen gedachte. »Du kennst deinen Mann noch nicht wirklich«, orakelte er.

»Er lebte teilweise drüben, um seine Enttäuschung mit dem politischen Klima in Amerika zu dramatisieren, und zum Teil aus Karrieregründen«, folgerte das »Time Magazine« im Frühjahr 1986 in einem Artikel, der nur als Fotokopie in Dean Reeds Stasiakte dokumentiert ist. Man hatte in den westlichen Medien immer mal wieder über Dean Reed berichtet, auch wenn es sich dabei um Randnotizen handelte.

»Ich kannte seinen Namen nur aus *Adiós Sabata*«, sagt der New Yorker Schriftsteller Colin Raff, der seit 2003 in Berlin wohnt. »Dann las ich eine kurze Biographie von ihm in einem Fanzine und wußte, daß ich seine Geschichte irgendwo schon mal gelesen hatte. Er war so eine

Figur für die Randspalten der Mainstream-Medien. Ein Amerikaner in Moskau, das reichte ja schon als Geschichte.«

60 Minutes

Am 9. Februar 1986 wurde Dean Reed in seinem Haus in Schmöckwitz von Mike Wallace für die berüchtigte US-Sendung *60 Minutes* von CBS interviewt. In dem fünfzehnminütigen Beitrag mit dem Titel »The Deflector« (der Abweichler) wurde er als fehlgeleiteter Heuchler hingestellt, der nicht lebte, was er predigte.

Ursprünglich sollten parallel auch Victor Grossman und der Schriftsteller Stefan Heym als Amerikaner in der DDR porträtiert werden. Heym, der 1913 als Helmut Flieg in Chemnitz geboren worden war, floh aufgrund seiner jüdischen Herkunft 1933 zunächst in die Tschechoslowakei und später in die USA und kämpfte als Soldat der amerikanischen Armee in Frankreich und Deutschland. 1953 übersiedelte er in die DDR. Beide beteiligten sich jedoch nicht an dem Interview. Heym zeigte kein Interesse und Grossman trat von einer Beteiligung zurück, als er merkte, daß sich die Sendung vor allem auf Reed konzentrierte.

Mike Wallace warf Dean Reed seine privilegierte Existenz in der DDR vor und fragte den Friedensaktivisten, warum er mit einem AK-47 für die PLO posieren würde. Reed konterte nur schwach und verfing sich in Plattitüden. Obwohl er selbst später behauptete, alles wäre »zu 70 Prozent gut gelaufen«, war die Ausstrahlung der Sendung ein unerwarteter Realitätsschock für Dean Reed. Er war den scharfen Ton des Fernsehformates nicht gewohnt, der keine Zeit für große Erklärungen ließ. Sein Plan, ein wenig Reklame für sich zu machen, scheiterte. »Ich könnte beispielsweise Senator von Colorado werden«, verkünlete Reed mit breitem Lächeln. Der aktuelle Senator Gary Hart war gerade drauf und dran, in den Senat gewählt zu werden. Sein Stuhl war somit frei, und Dean Reed schien diesen Plan nicht für abwegig zu halten. Er ignorierte milde lächelnd die hochgezogenen Augenbrauen des Moderators, der ihn verbal immer weiter in die Ecke trieb. Wallace hatte keine Mühe, Dean Reed zu provozieren oder zu unvorsichtigen Äußerungen über Polen und den Krieg der Sowjets in Afghanistan zu bewegen. Reed bezeichnete die Politik von Ronald Reagan als »staatlichen Terrorismus« und verteidigte kompromißlos die Mauer. »Ich setze die Möglichkeiten eines Ronald Reagan mit denen von Stalin gleich«, polterte er am Ende, und sofort nach dem Interview wußte er, daß er einen gewaltigen Fehler begangen hatte.

Nach Ausstrahlung der Sendung landeten beim Sender CBS körbeweise bittere Protestbriefe, die Dixie Schnebly an Dean Reed in die DDR weiterleitete. Kopien von einigen dieser Briefe befinden sich im Archiv Victor Grossmans. »Er ist des Todes würdig, elektrischer Stuhl oder Gaskammer«, schrieb da ein entsetzter Zuschauer, und ein anderer befand: »Er ist kein menschliches Wesen, er ist ein schmutziger Spion und er ist Terrorist.« Dean Reed schloß sich in seinem Arbeitszimmer ein und las die Briefe immer wieder. »Oh, seine Augen können so blau sein, wie der Colorado-Himmel, aber man sieht in ihnen die Angst eines Mannes, der sich selbst anlügt«, las er. Dixie Schnebly hatte wenig Fingerspitzengefühl bewiesen, als sie Reed die Briefe nach Ost-Berlin schickte, und Reeds Comeback in den USA war in weite Ferne gerückt.

Die Briefe warfen Dean Reed aus der Bahn. Immer wieder las er die haßerfüllten Zeilen aus seiner Heimat. Er war am Ende, und er wußte nicht mehr weiter. Als Teenie-Idol ging er mit 45 nicht mehr durch. Zuletzt konnte er von Glück sagen, wenn er einen Auftritt beim Glasbläserfest in Döbern bekam. Die Friedensbewegung der Achtziger war inzwischen Geschichte. Die Subkulturen-Vielfalt der Achtziger sproß längst auch hinter dem Eisernen Vorhang, und die Unterhaltungskultur erwies sich als mächtige, demokratisierende Kraft. Die DDR hatte einen Teil des musikalischen Undergrounds unter dem Titel »die anderen Bands« akzeptiert, und auch die Sowjets hatten sich an die inoffiziellen Bewegungen gewöhnt. Bald wurden Glasnost und Perestroika weltweit zu neuen Schlagworten, und auch in Dean Reed nagten langsam Zweifel an dem System, das er treu verteidigte.

In einem Interview für »Rolling Stock« (Nr. 11, 1986) sagte er: »Ich habe dem ZK mehrfach gesagt, daß sie zwei Parteien zulassen sollen. Beide würden an den Sozialismus glauben wie die Parteien in Amerika an den Kapitalismus glauben, aber die Leute könnten wenigstens wählen und würden sich mehr involviert fühlen.« Von den Blockparteien schien er noch nichts gehört zu haben.

Dem Filmemacher Will Roberts gegenüber äußerte er zu dieser Zeit, daß er Angst vor einer Ausweisung aus der DDR habe, und prophezeite, daß der Sozialismus der Realität nicht mehr lange ausweichen könne. Die Angst vor einer Ausweisung schien dabei ebenso unbegründet wie Reeds Angst, in den USA verhaftet zu werden, die er in einem Bericht für die Stasi äußerte. Victor Grossman schrieb in seinem Buch »Crossing The River«: »Während die Achtziger fortschritten, bekam Dean immer mehr Zweifel. Wir diskutierten darüber, wenn wir uns trafen. Wir hinterfragten nicht die Verdienste des Sozialismus, aber die Art und Weise, wie er praktiziert wurde. Während eine Art Opposition heranwuchs, wandten sich mehr und mehr Menschen von Dean ab, die aber seine Zweifel und seine Fragen nicht kannten. Seine Tage als jugendlicher Held waren gezählt, und auch seine Anhängerschaft in der kleinen DDR lief ihm davon. Es gab aber immer noch diese Magie, wenn man bereit war, ihn zu mögen. Wenn man das nicht tat, konnte er einen auch nicht mit seinem besten Material gewinnen.« Gisela Steineckert schreibt in »Das Schöne an den Männern« über Dean Reed: »Vielleicht noch wichtiger war, daß sich die DDR zu einer gewaltigen Veränderung hin bewegte, die er weder verstehen konnte noch verstehen wollte. So einer wie er paßte mit seiner Begeisterung und seiner fast kritiklosen Liebe zur DDR nicht mehr her.«

Dean Reed suchte nie die direkte Konfrontation mit den Funktionären, denen er regelmäßig die Hand schüttelte. »Hier muß ich nicht auf die Straße gehen, um zu protestieren«, sagte er in einem Interview für die »New York Times« vom 10. Januar 1984. Hier kann ich zum Zentralkomitee gehen und über alles reden, was ich manchmal auch mache.« Seine Opposition bestand dabei darin, öffentlich das Stück »Sind so kleine Hände« der Liedermacherin Bettina Wegener zu singen, die 1983 aus der DDR ausgebürgert worden war. »Grade, klare Menschen wärn ein schönes Ziel, Leute ohne Rückgrat hab'n wir schon zuviel«, reimte Bettina Wegener am Ende von »Sind so kleine Hände«. Wegener war schon 1967 wegen »staatsfeindlicher Hetze« verurteilt worden und nach ihrem öffentlichen Protest gegen die Ausbürgerung Wolf Biermanns immer neuen Schikanen unterworfen gewesen.

Dean Reed war kein Hundertprozentiger und provozierte auch gern mal ein wenig. Am 5. November 1982 trat er bei einer Verkehrskontrolle auf dem Weg nach Leipzig sogar mit »beleidigenden und die DDR diskriminierenden Äußerungen und Verhaltensweisen« in Erscheinung. Generalmajor Leibholz, Leiter der Bezirksverwaltung für Staatssicherheit in Potsdam, schrieb dem stellvertretenden Minister für Staatssicherheit Rudi Mittig am 19. November 1982 aus diesem Anlaß einen Bericht. Daraus ging hervor, daß Dean Reed nun auch in der DDR die offene

Konfrontation nicht mehr scheute. Vier Volkspolizisten hatten an der Autobahn bei Belzig eine Geschwindigkeitskontrolle durchgeführt und dafür einen Parkplatz gesperrt. Im Bericht von Generalmajor Leibholz mit der Tgb.-Nr. VR/451/82 hieß es dazu:

»Ungeachtet dessen und ohne zum Halt aufgefordert worden zu sein, befuhr Dean Reed mit seinem Pkw Lada den gesperrten Parkplatz. Er entstieg dem Fahrzeug und trat an die diensttuenden Volkspolizisten heran. Dabei stellte er die Frage, ob die Fahrer der soeben am Kontrollpunkt vorbeikommenden Regierungsfahrzeuge, die ihn angeblich mit 160 km/h überholt hätten, ebenfalls wegen Geschwindigkeitsüberschreitung abgestraft worden seien.

Die VP-Angehörigen reagierten nicht auf diese Fragestellung und forderten Reed auf, den Parkplatz zu verlassen und seine Fahrt fortzusetzen. Unter Mißachtung dieser Aufforderung begann Reed beleidigende und verleumderische Äußerungen zu tätigen, indem er die Angehörigen der VK als Heuchler bezeichnete, die DDR mit einem faschistischen Staat verglich und zum Ausdruck brachte, daß er, ebenso wie die 17 Millionen DDR-Bürger, ›es bis oben hin satt hätte.‹ Letztere Worte unterstrich er mit einer entsprechenden Handbewegung. Weiterhin forderte er die VK-Angehörigen auf, ihn festzunehmen, was ›hier ja gang und gäbe‹ sei. Zur Bekräftigung hielt er den VP-Angehörigen seine Hände entgegen. Da die Einsatzkräfte nicht auf seine Ausfälle reagierten, setzte sich Reed vor das auf dem Parkplatz abgestellte Einsatzfahrzeug der VK. Nachdem Reed zum Vorzeigen seiner Personaldokumente aufgefordert worden war, stand er auf und begab sich zu seinem Fahrzeug. Mit diesem fuhr er, ohne sich auszuweisen, in Richtung Leipzig davon. Während seiner Ausfälle verwies Reed wiederholt auf seine zahlreichen Auszeichnungen, die ihm sowohl in der DDR als auch in anderen sozialistischen Staaten verliehen worden seien.«

Der Bericht enthielt ein paar handschriftliche Anmerkungen. »Für wen ist dieser Mensch erfaßt«, fragte sich der zuständige Genosse. »Wer kann mit R sprechen«, hatte jemand anders darübergeschrieben. Einsperren konnte man ihn schwerlich, weil er zu prominent war.

Wounded Knee '73

Günter Reisch hatte ein ausrangiertes Rettungsboot am Zeuthener See liegen. An einem Sommertag erholte er sich darauf am Ufer in der Sonne, als Dean Reed mit seinem Motorboot angerast kam. Er legte an und bat Reisch um einen Gefallen. »Er schlug vor, einen Film in gemeinsamer Regie zu drehen, nach seinem Drehbuch *Bloody Heart*«, erinnerte sich Reisch in seinem Nachruf im »Neuen Deutschland« vom 18. Juni 1986. »Eine Geschichte unter Indianern am Ausgang des Vietnamkrieges, an dem viele als US-Soldaten teilnahmen und dann heimgekehrt endlich ihre verbrieften Rechte angewandt wissen wollten.« Umfangreiche Vorbereitungen mit der Sowjetunion begannen. Bis zu seinem Tod arbeitete Reed mit Günter Reisch an *Blutiges Herz*, einer Gemeinschaftsproduktion von DDR und Sowjetunion. Der Film handelte von der 71 Tage dauernden Belagerung nach dem Aufstand im Pine Ridge Reservat am Wounded Knee im Jahre 1973, der allgemein als Geburtsstunde des American Indian Movement (AIM) betrachtet wurde. Neben Dean Reed sollte Renate Blume die weibliche Hauptrolle spielen.

Da Günter Reisch mit dem Drehbuch nicht einverstanden war und vor allem mehr Konfliktpotential für die Figur von Dean Reed wollte, schrieb er mit diesem drei Versionen der Geschichte. Am Ende war die männliche Hauptfigur ein trinkender Fotograf, der von einer mexikanischen Journalistin angeheuert wird, die ins belagerte Wounded Knee gelangen will. Reisch, ein großer Fan der Thesen von Billy Wilder, fügte die zentralen Elemente einer klassischen *Odd-Couple*-Komödie hinzu: zwei völlig gegensätzliche Figuren hatten sich in einer ungewöhnlichen Situation gemeinsam zu bewähren und bekriegten sich dabei gegenseitig. Die Formel war bewährt und wurde niemals langweilig. »Wir haben oft diskutiert, ob er stirbt oder nicht«, erinnert sich Gerd Gericke an die Diskussionen um die männliche Hauptrolle.

Wounded Knee war vor allem durch das Massaker an 146 Sioux im Jahre 1890 in Erinnerung geblieben. Der Kampf der ersten Nationen auf dem amerikanischen Kontinent war mit dem »Indian Act« von 1876 offiziell beendet worden. Die europäischen Kolonialherren hatten damit jegliche Kontrolle über die Zukunft der Ureinwohner übernommen, und die Regierung tat alles, um die Spuren der ausgelöschten Kultur zu beseitigen. Größere Aufstände konnten bis in die sechziger Jahre verhindert werden. Im Gegensatz zu den schwarzen Enkeln der Sklaven hatte man den verbliebenen Nachkommen der Ureinwohner immerhin bereits in den fünfziger Jahren als Friedensangebot das Wahlrecht zugesprochen. Die USA betrachteten die Indianerkriege damit endgültig als beendet und ignorierten alle Forderungen, die sich auf die Zeit vor »Buffalo Bill's Wild West« bezogen.

Kurz vor den Wahlen im November 1972 machten sich trotzdem 1500 Vertreter der letzten Reservationen auf den Weg nach Washington, um an die 371 Verträge zu erinnern, die man in den vergangenen 200 Jahren unterzeichnet hatte. Sie erhoben Anspruch auf bessere Versorgung, Bildungsmöglichkeiten und Regierungsgelder, um zu verhindern, daß man in den Slums eines langsamen Todes starb.

Ungefähr 85 Prozent der Indianer lebten in zerbrökkelnden Ghetto-Blocks, und ihre durchschnittliche Lebenserwartung betrug 42 Jahre. Die US-Regierung, die sich im Wahlkampf befand, versprach alles mögliche, strich aber nebenher 113 000 Dollar für indianische Schulen und konnte sich später an keinerlei Abmachungen erinnern. Damit begann ein Konflikt, der sich 1973 zuspitzte.

Die Auseinandersetzungen hatten Ende Februar 1973 damit begonnen, daß sich eine große Zahl von Indianern im Dörfchen Wounded Knee zu einer Versammlung traf. Dies schien den Behörden schon verdächtig genug, und die Gegend wurde in kürzester Zeit von der Polizei umzingelt. Daraufhin stürmten 200 Indianer eine Kirche und umliegende Häuser in Wounded Knee, dem Schauplatz des finsteren Massakers von 1890, welches das Schicksal ihrer Ahnen endgültig besiegelt hatte. Zum erstenmal machte hier das 1968 gegründete American Indian Movement von sich reden. Neben den militanten Farbigen erhob sich mit dem Slogan »Red Power« plötzlich eine weitere Minderheit, die zwar zahlenmäßig klein war, aber große Sympathie aus der ganzen Welt bekam.

Die Häuptlinge der Sioux marschierten zum UNO-Gebäude in New York und überreichten Protestnoten, um auf die fortschreitende Unterdrückung der Indianer hinzuweisen. Während Mitglieder aller großen Stämme durch Manhattan demonstrierten, wurde Wounded Knee mit Panzern umstellt. 300 Menschen waren von Armee, FBI und Polizei eingeschlossen. Die Lage spitzte sich nach einer symbolischen Geiselnahme im März weiter zu. Immer mehr schweres Geschütz wurde in Stellung gebracht, und Hubschrauber umkreisten die kleine Siedlung, um jede Bewegung zu kontrollieren. Die Belagerung und mehrere Schußwechsel lösten neue Proteste aus, die erst im April mit einer Einladung an Russell Means und Leonard Crow Dog ins Weiße Haus beendet wurden. Die beiden AIM-Aktivisten verhandelten für die Besetzer um die Black Hills, die man 1868 offiziell den Indianern zugesprochen hatte. Während man noch über einen Vertrag verhandelte, an den sich niemand zu halten gedachte, stürmten unterdessen 200 US-Marshals das belagerte Wounded Knee. Die Aktion scheiterte am energischen Widerstand der Besetzer. Man setzte die Belagerung also fort und hungerte die Indianer aus. Als sie am 9. Mai 1973 aufgaben, endeten die 72 Tage in Wounded Knee mit einer großen Zahl von Verletzten und zwei toten »Landbesetzern«.

Die Belagerung von Wounded Knee kennzeichnete die Gründung der »Oglala Nation«, eines neuen Zusammenschlusses verschiedener Stammesvertreter, die innenpolitisch zu einem unberechenbaren Faktor geworden waren. Dieser Bund bereitete der US-Regierung schwere Kopfzerbrechen. Immerhin hatte man bei der UNO bereits Interesse am Gedanken einer eigenständigen Nation der Indianer auf nordamerikanischem Boden gezeigt. Dies aber wäre einem Bekenntnis zum Genozid gleichgekommen.

Nachdem die Empörung von 1973 wieder durch andere Nachrichten verdrängt worden war, hatte man im Hintergrund dafür gesorgt, daß der Widerstand der Indianer mit aller Macht gebrochen wurde. Mit Gewalt beseitigte man die letzten Spuren der Ureinwohner und ihrer Kultur. In den folgenden Jahren wurden Hunderte von AIM-Aktivisten auf mysteriöse Art und Weise ermordet. Bis 1976 starben oder verschwanden allein in der Gegend von Pine Ridge und Wounded Knee 250 Indianer, von denen 50 AIM-Mitglieder waren. Kaum einer der Fälle wurde von den Behörden verfolgt.

Bereits lange vor Dean Reeds Bemühungen um das Thema hatte es einen Versuch gegeben, die Ereignisse von Wounded Knee zu verfilmen. Die wenigen Bilder, die von

Buffalo Bill Codys Film *Indian War Pictures* (1913) erhalten waren, zeugten von einem historischen Realismus, der zu diesem Zeitpunkt völlig unbekannt war. Die Zuschauer waren schockiert von Codys Sicht der Ereignisse von 1899, der ebenfalls eindeutig Partei für das Schicksal der Ureinwohner ergriff. Der Film war ein Flop, obwohl der Weltstar mit zahlreichen Auftritten in der Öffentlichkeit die Werbetrommel gerührt hatte. Niemand hatte sich um die verbliebenen Kopien gekümmert und so verschwand der Film nach Codys Tod.

Dean Reed hatte drei Jahre für das Projekt *Blutiges Herz* gekämpft. 1973 hatte er in Ost-Berlin einige der jungen Indianer kennengelernt, die kurz zuvor bei der Belagerung dabeigewesen waren. Er plante einen modernen Indianerfilm rund um die Ereignisse in Wounded Knee und hatte in Denver bereits erste Probeaufnahmen gedreht. Reed versprach sich ein internationales Comeback mit diesem Film. Ingeborg Stiehler erzählte er für die »Leipziger Volkszeitung« bereits am 28. Mai 1982: »Die beiden Hauptbegründer und Leiter der amerikanischen Indianer-Bewegung AIM, Clyde Bellecourt und Russell Means, sind Freunde von mir. Sie erlebten all das persönlich mit und haben mir viel authentisches Material vermittelt.«

Seine letzten Monate bestritt Dean Reed mit ständigen Flügen nach Moskau, um das Projekt abzusichern. »Dean Reed war der Renner in der Sowjetunion«, sagt Günter Reisch im Interview. »Mit ihm dahin zu fahren, das hieß, immer VIP zu sein, durch jeden Zoll, durch jede Grenzkontrolle ohne einen Ausweis zu gehen, hinter Dean her. Er öffnete alle Türen. Da dachte ich mir auch, da kommen wir irgendwie durch. Aber dann waren da die Türen des Ministeriums, welches für Film und internationale Verbindungen zuständig war. Da lag dann der Haken an der Sache.« Das Ministerium wollte das Geld für die Produktion erst überweisen, wenn man das Drehbuch akzeptiert hatte. Günter Reisch erinnert sich an die zahlreichen Einwände: »Das Drehbuch war ihnen zu lang, es hatte zu wenig emotionale Liebesszenen, zu viel Aktion. Die einen sagten, zu viel Politik, die anderen, zu wenig Politik ... Ich kam mir richtig veralbert vor und Dean auch, als wir beide mal im Ministerium am Tisch saßen und unter Protest den Raum verließen.« Man wollte im späten Sommer bis in den Herbst hinein auf der Krim drehen, aber in Moskau bestand man auf Dreharbeiten im Frühling.

Reisch verlor langsam das Interesse am Projekt *Blutiges Herz* und drehte 1986 den Film *Wie die Alten sungen*. In der Zwischenzeit hatte Dean Reed ohne ihn zwei weitere Versionen des Drehbuchs angefertigt und seine Figur erneut heroisiert. Reisch war enttäuscht, blieb dem Projekt aber treu und bat Reed weiter, »seine Figur zu finden und etwas kratzbürstiger zu machen«. Bei der Defa wunderte man sich bereits, daß Reisch weiterhin um den Film bemüht war, und für Dean Reed wuchs der Erfolgsdruck. Den gesamten Sommer quälte er sich mit weiteren Vorbereitungen. Es gelang ihm sogar, einen echten Panzer aus Vietnam zu besorgen, aber es fehlte der Produktion vor allem an normalen US-Requisiten. Im Gegensatz zu den traditionellen Indianerfilmen brauchte man mehr als nur einen Wald, eine Schlucht und ein paar Zelte. Dixie Schnebly schickte aus den USA ein altes Marlboro-Schild und zeitgenössischen Indianerschmuck. Im Frühjahr 1986 hetzte Dean Reed von Termin zu Termin durch die ganze Welt. Er mußte sich sogar um Trinkbecher für die Crew in Jalta bemühen und überwachte als überzeugter Perfektionist jedes Detail des Films. Er pendelte zwischen Berlin, Prag, Moskau und der Krim. Nebenbei hatte Reed sein letztes Album »Country-Songs« zu bewerben, Konzerte zu geben und TV-Auftritte zu bewältigen.

Die Verträge für *Blutiges Herz* waren erst am 10. Juni

endgültig unterschrieben worden, wurden aber bereits am 15. Juni, zwei Tage bevor man Reeds Leiche fand, für ungültig erklärt.

Der letzte Vorhang

An einem Frühlingstag im Jahr 1986 erschien Dean Reed bei Wiebke Reed, die in ihrem Garten einen Bericht über die New Yorker Philharmoniker tippte. Sie arbeitete inzwischen als Übersetzerin für tourende Rockstars wie Bryan Adams oder Joe Cocker. Dean Reed hinterließ 3000 tschechische Kronen für seine Tochter Natalie und sprach davon, wieder nach Amerika gehen zu wollen. Wehmütig bekannte er, daß er nicht glücklich war. Wiebke Reed versäumte es, ihn zum Bleiben zu bewegen, um darüber zu sprechen, was ihn bedrückte. Sie sah ihn nie wieder.

In einer Talkshow sprach Dean Reed 1986 erstmals auch in der DDR öffentlich über seine Pläne in Amerika: »So viele Menschen, so viele Geschichten und vergangene Erfahrungen. Aber alles, so glaube ich, muß eine gemeinsame Zukunft haben, eine Zukunft in Frieden … Ich glaube, ich habe dabei eine Rolle zu spielen, diese Veränderungen zustande zu bringen. Es ist Zeit, in mein eigenes Land zurückzukehren und dort zu versuchen, was ich in zweiunddreißig anderen Ländern getan habe. Erst einmal werde ich *Wounded Knee* machen, den allerbesten Film, der möglich ist, in der Hoffnung, er wird Gelächter, Begeisterung und Wissen hervorrufen. Ein Schritt nach dem anderen … Ich werde bald zurück sein.« (Zitiert nach Jan Eik, »Besondere Vorkommnisse«, Berlin 1995)

Das große Comeback fand jedoch niemals statt. Am 8. Mai 1986 zeigte sich der Star bei einer Aufzeichnung der Fernsehsendung *Dean Reed und seine Lieder* im Haus der Heiteren Muse in Leipzig zum letztenmal der Öffentlichkeit. Das Fernsehen der DDR strahlte die Show über drei Monate später aus. Als Gäste waren geladen: Inka (DDR), der Jürgen-Erbe-Chor (DDR), Ludmila Solodenko (UdSSR), der Gitarrist Neil Jacobs (USA), The Ward-Brothers (Irland), Michal Tucny und die Band Tucnaci (Tschechoslowakei). Reed führte mit kleinen Späßen durch das Programm, bewarb seine letzte LP, grüßte seine Mutter, sang mit der Schlagersängerin Inka »Jackson« von Johnny Cash, und referierte über Country in der Tschechoslowakei und Cowboys in Chile. Er hatte »Going To Play In Texas« in »Going To Play In Leipzig« umgeschrieben und präsentierte zum letztenmal seine strahlende Countrywelt im Fernsehen.

Anschließend verkroch er sich in seinem Haus. Seine Depressionen nahmen zu, und er stritt sich immer öfter mit seiner Frau. Immer wieder hatte sich der Start der Dreharbeiten zu *Blutiges Herz* verschoben, und Renate Blume, die für die weibliche Hauptrolle vorgesehen war, hätte längst andere Engagements zusagen können. Zuletzt hatte außerdem eine Reihe von US-Schauspielern ihre Teilnahme an den Dreharbeiten wegen des Reaktorunfalls in Tschernobyl abgesagt, und die sowjetische Seite zeigte sich wenig bemüht, die letzten Verträge zu unterzeichnen.

»Dieser jugendliche Held, der er mal war, der fing auch an, Falten und graue Haare zu kriegen«, erinnert sich Maria Moese. »Er hat auch nicht verkraftet, daß plötzlich in Rauchfangswerder am Gartentor nicht mehr die kreischenden Schulmädchen standen. ›Hier wohnt der Reed und wir wollen ein Autogramm.‹ Er ist wohl manchmal zum Gartentor gegangen, und es stand keiner mehr da. Er hat auch mal erzählt, daß er inzwischen gespürt hat, daß er sozusagen der Aushänge-Amerikaner war, der Agitations-Amerikaner. Daß er eigentlich immer nur zu Veranstaltungen eingeladen wurde, wo nur ›We Shall Overcome‹ und was alles gesungen wurde. Da war er eben der große

Star, aber zu seriösen Sachen hat man ihn nicht geholt. Das hat er gemerkt.«

Dean Reed litt schwer unter diesem Bedeutungsverlust. Als er 1986 zum Pressefest der Zeitung »Neues Deutschland« eingeladen war, wurde dies deutlich. Birgit Walter erinnerte sich in der »Berliner Zeitung« vom 15. Dezember 2001: »Der Schauspieler schnaufte gefährlich, als er feststellte, daß ihn kein Mitglied der Regierung oder zumindest der Chefredakteur selbst in Empfang nahm, sondern nur ein lumpiger Kulturredakteur. Der Sänger schmiß wütend seine Gitarre auf den Rücken, schrie seine Frau an und betrat den Pressefest-Dampfer nicht. Wenige Tage später war er tot. Der Kulturredakteur mußte sich lange Vorwürfe anhören.«

8. Kapitel:
Schieß mir das Lied vom Sterben

»Berichte, die sagen, daß etwas nicht passiert ist, finde ich immer interessant, denn wie wir wissen, gibt es Bekanntes, das bekannt ist. Es gibt Dinge, von denen wir wissen, daß wir sie wissen. Wir wissen auch, daß es bekanntermaßen Unbekanntes gibt. Das heißt, wir wissen, daß es Dinge gibt, die wir nicht wissen. Aber es gibt auch Unbekanntes, das unbekannt ist – das, wovon wir nicht wissen, daß wir es nicht wissen.«

(Donald Rumsfeld)

Dean Reeds Tod bot oft genug Anlaß für Spekulationen. War es Mord, Selbstmord oder ein tragischer Unfall, wie 1986 offiziell gemeldet wurde?, rätselte man nicht nur im Ostblock. Das ungeschickte Vertuschen der wahren Hintergründe nährte den Glauben, daß die DDR etwas zu verschweigen hatte. 1990 wurde der Fall vom Innenministerium der Übergangsregierung in Ost-Berlin neu untersucht. Ein Abschiedsbrief war in der Presse aufgetaucht, und alle Anzeichen sprachen für einen Selbstmord. Das Gerücht über einen Mord durch Stasi, CIA oder Mossad hielt sich trotzdem hartnäckig, stützte sich jedoch ausschließlich auf romantisierende Spekulationen.

Am 9. Juni 1986, drei Tage vor seinem Tod, hatte sich Dean Reed am linken Arm absichtlich Dutzende von kleinen Schnitten mit einer Machete zugefügt. Am Nachmittag posierte er noch in seinem Garten für eine Home-Story des Fotografen Günter Linke mit einem Rasenmäher. Linke schilderte seine Eindrücke von diesem Nachmittag später in Peter Gehrigs Dokumentarfilm *Glamour und Protest* (1993). Der Fotograf konnte nicht wissen, daß Reed wenig Dinge so sehr verabscheute wie

Rasenmähen. Widerwillig folgte der Star der Inszenierung und ließ seinen Zorn später an Renate Blume aus. Nach der Foto-Session zog er sich in sein Büro zurück und fügte sich die Schnitte zu. Als er seine Tür wieder aufschloß, kommentierte er die Selbstverstümmelung mit den Worten: »Mein Vater konnte sich wenigstens umbringen. Ich kann gar nichts.«

1978 hatte sich Dean Reed bei einem gemeinsamen Angelausflug mit seinem Vater ausgesöhnt und angeboten, ihm die Hälfte seines Unterhalts zu bezahlen. Der Vater lehnte ab. Wenige Jahre später verlor Cyril Reed bei einem Mähdrescherunfall ein Bein. 1984 beging er Selbstmord. Sein Sohn hielt diesen Schritt für eine mutige Tat und verteidigte seinen Vater vehement.

Eigentlich wollte Dean Reed an diesem Nachmittag in einer Musikschule für Kinder singen. Als Reed nicht erschien, rief man ihn an. Ein zufällig anwesender Arzt, der sein Kind von der Schule abholen wollte, fuhr sofort nach Schmöckwitz und versorgte Reeds Wunden. Unverzüglich wurde Eberhard Fensch über den Kulturminister informiert. Reed hatte selbst darum gebeten, ihn zu sprechen. Fensch war über den Zustand seines Freundes erschrocken. Er brauchte ein bis zwei Stunden, um ihn überhaupt zum Sprechen zu bewegen. »Ein Mann muß, wenn er nicht weiterweiß, diesen Schritt tun«, sagte Dean Reed und sprach von seinem Vater.

In seinem Buch »So und nur noch besser« erinnert sich Fensch: »Sein Vater schied freiwillig aus dem Leben. Das scheint ihm Vorbild, und vielleicht gibt es ja genetische Anlagen, daß bei einem die Todessehnsucht größer, bei anderen überhaupt nicht vorhanden ist. All das kommt in jener Nacht zur Sprache. Er redet sich von der Seele, was auf dieser lastet. Mir wird bewußt, daß der Selbstmordversuch keineswegs nur ein Hilferuf ist, sondern bitterer Ernst.«

Elf bis zwölf Stunden redete Fensch auf ihn ein und nahm Dean Reed das Versprechen ab, keinen weiteren Selbstmordversuch zu unternehmen. »Es gibt eine Menge Leute, die daraus politisch Kapital schlagen werden«, befand Fensch, »gegen dich, gegen uns, gegen alles.«

Dean Reed hatte mehrfach mit Selbstmord gedroht und auch nach dem Tod von Paton Price einen Selbstmordversuch unternommen. Bei einem Skiausflug mit Renate Blume und ihrem Sohn Alexander hatte er einmal eine Rolle Schlaftabletten geschluckt und wollte bei 20 Grad unter null vor die Tür gehen, um dort jämmerlich zu erfrieren. Nur mit Mühe konnte seine Frau ihn zurückhalten. Auch Wiebke Reed erwähnt einen Vorfall im Spätsommer 1973. Eine befreundete Jornalistin aus Leipzig, Ingeborg Stiehler, war zu Besuch. »Wir saßen im Garten in Rauchfangswerder, noch mit der Toilette auf dem Nachbargrundstück. Inge schwärmte von Gojko Mitic, mit dem sie mal im Flieger saß, von seiner Beliebtheit, seinen vielen Fans, den Autogrammjägern ... Ich bemerkte, daß Dean damit ein Problem hatte. Als ich Inge ans Gartentor brachte, hörten wir Scheiben klirren. Ich rannte zurück – er hatte seine Unterarme in die Scheiben der alten Veranda gestoßen. Ich versorgte ihn, so gut ich konnte, und brachte ihn ins Krankenhaus nach Köpenick. Die Notärztin fragte, wie das passiert sei. Ich sagte: beim Handwerkern. Sie entgegnete, daß er sich noch öfter beim Handwerkern verletzen würde, das könnte sie mir versprechen. Ich hatte nicht den Mut, ihn zu fragen, warum er das getan hatte. Der Gedanke hat mich nie verlassen. Es konnte doch nicht nur die Tatsache sein, daß da ein anderer gutaussehender ausländischer Schauspieler in der DDR erfolgreich geworden war ...« Reeds Geltungsdrang war offenkundig so groß, daß er die harmlose Schwärmerei der Journalistin nicht ertragen konnte. Nach sol-

18. Dean Reed in *Kit & Co* mit Rolf Hoppe, Manfred Krug u. a., 1974

19. Mit seinem Dolmetscher Victor Grossman, 1974

20. Mit Gojko Mitic in *Blutsbrüder*, 1975

21. Mit seiner Tochter Ramona, 1975

22. Im Libanor., 1977

23. Szenenfoto aus *El Cantor*, 1977

Reed shares an East Berlin villa with his wife, Wiebke, a schoolteacher, and their dog, Sharik, a gift from Russia

Photographs by Nickie Galliner

24. Story über Dean und Wiebke Reed im People-Magazine, 1976

THE BERLIN WALL TO SIBERIA,
REED OF COLORADO
COMMUNISM'S TOPS IN POP

At Berlin youth festival in 1973, raised a fist in a gesture of solidarity with North Vietnam general.

(right) wrote and starred in 'Blood ,' the top East German film of played a pacifist cowboy.

His concerts are foot-stomping sell-outs, his records leap to the top of the charts. His latest movie was a box-office smash, and he is under contract to write his autobiography. But Dean Reed doesn't play in Peoria; he's only the rage from East Berlin to the Urals. What's a 37-year-old Denver-born guitar picker doing crooning for Communist youth? "I love the Soviet Union," he explains with a disarming grin. "It's as simple as that."

It isn't, of course, but for good Marxist Reed, an erstwhile University of Colorado meteorology student who once recorded on the Capitol label, singing ballads and country-style protest has propelled him to Eastern Bloc stardom. He was a virtual unknown until a 1966 tour of the Soviet Union left crowds cheering themselves hoarse. Now Reed is considered, apart from President Ford and Henry Kissinger, the American best known to Russians and Eastern Europeans. The flower of young Communist womanhood screams ecstatically when he vaults on stage in his shimmering top and snug velvet pants.

Though Reed, at 18, earned a measure of renown among his fellow Coloradans by beating a jackass in a 110-mile footrace, they greeted his singing with indifference. So did other countrymen. As a result, when his records began selling in Latin America in the early '60s, Reed moved there to be near his audience. A pacifist, he swiftly ripened into a Marxist in the revolutionary climate of South America. "Wherever I went, I was mobbed," he recalls happily. "I was always sending my mother photos of myself being helped through the crowds. Her first reaction was to ask whether the police were escorting me or arresting me."

In fact, Reed was arrested three times for staging anti-American protests in Chile, Italy and Argentina, usually against the U.S. role in Vietnam. He later campaigned for Chile's Marxist President Salvador Allende. Reed's father, Cyril, a retired schoolteacher who lives in Phoenix, is a Goldwater Republican who abhors his son's politics, but they continue to think of each other fondly. His divorced mother, Ruth, lives in Honolulu. Reed calls her "a progressive" who "has often thanked me for arousing her political consciousness."

Reed is himself divorced. His first wife, Patricia, and their 7-year-old daughter live in Desert Hot Springs, Calif. Since 1973, he has been married to an East German teacher, Wiebke, and they rent a plush, eight-room lakeside villa on the outskirts of East Berlin, 30 minutes from Checkpoint Charlie. Though his home is of a type available only to the very privileged, and costs him just $34 a month, Reed objects to any suggestion that he receives preferential treatment. "It's all done on a strict rotation basis here," he blandly insists, "first come, first served." Still an American citizen, he is free to travel wherever he wishes, and visited the U.S. with his wife only last summer. Recently, however, with their first child expected in May, he has been helping Wiebke fix up the house. "Sometimes I think I have it too easy here," says Reed dutifully, "but I avoid complacency by devoting nearly all my spare time to solidarity concerts for Chilean exiles." —CLIVE FREEMAN

Marxist Reed serenades his fans in Berlin. "For the first time in my life, I feel secure," he says. "I am truly happy."

25. Besuch im Chemiekombinat Schwedt, 1978

26. Offizielles Pressefoto nach der Freilassung in Minnesota, 1978

Dean Reed

nach seiner Freilassung aus dem Gefängnis in Buffalo:

**Ich verdanke meinen Freispruch auch der internationalen Solidarität der DDR, der Sowjetunion und der anderen sozialistischen Länder.
Wir werden jetzt den Kampf um die Freiheit von Ben Chavis, Russell Means und der Tausende politischen Gefangenen in den USA noch leidenschaftlicher fortsetzen als bisher.**

27. Mit Renate Blume, ihrem Sohn Alexander Beyer und Yassir Arafat in Palästina, 1979

28. Die »Faust der amerikanischen Linken«, 1980

29. Dean Reed und Renate Blume in ihrem Haus in Schmöckwitz

30. Mit Václav Neckář in *Sing, Cowboy, sing*, 1981

31. Dean Reed beim Schlammcatchen in *Sing, Cowboy, sing*, 1981

Mein Freund und Ger.
Eberhard Fensch –

Es tut mir Leid
mein Freund. Du
warst ein Vorbild für
mich — wie so viel
gleich Sozialisten u
Chile wie zu[...]

Mein Tod hat nicht
gereicht zu Eurer —
uns unsere Feinde – de
Faschisten und Reaktion
es nicht so auszut[...]

32. Seite aus Reeds Abschiedsbrief, 1986

33. Schlagzeile in »Das Blatt« nach dem Auftauchen des Abschiedsbriefes von Dean Reed, 1990

34. Günther Reisch und Tom Hanks, 2003

chen Szenen schien für Reeds privates Umfeld ein Selbstmord sehr wahrscheinlich.

Am Abend des 12. Juni verließ Dean Reed gegen 22 Uhr 30 sein Haus, um den Defa-Produktionsleiter Gerrit List zu besuchen und letzte Vorbereitungen für die Dreharbeiten an *Blutiges Herz* zu treffen. Gerrit List war gerade mit den Verträgen aus Moskau zurückgekehrt, die am 10. Juni endlich unterschrieben worden waren. Reed hatte gegen 22 Uhr mit List telefoniert und wollte die Nacht in dessen Privatwohnung in Babelsberg verbringen, um noch einige Details zu klären. Tagsüber waren Probeaufnahmen mit Reed, Renate Blume und Günter Reisch gemacht worden. Reed nahm wie jeden Abend eine Schlaftablette. Er hatte vermutlich zunächst nicht mehr geplant, das Haus zu verlassen.

Die Fahrt von Schmöckwitz nach Babelsberg dauert ungefähr eine halbe Stunde, und Reed galt als schneller Autofahrer mit einem Hang zum Risiko. Trotz der Tablette hätte er die Fahrt zu List problemlos schaffen können. Gegen 23 Uhr 30 rief Reed bei Gerrit List an und sagte, er wäre gerade losgefahren und auf dem Weg. List wartete zunächst, ging dann jedoch ins Bett, ohne sich weitere Gedanken zu machen. Dies war das letzte Lebenszeichen von Dean Reed. Den Anruf bei Gerrit List mußte er von unterwegs gemacht haben, und es klang danach, als habe er Schmöckwitz zunächst tatsächlich verlassen, um noch spontan zu Gerrit List fahren, aber etwas muß ihn aufgehalten haben.

Aus seinem erst 1990 bekanntgewordenen Abschiedsbrief geht hervor, daß es zu einem weiteren Streit mit Renate Blume gekommen war, die Reed wiederholt als »Showman« verspottet habe. Es ist sehr wahrscheinlich, daß dieser Streit am 12. Juni stattfand. Am 10. Juni waren die Verträge für *Blutiges Herz* endlich unterschrieben worden, und alles sah danach aus, als habe es Dean Reed endlich geschafft. Sein großes Projekt hatte grünes Licht, und der Anlaß zu den vielen Streitigkeiten, die es bis dahin gegeben hatte, war ausgeräumt. An diesem Abend wird der Streit also höchstwahrscheinlich nicht stattgefunden haben. Tags drauf lief die Produktion für Blutiges Herz an, und am 12. Juni hatte man in Babelsberg noch ein paar Probeaufnahmen gemacht. Möglicherweise waren sie Anlaß zu einem kreativen Streit unter den Eheleuten gewesen.

Reed hatte vorher nie bei Gerrit List übernachtet, und dieser war von Dean Reed überrascht worden, der die Nacht offenbar keinesfalls zu Hause verbringen wollte. Der Gerichtsmediziner hatte festgestellt, daß Dean Reed am 12. Juni zwischen 22 Uhr und Mitternacht ertrunken war. Folglich hatte er Schmöckwitz nicht verlassen, von einem unbekannten Ort bei List angerufen und war kurz danach in der Nähe seines Hauses im Zeuthener See ertrunken. Dean Reed hatte eine gute Freundin, der er oft sein Herz ausschüttete und die in unmittelbarer Nähe der Stelle wohnt, wo man sein Auto fand. Vermutlich hatte er von dort noch telefoniert. Alle bekannten Fakten deuteten auf einen Selbstmord hin, aber die Polizei wollte sich nicht sofort auf ein endgültiges Untersuchungsergebnis festlegen.

Der Staatschef als Kriminalist

Am Morgen des 13. Juni rief Renate Blume bei Eberhard Fensch an, der über Heinz Quermann und andere Freunde des Amerikaners nach Reed fahndete. Dean Reed war verschwunden, und niemand hatte ihn gesehen. Fensch schickte sogar einen Boten nach Hiddensee, wo sich Reed gelegentlich versteckte, wenn er allein sein wollte. Gerrit List benachrichtigte Günter Reisch, der sofort zu Renate

Blume fuhr, die bereits von der Stasi verhört wurde. Eberhard Fensch verständigte im Laufe des Vormittags Joachim Herrmann, Erich Honecker und einen Mitarbeiter der Staatssicherheit. Gerrit List kümmerte sich derweil diskret um Renate Blume, die am Boden zerstört war. Die Stasi übernahm die Ermittlungen und zog Thomas Sindermann von der Mordkommission hinzu. Man teilte ihm mit, daß man den prominenten Sänger und Schauspieler Dean Reed suchen würde, und löste eine verdeckte Fahndung nach dessen Auto aus. Alle Beteiligten wurden zu absolutem Stillschweigen verpflichtet.

Die Stasi fahndete im ganzen Land und darüber hinaus. Wiebke Reed berichtet von einem Mann, der an diesem Tag in ihrem Garten aufgetaucht war, nach Dean Reed suchte und behauptete, »die Jungs von der Konzerthalle in Frankfurt« hätten gesagt, er könne ihn vielleicht bei ihr finden.

Je weniger man über eine Sache sprechen durfte, desto interessanter wurde sie im Laufe der Zeit. Sindermann übernahm die Einweisung von Wasserschutzpolizei und Hundertschaften der Bereitschaftspolizei, denen er nur sagen durfte, daß man nach einer männlichen Person suchen würde. Thomas Sindermann war bis 1990 Leiter der Berliner Mordkommission im Osten der Stadt. Seit der Wende arbeitet er in Berlin als Detektiv im Auftrag großer Firmen. Er ist der Sohn von Horst Sindermann, von 1954 bis 1963 Leiter der Abteilung Agitation und Propaganda im ZK der SED und von 1976 bis 1989 Volkskammerpräsident.

»Es gab sofort einen Suizidverdacht«, sagt Sindermann, der vor Ort alle Anzeichen für einen typischen Selbstmord entdecken konnte. »Dean Reed wurde immer sehr in den Vordergrund gespielt, aber irgendwann wurde er nicht mehr hofiert und anerkannt«, faßt er zusammen. Sindermann war jedoch bei der Mordkommission. Die Stasi schien also ein Gewaltverbrechen zu vermuten.

Die Fahndung verlief zunächst erfolglos. Erst am Morgen des 15. Juni entdeckten zwei Volkspolizisten Dean Reeds weißen Lada mit dem Kennzeichen ILT 8-05 direkt neben der Rettungsstation am Zeuthener See – eine der Autotüren stand offen. Es ist nur schwer vorstellbar, daß sich zwei Tage niemand über das Auto mit der offenen Tür gewundert hat. Die kleine Landzunge namens Rauchfangswerder bestand aus vier kleinen Straßen und einer langen Straße ins »Zentrum« von Schmöckwitz. Jeder kennt jeden, und jeder kannte den prominenten Nachbarn Dean Reed. Die Fahnder hatten gründlich versagt. Der Fundort am Ufer war von Reeds Haus in fünfzehn Minuten zu Fuß bequem zu erreichen. Das herrenlose Auto war für jeden Spaziergänger gut zu sehen und hatte am vorderen rechten Kotflügel eine Delle. Dean Reed hatte in Ufernähe einen Baum gerammt, der ebenfalls Spuren eines Aufpralls aufwies. Im Inneren des Wagens fand man Knabbereien, eine leere Milchtüte, eine angebrochene Schachtel Beruhigungsmittel der Marke Radedorm, Reeds Geburtsurkunde, den Abschiedsbrief seines Vaters und weitere Essensreste. Dean Reed hinterließ außerdem einen fünfzehnseitigen Abschiedsbrief auf den Rückseiten des Drehbuches von *Blutiges Herz*. Der Brief war an Eberhard Fensch gerichtet, der sofort benachrichtigt wurde.

Die Kriminalisten hatten den Selbstmord zunächst angezweifelt. Dean Reed galt als guter Schwimmer, hatte man ermittelt. Die Art des Selbstmordes schien zudem sonderbar. »Deshalb wollen sie sich noch nicht festlegen, vor allem nicht auf den Zeitpunkt und die Art des Todes«, schreibt Eberhard Fensch in seinem Buch »So und nur noch besser«. Im ZK der SED hatte Erich Honecker den Fall inzwischen zur Chefsache erklärt, wollte aber nichts von den Verdachtsmomenten der Polizei hören. Nach Aussage von Eberhard Fensch entschied sich Honecker persönlich für die Meldung, »Dean Reed sei bei einem Unfall ums Leben gekommen«. Aber etwas lief schief. Irgendwo kursierte eine zweite Meldung, die Gerichtsmedizin habe festgestellt, daß Reed unter dem Einfluß eines starken Beruhigungsmittels gestanden habe. Die Gerichtsmediziner sprachen von einem Verdacht auf Selbstmord, und die westlichen Korrespondenten in der DDR widersprachen schon bald der offiziellen Version von einem Unfall. Um die Geschichte vom Selbstmord zu vertuschen und die offizielle Version aufrechthalten zu können, hatte vor allem der Abschiedsbrief zu verschwinden.

Dean Reed wollte sich mit seinem Abschiedsbrief bei Fensch persönlich entschuldigen, dem er versprochen hatte, daß er keinen weiteren Selbstmordversuch unternehmen würde. Er beschwerte sich darin auf unfaire Art und Weise über seine Ehefrau und gab ihr eine Mitschuld an seinem Selbstmord. Fensch wollte Renate Blume die ungerechten Attacken ersparen. Honecker sei derselben Meinung gewesen, schreibt er in seinem Buch »So und nur noch besser«: »Als er den Brief an mich und die darin enthaltenen Passagen zur familiären Situation liest und von mir hört, daß Dean den Konflikt ungerecht dramatisiert, legt er, dem Rat der Kriminalisten folgend, fest, daß dieses Dokument für immer bei den Akten verbleibt. Niemand soll davon erfahren, auch nicht Deans Frau, um ihr die Enttäuschung zu ersparen.« Honecker legte den Brief in seinen privaten Panzerschrank. Die Geschichte hätte sich grundlos zu einem internationalen Skandal entwickeln können und Honecker wäre womöglich in Erklärungsnot geraten, wenn sich die Sache nicht sofort klärte. Honecker wollte zudem vermeiden, daß Journalisten aus dem Westen Verschwörungstheorien über die DDR in die Welt setzten. Überdies bereitete er gerade seinen Besuch in den USA vor und konnte sich zu dieser Zeit keine negativen Schlagzeilen dieser Art leisten.

Der Tote im See

Ungefähr 250 Meter von seinem Auto entfernt fand man am 17. Juni in der Mitte des Zeuthener Sees die Leiche Dean Reeds, der trotz glühendheißer Temperaturen mit zwei dicken Jacken bekleidet war. Die Wasserschutzpolizei brachte den Toten an Land, und die beteiligten Polizisten identifizierten ihn sofort als den amerikanischen Entertainer, den jeder Volkspolizist aus dem Fernsehen kannte. Die Suche war beendet, und die Hundertschaften der Polizei wurden abgezogen. Das Rettungsteam konnte nur noch Reeds Tod feststellen. Unter den Polizisten sprach sich die Geschichte vom Selbstmord Dean Reeds schnell herum. Dubiose Andeutungen, die Leiche hätte nicht identifiziert werden können, sind absoluter Unsinn. Eine Wasserleiche schwemmt zwar auf, wenn man sie aus dem Wasser zieht, aber dieser Prozeß dauert eine gewisse Zeit. Etliche Polizisten haben den toten Dean Reed vor Ort gesehen.

Man brachte die Leiche für das gerichtsmedizinische Gutachten in die Bad Saarower Klinik. Dean Reed wurde 47 Jahre alt. Zu seiner letzten Mahlzeit, einer Portion Gemüse, hatte er nur ein kleines Glas Wein getrunken.

Reeds Mutter Ruth Anna Brown sagte in einem Interview für »Rolling Stock« (Nr. 12, 1986): »Die Polizei hatte seine Leiche bis zum Morgen des 17. Juni nicht gefunden, aber am selben Morgen erhielt ich ein Telegramm, welches sagte, daß er beim ›Schwimmen in einem See‹ ertrunken wäre.« Leider ist nicht klar, wer dieses Telegramm geschickt hat. Ruth Anna Brown hatte bereits am 17. Juni mit der

Polizei in Ost-Berlin telefoniert. »Sie sagten, er wäre schläfrig geworden, gegen einen Baum gefahren, aus dem Auto gestiegen, zu diesem kleinen Pier am See gegangen, um sich die Hände zu waschen, und dabei ist er ins Wasser gefallen und ertrunken«, sagte sie in dem Interview für »Rolling Stock«. »Als ich von diesen polizeilichen Ermittlungsergebnissen hörte, konnte ich nur laut lachen.« Der »Rolling Stock« ist eine kleine Kulturzeitschrift, die an der University of Colorado erscheint. Das Blatt spielt in der Medienwelt keine nennenswerte Rolle, aber 1986 erschienen in den Ausgaben Nr. 11 und 12 von 1986 zwei längere Stories über Dean Reed, die bis heute alle Verschwörungstheorien im Zusammenhang mit dessen Tod speisen.

Verschiedenste Informationen kursierten. »Erst sagten sie, sie hätten ihn auf dem Grund des Sees gefunden«, erzählte Reeds erste Frau Patricia Hobbs der »Chicago Tribune« am 30. Juni 1986. »Auf Nachfrage sagten sie aber, die Leiche schwamm an der Oberfläche. Sie haben die Geschichte ständig geändert. Wenn wir ihnen nicht glaubten, kamen sie zwei Stunden später mit einer anderen Story.« Am 18. Juni meldete die »BZ am Abend« einen »tragischen Unglücksfall«, der am Abend zuvor bereits in der *Aktuellen Kamera* gemeldet worden war. Das »Neue Deutschland« druckte am 18. Juni auch bereits den ersten Nachruf auf Dean Reed von Günter Reisch:

»Was er suchte, war selbstverständliche Freundschaft. Er brauchte Menschen, die auf ihn zukamen, die seine Art, emotional zu leben, mit gleichen Gefühlen beantworteten. Er handelte immer mit vollstem Einsatz, war selbstbewußt, an Erfolg gewöhnt von Jugend an. Ebenso reagierte er sensibel auf den geringsten Rückschlag. Gewohnt, auf dem Kamm der Woge zu stehen, erschien ihm jedes Wellental wie das Ende des Ozeans. Auch ist unser Land so groß nicht, jeder kannte ihn über lange Jahre, der Reiz des gegenseitigen Entdeckens ebbte ab. […]

Es bleiben seine Lieder und auch seine Filme, die, so meine ich, nur einen Teil von seiner kräftigen Persönlichkeit wiedergeben, von ihrer Würde. Von seinem großen Gerechtigkeitssinn, Verantwortungsgefühl, von seiner Zuverlässigkeit.«

Das »Neue Deutschland« erinnerte am 19. Juni mit einem Nachruf von Heinz Pohle an Dean Reed: »Ein mutiges Kämpferherz hat aufgehört zu schlagen. Dean Reed, Weggenosse an unserer Seite, der leidenschaftliche Streiter für den Frieden und den gesellschaftlichen Fortschritt, der engagierte Sänger und Schauspieler ist bei einem tragischen Unglücksfall ums Leben gekommen. […] In einem seiner letzten Interviews hatte Dean Reed erst vor kurzem zu den umfassenden Friedensvorschlägen der Sowjetunion gesagt: ›Michael Gorbatschows konkretes, einen langen Zeitraum umfassendes Programm, nukleare Waffen von unserem Planeten zu eliminieren, ist ein Lichtstrahl, ein Zeichen von Weisheit und Hoffnung für uns alle.‹ Immer auch fand er am Rande der Arbeit, die ihn stets ganz beanspruchte, ein freundliches Wort für den Kollegen, den Freund, den Reporter. Er konnte zuhören, sich den Problemen anderer aufschließen, Rat geben, aber auch Rat einholen. Alles, was er sagte und tat, ließ Kampf- und Lebenserfahrung erkennen, war geprägt von seiner zutiefst menschlichen Haltung, der alles Unnatürliche fremd war.«

Am 18. Juni berichteten auch »USA Today« und die »Rocky Mountain News« vom Tod Dean Reeds und vermuteten einen Herzanfall. Beide Zeitungen beriefen sich auf Dixie Schnebly als Quelle, die einen Brief mit wilden Spekulationen an diverse US-Zeitungen verschickt hatte. Auch die »Berliner Zeitung«, die »Junge Welt«, »Der Morgen«, die »International Herald Tribune« und die »Athens News« aus Ohio druckten am 19. Juni jeweils einen kurzen Nachruf. Am 20. Juni erschien eine Traueranzeige in der »Berliner Zeitung«. Russell Miller erwähnte in der

Londoner »Sunday Times« vom 22. Juni 1986 erstmals den Fund der Leiche in einem See. Er zitierte dazu aus dem Brief von Dixie Schnebly, die fest an einen Stasimord glaubte und sich damit nach dem Scheitern ihrer Bemühungen um Reeds USA-Comeback noch einmal ein wenig ins Licht der Öffentlichkeit zu rücken versuchte.

Am 24. Juni 1986 fand eine Trauerfeier im Krematorium am Baumschulenweg in Ost-Berlin statt. Hunderte kamen, um Dean Reed die letzte Ehre zu erweisen. Am gleichen Tag brachten »Der Tagesspiegel«, die »WAZ« und die »Berliner Zeitung« eine Meldung der Presseagentur Associated Press (AP), die der offiziellen Unfallversion der DDR widersprach: »Dean Reed, der amerikanische Sänger und Entertainer, dessen Tod am Dienstag von der DDR-Nachrichtenagentur ADN als Folge eines ›tragischen Unglücksfalles‹ gemeldet worden war, hat sich das Leben genommen. Aus seinem Freundeskreis wurde gestern bekannt, daß sich der seit 1972 in der DDR lebende 47jährige Künstler in Ost-Berlin erhängt hat. Als Motiv wurde Eifersucht genannt.«

Der Selbstmord hatte sich bis in den Westen rumgesprochen, aber die Quellen schienen keine präzisen Informationen zu haben. »Der Spiegel« sprach in einem Nachruf vom 23. Juni 1986 ebenfalls von Selbstmord. »Die Welt« erzählte die Geschichte aus der »Sunday Times« am 24. Juni 1986 noch einmal, hielt die eigentliche Todesursache aber für ungeklärt. Die »Bild« konnte da nicht fehlen und faßte den »Sunday Times«-Artikel am selben Tag unter der Überschrift »US-Popstar von ›DDR‹-Geheimdienst ertränkt?« erneut zusammen. Die US-Zeitung »Minnesota Daily« wiederholte Schneblys Theorien am 25. Juni, aber die Journalistin Laurie Fink hatte präziser recherchiert und hielt fest: »Freunde und Mitarbeiter von Reed sagten, Schnebly sei niemals wirklich seine Managerin gewesen und ihre Statements sind rein spekulativ.«

Fink hatte auch in der DDR-Botschaft in Washington angerufen, wo ihr ein Sprecher sagte, »die Sache würde ihn nicht interessieren.«

Die »WAZ« taute die Story von Dixie Schnebly am 26. Juni wieder auf, und die »BZ« sah am 29. Juni »immer neue Rätsel um den Tod des Sängers«. Die »BZ« hatte Dean Reed dabei »mit Strick um den Hals im Auto auf dem Grund des Sees« gesehen, eine abenteuerliche Story, die später auch von der »Süddeutschen Zeitung« aufgegriffen wurde. Am 29. Juni legte die »Berliner Morgenpost« nach, rezitierte die alte Mordtheorie aus der »Sunday Times« und befand, über den Tod von Dean Reed »kreisen auch in Ost-Berlin viele Gerüchte«. Die »Rocky Mountain News« zitierte am 29. Juni zusätzlich Reeds erste Tochter Ramona: »Er ist ermordet worden, aber wir haben keine Beweise. Man hat alles vertuscht.« Ramona Reed sprach davon, man habe »mehrere Leute noch nicht vernommen, die meinen Vater am Tag seines Todes gesehen hatten«. Man habe auch versucht, die Leiche ins Krematorium zu schicken, bevor sie von einem Angehörigen identifiziert werden konnte, erzählte sie dem Journalisten John Accola, der auch mit Reeds Mutter Ruth Anna Brown und seiner ersten Frau Patricia Hobbs gesprochen hatte. Am 30. Juni druckte die »Chicago Tribune« die Geschichte von Accola aus den »Rocky Mountain News« noch einmal.

Am 1. Juli 1986, zwei Wochen nach dem Fund der Leiche, verfaßten Prof. Dr. Otto Prokop und Prof. Radam von der Gerichtsmedizin an der Humboldt-Universität den Obduktionsbericht mit dem Aktenzeichen 2432-377-86, Sekt. Nr. 312/86. Laut Bericht hatte sich die »Schlaftablette« in Reeds Magen zum Zeitpunkt des Todes noch nicht gänzlich aufgelöst. Der Fall erhielt das polizeiliche Zeichen »1106/86 Köp.« für ungeklärte Todesfälle und wurde sofort zu den Akten gelegt.

Gerrit List und andere Angestellte der Defa organisieren am 31. Juli 1986, sechs Wochen nach dem Tod von Dean Reed, die Beisetzung seiner Urne auf dem Waldfriedhof Rauchfangswerder. Sie wichen den Trauergästen aus dem In- und Ausland nicht von der Seite. »Die Beerdigung war wie das Setting eines Agatha-Christie-Romans, der auf dem Mars spielt«, erinnert sich Will Roberts in »Rolling Stock« (Nr. 12, 1986). »Jedesmal, wenn du jemand einer Lüge überführt hattest, sagten sie, es wäre alles nur in guter Absicht geschehen.«

Reeds Mutter Ruth Anna Brown berichtete in ihrem Interview in derselben Ausgabe: »Jedesmal wenn man sich umdrehte, war ständig einer von ihnen hinter dir. Es war nett, daß sie so besorgt waren, aber es ist ein schmaler Grat zwischen ›sich um jemanden kümmern‹ und ›jemanden überwachen‹.« Ruth Anna Hanson Brown hatte im Juni 1979 den Religionsforscher Ralph Willard Odom geheiratet und studierte als Seniorin Soziologie an der Universität von Hawaii in Honolulu. Sie hatte Dean Reed oft in der DDR besucht, u. a. 1975 als Delegierte zum internationalen Frauenkongreß in Berlin. Obwohl auch sie scheinbar von einem Mord überzeugt war, hatte sie der DDR zunächst in aller Form gedankt und am 8. Oktober einen Brief an Honecker geschrieben. Sie hielt auch weiter Kontakt zum Ehepaar Fensch. Als 1990 Reeds Abschiedsbrief auftauchte, versuchte sie über das amerikanische Außenministerium, das Original zu bekommen, aber auch ihre Bemühungen waren erfolglos. Ruth Anna Hanson Brown starb am 2. September 2000 in Colorado.

Verschwörungstheorien

Eine Leiche ist nach fünf Tagen im Wasser aufgedunsen. So etwas kennt man aus jedem Fernsehkrimi. Der Körper, den man dem Filmemacher Will Roberts durch eine

Fensterscheibe präsentiert hatte, war es angeblich nicht. Roberts war sich nicht mal sicher, ob es sich überhaupt um die Leiche von Dean Reed handelte. Im »Rolling Stock« (Nr. 12, 1986) schrieb Will Roberts: »Der Körper, den ich durch die Glasscheibe sah, war verunstaltet und dunkel verfärbt (›disfigured and darkened‹), aber nicht geschwollen oder aufgeschwemmt (›not swollen and bloated‹).« Patty Hobbs hatte man elf Tage nach Reeds Tod lediglich die Füße des entstellten Körpers gezeigt. Renate Blume konnte den Anblick ihres toten Mannes nicht ertragen.

Ein denkbares Szenario wäre, daß die Leiche eben nicht erst nach Tagen gefunden wurde, denn es war natürlich seltsam, daß mehrere Hundertschaften die Leiche erst nach tagelanger Suche in direkter Nähe seines Hauses gefunden hatten. Obwohl die Stasi den Abschiedsbrief zusammen mit dem Auto entdeckte hatte, suchte man offiziell nicht sofort den See ab, was naheliegend gewesen wäre. So hatte man den Toten möglicherweise ein paar Tage verwahrt, bis man an die Öffentlichkeit ging. Natürlich mußte man sich erst auf eine offizielle Sprachregelung einigen. An der – auch schon zu diesem Zeitpunkt wahrscheinlichsten – Selbstmordversion konnte man kein Interesse haben, denn wie sollte man nach all den Jahren, in denen Dean Reed als prominenter Überläufer für das Positive im Sozialismus stand, nun sein freiwilliges Ausscheiden aus demselben vermitteln? Für diese Version spräche auch das ominöse Telegramm, das Reeds Mutter am Morgen des 17. Juni erhalten hatte.

Will Roberts will eine große Beule an der Leiche gesehen haben. Die Polizei beharrte aber darauf, daß die Leiche keine äußeren Verletzungen oder Spuren aufgewiesen hatte, die auf ein Gewaltverbrechen hingedeutet hätten. Laut dem Interview mit Ramona Reed in den »Rocky Mountain News« vom 29. Juni 1986 tat man allerdings auch alles, um zu verhindern, daß jemand noch einen Blick auf die entstellte Leiche warf, bevor man sie einäscherte. Diese Vorgehensweise stützte die abstruse Theorie, Dean Reed sei überhaupt nicht gestorben, wie sie etwa Will Roberts verbreitete. »Ich frage mich, ob Dean Reed noch irgendwo am Leben ist und die Leiche, die Dean Reed sein soll, nur die Manifestation eines dunklen Szenarios ist«, sponn der Dokumentarfilmer im »Rolling Stock« (Nr. 12, 1986). Er hielt einen Selbstmord für »sehr unwahrscheinlich« und führte weiter aus: »Der einzige Grund, warum er sich entschlossen haben könnte, sein Leben zu beenden, wäre eine verhängnisvolle Krankheit, aber auch dann wäre er in einen gefährlichen Teil dieser Welt gegangen und hätte sein Leben für eine gute Sache gegeben.«

Die bereits zitierte Story im »Rolling Stock« stammte aus der Feder von Will Roberts selbst und berief sich auf Reeds Mutter Ruth Anna Brown, der vor allem Reeds seltsame Bekleidung für einen Abend im Juni, bestehend aus zwei dicken Jacken, zu denken gab: »Die Detektive hatten nach einigen Tagen sogar eine Erklärung dafür. Es sah aus, als hätte Dean für seinen nächsten Film keinen alten Mantel finden können und einen neuen gekauft, den er nun ständig trug, um ihn gebraucht aussehen zu lassen. Sie sagten, er hätte den Mantel sogar im Bett getragen.« Ruth Anna Brown zeigte sich gegenüber Roberts auch verbittert über Renate Blume, die angeblich permanent unter Betäubungsmitteln stand: »Ich sagte allen Menschen um sie herum, daß sie ihr zuviel davon geben, aber meine Botschaft kam nicht an. Sie wollten mich nicht mit ihr reden lassen, weil ich irgendwas nicht wissen durfte. Ich bin mir sicher, daß Renate mehr weiß, als sie je zugeben wird.« Roberts nutzte Reeds Mutter geschickt als Kronzeugin für seine absurde Story. Unabhängig von Dixie Schnebly reimte er sich einen spektakulären Mordfall zusammen und wies sich selbst die Rolle des Detektivs zu. Obwohl Roberts Dean Reed nur sehr oberflächlich kannte, wollte er einen Selbstmord nicht akzeptieren. Seine Spekulation, Dean Reed wäre noch am Leben, hielt er nebenbei weiter aufrecht, fand aber auch dafür keine plausible Erklärung.

Dixie Schnebly und Will Roberts waren eher lose Kontakte im Leben von Dean Reed, der immer wieder versuchte, in Amerika Fuß zu fassen. Beide schienen ihre Freundschaft zu ihm überschätzt zu haben, und ihre wilden Theorien übersahen, daß die Familie von Dean Reed und dessen enge Freunde von seinem Selbstmord überzeugt waren. Will Roberts inszenierte sich als amerikanische Autorität in Sachen Dean Reed und schürte mit seiner Geschichte im »Rolling Stock« das Interesse, um seinem Dokumentarfilm *American Rebel* ein weiteres Kapitel anzuhängen. Er hatte bei der Trauerfeier auch verlangt, man solle Teile der Asche Dean Reeds in Chile und Nicaragua beerdigen. Die Frauen, die mit Reed verheiratet gewesen waren, konnten über diese Art von Einmischung nur entsetzt sein.

Václav Neckář glaubte an eine Kooperation von tschechischem Geheimdienst und der Stasi. Er berichtete in Reggie Nadelsons Buch »Comrade Rockstar«, daß sich an Reeds Wagen auf dem Weg nach Prag schon mal ein Rad von seinem Wagen gelöst habe, obwohl gerade sämtliche Schrauben nachgezogen worden waren. Gerrit List hatte Nadelson erzählt, er glaube, jemand »habe Dean beim Sterben geholfen«. »Comrade Rockstar« ist voller Andeutungen darüber, daß die Stasi Dean Reed aufgrund seiner Pläne, wieder in die USA zurückzugehen, umgebracht habe. Noch absurder war die Theorie, Dean Reed habe gar in den Westen »fliehen« wollen, denn Dean Reed hatte es schlicht nicht nötig zu »fliehen«. Er überquerte oft genug die Grenze, ging in West-Berlin ins Kino, tätigte Bankgeschäfte und kaufte in Kreuzberg Gitarrensaiten.

Ruth Anna Brown relativierte ihre ersten Äußerungen für den »Rolling Stock« in einem Interview der »Rocky

Mountain News« vom 29. Juni 1986 zunächst wieder: »Es liest sich gut, aber ich glaube es nicht. Als Amerikaner konnte er kommen und gehen, wann er wollte. Sie hätten es gehaßt, wenn er gegangen wäre, aber nur weil sie ihn geliebt haben. Er war kein Spion. Er war nur ein Sänger.«
In mindestens drei Briefen an Erich Honecker, Eberhard Fensch und Heinz Eichler, Sekretär des Staatsratsvorsitzenden, hielt sie bis 1988 weiter Kontakt zur Führung der DDR und schien dabei keinerlei Berührungsängste zu haben. Von einem Mordkomplott oder Verdachtsmomenten war an keiner Stelle die Rede. Die Briefe sind teilweise in Eberhard Fenschs Buch »So und nur noch besser« dokumentiert. So dankte Brown Honecker in einem Brief vom 8. Oktober 1986 ausdrücklich für die Gastfreundschaft, die Dean Reed in der DDR genossen hatte, und wünschte sich, daß man im Osten eine Schule oder einen Preis nach ihm benennen würde.

Einen Tag nach seinem Tod hätte Reed einen Interviewtermin mit Russell Miller von der Britischen »Sunday Times« gehabt, den er keinesfalls verpassen wollte, um etwas für sein Image in den westlichen Medien zu tun. Dixie Schnebly hatte ihm das Interview vermittelt. Er war aufgeregt und schien etwas loswerden zu wollen, worüber er mit Miller nicht im Vorfeld reden wollte.

Miller konnte sein Interview nicht mehr machen. Er war am 13. Juni in West-Berlin eingetroffen und wollte Reed am 14. Juni interviewen. Renate Blume und ein Mann namens Gotlieb Wieczaukowski, der sich als Produzent ausgab, erzählten ihm am Telefon, Reed läge mit einer Lungenentzündung im Krankenhaus. Diese Geschichte war natürlich erfunden und sollte nur Reeds unerklärliches Verschwinden verdecken. Gotlieb Wieczaukowski existierte nicht, und die Telefonnummer in Potsdam, die er Miller gegeben hatte, führte ebenfalls ins Leere. Gerrit

List war unter diesem Namen aufgetreten, um Miller abzuschütteln. Erst Tage später erfuhr Miller in London aus den Medien von Dean Reeds Tod.

Russell Miller war ein anerkannter Journalist für pikante Themen. Er hatte mit »Bare-Faced Messiah: The True Story of L. Ron Hubbard« (London, 1986) gerade ein kontroverses Buch über den Gründer der Scientology-Sekte geschrieben. Die Psychosekte versuchte die Veröffentlichung 1986 mit allen Mitteln zu verhindern und hetzte ihm eine Reihe von Detektiven auf den Hals. Ein Mann namens Eugene Ingram aus Los Angeles drang in die Räume der »Sunday Times« ein, die das Buch in mehreren Folgen als Vorabdruck veröffentlichen wollte. Er benutzte falsche Papiere und versuchte, Miller zu diskreditieren. Ein Detektiv namens Peter Comras suchte Russell Miller eine Woche nach Reeds Tod zu Hause auf und behauptete, für Dean Reeds Familie arbeiten. Comras startete eine »noisy investigation« und versuchte Miller lautstark mit dem Tod des Popstars in Verbindung zu bringen. Als die Angehörigen Reeds in den USA und in Ost-Berlin zurückwiesen, Comras angeheuert zu haben, behauptete dieser plötzlich, ein Anwalt namens Keith Adkinson aus Washington hätte ihn bezahlt. Miller bekam Besuch von zwei weiteren Detektiven und war sich sicher, daß auch diese für die Church of Scientology arbeiteten. Sein Telefon wurde abgehört, und jemand schien seine Post abzufangen. Dean Reeds erste Tochter soll angeblich Mitglied von Scientology sein, und es hieß, sie hätte eine ganze Reihe von Detektiven beschäftigt, um seinen Tod untersuchen zu lassen. Dixie Schnebly behauptete in »Comrade Rockstar«, 37 000 Dollar für Detektive investiert zu haben, die hinter der Mauer nach Spuren suchten.

Reeds Bruder Dale glaubt bis heute unerschütterlich an die Macht seines jüngeren Bruders. Polititisch stimmte der konservative Ingenieur, der nach eigener Aussage »vierzig Jahre lang in einer Atomwaffenanlage in der Antarktis gearbeitet hatte, nicht mit seinem Bruder überein. An einen Selbstmord mochte aber auch er nicht glauben. Am 8. Januar 2001 schrieb er in einem Brief an den Musikjournalisten Jerry Osborne, der auf dessen Website dokumentiert ist: »Er hat ganz sicher seine wertvolle amerikanische Staatsbürgerschaft nicht weggeworfen. Er bereitete sich darauf vor, nach Hause nach Colorado zurückzukehren, aber er mußte an der Stasi, der CIA, seiner Frau, oder irgend jemand vorbei. Vielleicht hatte er ganz einfach das Ziel seines Lebens erreicht und beschlossen zu gehen.«

Laut »Comrade Rockstar« schrieb Dean Reed 1985 seiner Mutter, er wisse etwas über Oliver North und die Contras in Nicaragua, was die USA in Bedrängnis bringen könnte. Auch über die Hintergründe des Reaktorunfalls in Tschernobyl habe er Bescheid gewußt, vermutete seine Mutter gegenüber der Autorin Reggie Nadelson. Er hatte für den Samstag nach seinem Tod in Ost-Berlin angeblich eine internationale Pressekonferenz angekündigt, um der Öffentlichkeit »sensationelle Fakten« zu präsentieren. Doch all diese Aussagen sind äußerst unglaubhaft, denn Reed hätte an diesem Tag längst bei den Dreharbeiten in Jalta sein müssen. Reeds Familie in den USA hielt dennoch an solchen Geschichten fest, und auch Schnebly verbreitete nur Halbwahrheiten. Hatte Dean Reed die Gerüchte ihnen gegenüber womöglich selbst gestreut und Probleme mit Geheimdiensten suggeriert? Wollte er sich gegenüber seiner Familie und seinen Bekannten in den USA einen spektakulären Abgang als Opfer des Kalten Krieges sichern?

Die Medien schrieben zumindest munter voneinander ab, und immer mehr Unsinn wurde verbreitet. Noch am 16. Juni 2004 meldete die Nachrichtenagentur DDP:

»1986 fand man ihn tot in einem Autowrack im Zeuthener See nahe Berlin«. Immer wieder wurde die Geschichte von Dean Reed mit einem *Tatort*-Drehbuch verwechselt, und irgendwann vermochte kaum jemand sich noch daran zu erinnern, wie Dean Reed tatsächlich gestorben ist. »Meine Mutter glaubte, daß er unter Drogen in einen Swimmingpool gefallen ist, beides gab es in der DDR nicht«, sagte der Berliner Künstler Henrik Jacob in der »Eckernförder Zeitung« vom 25. Mai 2004, die die Geschichte von Dean Reed in der Rubrik »Krimi« einsortierte.

Die Verschwörungstheorien machten passend, was nicht dem Glauben entsprach. Sein Tod wurde posthum zu einer geheimnisvollen Räuberpistole stilisiert. Immer mehr Gerüchte machten die Runde. Mal war Dean Reed ein edler Doppelagent, mal arbeitete er für alle Geheimdienste gleichzeitig. Ehemalige Stasimänner wollten wissen, daß er Staatsgeheimnisse an die CIA verraten habe. Besonders häufig war aber die Rede von einem Stasimord oder einem Komplott von Mossad und CIA. Niemand konnte mit einem halbwegs glaubhaften Motiv für einen Mord aufwarten, aber die Geschichte von Dean Reed klingt mit einem geheimnisvollen Ende natürlich besser. »Auch Dean Reed von Stasi umgebracht?«, fragte sich der »Berliner Kurier« am 23. April 1991. Einen Mörder hatte man nicht ermittelt, das Motiv schien immer noch nicht ganz klar, aber die Wahrheit schien den Medien nicht allzu wichtig zu sein. Viel besser war die Legende, der Mythos. Die amerikanischen Behörden nahmen derweil weiter keinerlei Notiz vom Ableben ihres Staatsbürgers.

1987 verklagte die 19jährige Ramona Reed über ihre Anwältin Corey Steele die DDR beim Bundesgericht in Los Angeles auf 2,5 Millionen Mark Schadenersatz wegen seelischen und finanziellen Schadens. Sie verlangte eine Aufklärung der näheren Umstände im Falle ihres Vaters. Monate vor seinem Tod hatte Dean Reed sie ein letztesmal in Los Angeles besucht, wurde aber schroff abgewiesen. Reed hatte seiner Tochter von West-Berlin aus monatlich 300 Dollar überwiesen, aber ansonsten bestand seine Zuwendung vor allem aus pathetischen Briefen.

Am 1. September 1987 benannte man die Polytechnische Oberschule im Potsdamer Wohngebiet »Am Schlaatz« nach Dean Reed, die sich 1989 erneut umbenannte. 1988 verlieh der Minister für Kultur, Hans-Joachim Hoffmann, zum ersten und letzten Mal das »Dean-Reed-Förderstipendium für besondere Leistungen auf dem Gebiet des politischen Liedes und des Chansons«.

Nach der Mauer

1991 ließ Reeds Mutter die Urne mit der Asche von Dean Reed nach Colorado umbetten. Er fand seine letzte Ruhe auf dem Green Mountain Friedhof in Boulder/Colorado.

Im ehemaligen Ostblock hatte man ihn bald vergessen. Nach seinem Tode hatte er kaum noch eine einzige Platte verkauft, doch 1990 sollte er ein weiteres Mal für eine Schlagzeile sorgen.

Am 20. September 1990 veröffentlichte die Berliner Zeitung »Das Blatt« Auszüge aus Dean Reeds Abschiedsbrief an seinen »Freund und Genossen Eberhard Fensch«. Das Original des Briefes war verschollen, aber der Zeitung war eine Kopie zugespielt worden. Vermutlich ist der Brief während der zweiten kriminalistischen Untersuchung des Falles 1990 verschwunden. Verantwortlich für die Überprüfungen dieser Ermittlungen war Peter-Michael Diestel, der am 18. März 1990 in der ersten freien Volkskammer-Wahl zum Innenminister der untergehenden DDR gewählt worden war. Er war 1989 Mitbegründer der Christlich Sozialen Partei Deutschland (CSPD) und im Januar 1990 der Deutschen Sozialen Union (DSU), die er bereits im Juni 1990 wegen ihrer Annäherung an rechtsextreme Parteien unter Protest verließ. Seit August 1990 ist er Mitglied der CDU und ab 1994 kannte man ihn auch als Präsidenten des Fußball-Bundesligisten Hansa Rostock, der 1991, im ersten Spiel einer Ost-Mannschaft in der Bundesliga, gegen Bayern München ein unvergessenes 2:1 erzielte.

Das Innenministerium kümmerte sich um die zweifelhaften Hinterlassenschaften der Stasi, und eine der ersten Akten auf Diestels Schreibtisch war der Fall Dean Reed, der von der sich entwickelnden Boulevard-Presse in der DDR 1990 mit großem Geschrei neu beleuchtet wurde. Das Zentrale Kriminalamt Berlin führte eine unabhängige Untersuchung durch, und innerhalb von drei Wochen entstand ein zehnseitiges Dossier, das später im Archiv des Innenministeriums landete.

»Wer das Funktionieren der DDR kennt, weiß, daß die Geheimdienste eine riesige Rolle gespielt haben«, erinnert sich Diestel im Interview. Im Zusammenhang mit dem Tod von Dean Reed ließ sich jedoch kein Hinweis auf die Beteiligung eines Geheimdienstes entdecken. Diestel stuft die Ermittlungen des Innenministeriums der DDR-Übergangsregierung als »sehr gründliche kriminalistische Arbeit« ein. Das Dossier erwähnte einen Abschiedsbrief, zitierte aber nicht daraus. Diestel hat den Brief nie selbst zu Gesicht bekommen und kannte auch den genauen Inhalt nicht. Er hat Dean Reed in guter Erinnerung. »Ich habe ihn als Belebung gesehen«, so Diestel. »Er ist aber mit absoluter Sicherheit auch von den Geheimdiensten der DDR benutzt worden. Aber das war unwichtig. Er war für den Frieden.« Ähnlich hatte sich auch der DDR-Propagandist Karl-Eduard von Schnitzler *(Der Schwarze Kanal)* im Dokumentarfilm *Protest und Glamour* von Peter Gehrig geäußert. Für Diestel war Dean Reed »vielleicht zu engagiert«. Als Privatmann respektiert er posthum das Bemühen des Amerikaners um eine bessere Welt, als Politprofi jedoch konnte er über dessen Inszenierung nur lächeln.

Das Dossier der nachträglichen Untersuchung von 1990 erwähnte die Existenz eines Abschiedsbriefes, aber es ging daraus nicht hervor, ob zu diesem Zeitpunkt eine Abschrift in den Akten vorhanden war. Nach wie vor wußte niemand, wo das Original des Briefes war, von dessen Wortlaut nun auch Renate Blume durch zwei »Bild«-Journalisten erfuhr. Fensch selbst kannte nur eine alte Schreibmaschinenabschrift der Stasi. Erst durch den Krimiautor Jan Eik bekam er Mitte der neunziger Jahre eine Kopie des Briefes, der an ihn persönlich gerichtet war. Das Original blieb verschwunden.

»Der Sozialismus ist noch nicht erwachsen«, schrieb Dean Reed in seinem Abschiedsbrief. »Es ist die einzige Lösung für die Hauptprobleme für die Menschheit der Welt. Lass alle vorschrittliche Menschen ein besseres gerechtiges und friedliches Welt schaffen«, wünschte er sich in seinem eigenwilligem Deutsch. »Es tut mir Leid, mein Freund, du warst ein Vorbild für mich«, richtete er sich an Fensch. »Lass unsere Feinde, die Faschisten und Reaktionäre, es nicht so auslegen. Ich wäre viel lieber auch in Libanon oder Chile gestorben – im Kampf gegen unsere Feinde, die Verbrecher, die meine Freunde überall gefoltert und umgebracht haben, aber das schaffe ich jetzt nicht. [...] Du warst immer mein treuer Freund, haß mich bitte nicht.« Reed bezeichnete Fensch als sein Vorbild und ging auf einen Streit mit seiner Frau ein, die ihn als »schlechten amerikanischen *Showman*« bezeichnet hatte. Der Brief schloß mit den Worten: »Meine Grüße auch an Erich – Ich bin nicht mit alles einverstanden. Lebt wohl [...] Ich umarme Dich. Dean Reed.«

Ein Sachverständiger der Volkspolizei hatte die Echtheit der Handschrift bestätigt. Auch Angehörige und

Freunde bestätigten, der Brief sei gewiß keine Fälschung. Eberhard Fensch wußte, daß die Ehe von Dean Reed und Renate Blume, die für den Amerikaner der letzten Rückhalt in seinem Leben war, längst nicht mehr glücklich verlief. »Sie stritten sich wie in der Hölle«, umschreibt Gisela Steineckert in ihrem Buch »Das Schöne an den Männern« die letzten Monate dieser Beziehung und führt weiter aus: »Sie hängten alles an die nebensächlichen Fragen, weil sie zu ihren wirklichen Problemen nicht vordrangen.« Renate Blume hatte für das Projekt *Blutiges Herz* viele Rollen abgelehnt und setzte Reed deswegen noch zusätzlich unter einen familiären Erfolgsdruck, dem der harmoniesüchtige Amerikaner am Ende nicht mehr gewachsen war.

Mit dem Auftauchen des Briefes begann die Gerüchteküche trotzdem neu zu brodeln. Reeds Mutter Dr. Ruth Anna Brown sagte der »Bild« in einem Interview vom 5. November 1991: »Ich kann mir nicht vorstellen, daß mein Sohn einen Abschiedsbrief in einer fremden Sprache an einen Funktionär geschickt haben soll. Einen solchen Brief hätte er doch bestimmt auf englisch an seine Mutter geschrieben, oder? Nein, er hätte niemals Selbstmord begangen!«

Sämtliche Verschwörungstheorien im Falle Dean Reed waren vor allem auf der Tatsache begründet, daß die genauen Umstände seines Todes tatsächlich vertuscht worden waren. Dean Reeds Angehörige, Freunde und Kollegen in der DDR glaubten trotzdem sehr schnell an einen Suizid, und auch die Tatsache, daß es einen Abschiedsbrief gab, hatte sich herumgesprochen. In seinem privaten Umfeld bedauerten auch diejenigen, die Dean Reed immer für einen Schlagerclown gehalten hatten, daß man seine Depressionen hinter der lächelnden Fassade nicht früher bemerkt hatte.

Wenn es auch nicht unwahrscheinlich schien, daß allerhand mächtige Männer ihn lieber von der Bildfläche hätten verschwinden sehen mögen, war Dean Reed in eine Falle geraten, die vor allem ihn selbst betraf. Seine musikalische Karriere hatte den Richtlinien derer zu folgen, die ihm seine privilegierten Auftrittsmöglichkeiten verschafften. Er hatte zu spät gemerkt, daß er sich verändern mußte, aber er befand sich in derselben Krise, die auch andere Funktionäre unter Gorbatschow betraf. Als Mann von gestern, der bis zu seinem Tode die Mauer verteidigte, konnte er sich im Osten nur noch schwer behaupten, wenn es um Reformen ging. Hätte er seinen Status als Deserteur und Exilant im Ostblock aufgegeben, hätte er dagegen in den USA wohl kaum ein Label gefunden, das ihn unter Vertrag genommen hätte. Auch seine Form von Protest hatte sich verbraucht. Dean Reed hätte die keimende Opposition innerhalb der DDR unterstützen können, aber für solche Bemühungen gab es kaum Anzeichen.

Der Film im Kopf

Am 24. Januar 2003 traf sich Tom Hanks zum Business-Lunch im Restaurant Guy in Berlin-Mitte mit dem letzten Staatschef der DDR Egon Krenz, der noch als Freigänger in Berlin-Plötzensee seine Haftstrafe wegen der Toten an der Mauer absitzen mußte. Hanks wollte bei Seeteufel auf Balsamicolinsen ein wenig über Dean Reed plaudern. Der Hollywoodstar plante mit Produzent Gary Goetzman *(Philadelphia)* seine erste Regiearbeit: *Comrade Rockstar*, ein Film über den amerikanischen Cowboydarsteller und Countrysänger Dean Reed, der auf einer Dokumentation der BBC basierte. Die »Berliner Zeitung« zitierte am 25. Januar 2003 den Anwalt von Egon Krenz, Robert Unger, zu dieser Begegnung: »Ich wußte nichts davon und rief meinen Mandanten an. Der bestätigte mir, daß er mit drei Herren gespeist habe, von denen einer sich als Tom vorgestellt hat. Ob dies Tom Hanks gewesen sei, könne er nicht sagen – den kenne er gar nicht.« Reeds Tochter Natalie findet den neuen Wirbel um ihren verstorbenen Vater eher peinlich. Sie legt inzwischen als DJ in Berliner Clubs und Kneipen Platten auf und will sich nicht öffentlich äußern.

Tom Hanks traf sich auch mit Victor Grossman, der sich am 8. Februar 2003 dazu in der »Märkischen Allgemeinen Zeitung« äußerte: »Mein Eindruck: Hanks will nicht einen Horrorfilm über einen Amerikaner in einem untergegangenen Land machen, sondern einen wirklich seriösen Film. Auch wenn er wohl die Tragödie von Dean Reed stärker betonen wird, als ich es getan hätte.«

Steven Spielberg hielt mit seiner Firma Dreamworks die Fäden zu diesem Projekt in der Hand. Produzieren soll aber die zu Universal Pictures gehörende Playtone Productions. Walter Parkes, Paul Lister und Laurie MacDonald *(Gladiator)* sollten bei der Produktion aushelfen, und als Drehbuchautor wurde Sasha Gervasi *(Terminal)* gehandelt. Hanks lud Wiebke Reed und Günter Reisch im Sommer 2003 zur Premiere seines Films *Catch me if you can* ins Kino am Potsdamer Platz und besuchte Reisch kurz darauf auch zu Hause, um persönlich weiter an der Geschichte zu recherchieren. Mit Renate Blume schloß Hanks, den vor allem die Motive für Reeds Selbstmord interessieren, einen Exklusivvertrag ab.

Am 29. Juni 2004 meldete die Chemnitzer »Freie Presse«, Tom Hanks wolle die Hauptrolle tatsächlich selbst spielen und Dreamworks habe sich bereits das örtliche Barockschloß Rammenau als Drehort ausgesucht, wo Dean Reed einst den *Taugenichts* gedreht und Wiebke geheiratet hatte. Am 10. Juli bestätigte Hollywoods Zentralorgan »Variety«, die letzten Vorbereitungen für den Film seien getroffen.

Auch in Deutschland war längst ein neues Interesse an Dean Reed erwacht. In Berlin veranstaltete die Avantgarde-Kneipe Kaffee Burger bereits 2002 einen geselligen Dean-Reed-Abend, und in einer Bremer Galerie präsentierte der Berliner Künstler Henrik Jacob 2003 mit einer Reihe von Doppelgängern die »Dean-Reed-Double-Estrade«. Begleitet von der Band Teach Me Tiger, trugen die Doubles abwechselnd den Song »Love Your Brother« vor. Im Juni 2004 waren in einer Ausstellung in Eckernförde auch Knetgummibilder von Jacob zu sehen, die sich mit dem Phänomen Dean Reed beschäftigten. »Dieser Amerikaner kam über das große Wasser in die DDR und starb dort in einem kleinen See«, erläuterte er sein Interesse an Dean Reed in der »Eckernförder Zeitung« vom 25. Mai 2004.

Jutta Voigt schrieb am 13. Juni 1987 in der »Leipziger Volkszeitung: »Er war der Parlamentär mit der weißen Fahne zwischen den Völkern, keiner hatte ihn ausgeschickt, niemand ihn aufgerufen, nur sein eigenes Gewissen. [...] Daß er entgegenkommend war, im tiefen Sinne des Wortes, gehörte zu seiner Botschaft und wurde, meine ich, von uns öfter nicht so verstanden, wie er es meinte: als sein Ausdruck einer inneren Überzeugung, nicht als Äußerlichkeit. Das Keep-smiling, der Sonnyboy-Touch waren ebenso seiner Herkunft geschuldet wie das Schwärmerische und Sentimentale seiner künstlerischen Präsentation. Etwas Tröstliches hat Dean Reeds früher Tod: Das Bild, das von ihm bleibt, ist unvollendet, aber auch unzerstört. Er hat nicht alles erreicht, aber er hat auch nichts aufgegeben, schon gar nichts verraten. Vom Moskauer Filmfestival im letzten Jahr flogen wir in derselben Maschine zurück nach Berlin. Er bemerkte meine Angst vorm Fliegen und fragte: ›Soll ich für Dich singen? Dann brauchst Du keine Angst mehr zu haben.‹«

Dean Reed hatte sich nicht mehr verändern können,

und seine wachsende Verzweiflung hatte in der Welt, die er sich selbst zurechtgelegt hatte, keinen Platz. Der rote Elvis hat viele Geheimnisse für sich behalten. Postum ist er zur Legende geworden. Der neue Rummel um seine Person hätte ihm sicher gefallen.

ANHANG

Songtexte

Our Summer Romance (1959)
Text und Musik: Dean Reed

Although the summer's gone
I'll try to carry on.
Although you won't be with me
and when school is through
I'll still be loving you
for nine months can't be so long.

I'll cherish every vow
forever and for now
and feel your lips meet mine.

And when the nights grow cold
in dreams it's you I'll hold
and dream of that wonderful day
when I'll hold you again
and dream of heaven then
and think, that time was not so long.

I love no one but you
my love belongs to you
someday I hope to marry you.

Together (1973)
Text und Musik: Dean Reed

Together, hand in hand we'll go through life
together –
arm in arm husband and wife forever.
together –
Together, searching for wisdom and truth
together –
giving our lives to mankind forever,
together –

Together, bearing a new born child
together –
giving it strength and love forever,
together –
Together, walking in sunshine and rain,
together –
until death do us part forever, together –

Refrain: *(mit Wiebke Reed im Duett gesprochen)*
Er: Tell me that you love me.
Sie: Ich liebe dich!
Er: Tell me that you need me.
Sie: Ich brauche dich!
Er: Tell me that you respect me.
Sie: Ich achte dich! Sag mir, daß du mich liebst.
Er: I love you!
Sie: Sag mir, daß du mich brauchst.
Er: I need you!
Sie: Sag mir, daß du mich achtest.
Er: I respect you! To you! Together. –

Freiheit
Text und Musik: Dean Reed

Die Völker Afrikas, von Mosambique bis Angola,
von Tunesien bis zu den südlichen Kontinenten gehen
heute zur Freiheit.

Die Kämpfer Westkongos wissen,
wohin die Bomben fallen.
Und sie drehen die Gewehre um zur Sonne.
So gehen sie, den Frieden zu erwerben.
Arbeiter Italiens sehen die Wahrheit der Zukunft
und sie gehen in den Klassenkampf,
So gehen sie den Frieden zu erwerben.
Von Brasilien bis zur Erde des Gaucho
erheben sich alle zum Klassenkampf
und in den Vereinigten Staaten werden alle sagen
Laßt die Zeit liegen! Schluß mit der Ungerechtigkeit!
So gehen sie den Frieden zu erwerben.

Frieden Frieden, in den Häusern überall,
Frieden, in den Städten, in den vielen Dörfern,
wir erzwingen ihn vereint,
reiht euch ein, es wird Zeit,
wir brauchen Frieden, für die Arbeit überall,
Frieden, für das Lernen, Frieden für die Liebe,
alle Völker dieser Welt,
sind die Kraft, die die Welt zusammenhält.

Kampf denen, die wehrlose Menschen im Schlaf
    bombardieren,
Kampf denen, die gegen die Frauen und Kinder
    marschieren,

Kampf denen, die immer noch weiter am Krieg
    profitieren.
Frieden, ...
Kampf allen, die täglich für Lügen und Mord
    propagieren,
Kampf allen, die heute noch Elend und Tod finanzieren,
Kampf allen, die gegen den Willen des Volkes
    rebellieren.
Frieden, ...
Frieden, in den Häusern überall,
Frieden, in den Städten und Dörfern,
Frieden, überall Frieden, wir erzwingen ihn vereint.
Frieden, ...
Ja, die Kraft, die die Welt zusammenhält!

Singt unser Lied (1974)
Text: Dieter Schneider
Musik: Martin Hoffmann

Refrain:
Singt unser Lied, es will Freund unter Freunden sein.
Singt unser Lied, wo auch immer ihr seid.
In Nord und Süd, über Meere und Sand und Stein,
ist auch das Lied Tag und Nacht bereit.

Von Berlin im Sommer ging ein Singen um die Welt
und ein Feuer, das nun immer in uns brennt.
Solidarität ist Macht, die unsere Gegner stellt,
ist Gemeinschaft, die keine Grenzen kennt.

(Refrain)

Menschen aller Kontinente, Freunde ohne Zahl,
sah'n den Frieden, nahmen neue Hoffnung mit.
Wir sind stärker, wir sind reicher nach dem Festival.
Gegen Feindschaft, für Freundschaft jeden Schritt.

(Refrain)

Sät und erntet überall die Frucht, die Frieden heißt,
kämpft um jeden Fußbreit Freiheit – jung und kühn,
bis die Ängste schweigen, bis die letzte Kette reißt.
Und vergeßt nie die Tage in Berlin!

Aber bitte Devisen
Musik: Udo Jürgens (Aber bitte mit Sahne)
Text: unbekannt

Liebe Tante von drüben, du hast lang nicht geschrieben.
Bei euch ist wohl alles beim alten geblieben?
Wenn du wieder mal kommst – wir laden dich ein –,
Wenn du fragst was wir wünschen, vielleicht einen Schein!
Tante Frieda und Wolfi und Klaus lassen grüßen –
Aber bitte Devisen!

Aber ja doch, Frau Doktor, das wäre zum Lachen.
Eine Wochenendfirma kann so was schon machen.
Ein Häuschen …?
Mit Klimaanlage, Garage, Fahrstuhl.
Auf Wunsch können wir auch das Wohnzimmer fliesen –
Aber bitte Devisen!

Auch Trabanten und Wartburgs gehen manchmal entzwei.
Man braucht ein Ersatzteil, was ist schon dabei.
So steht man und steht man und steht man und steht man
Und am Ende ganz ohne Ersatzteile geht man.
Und vom Kenner wird einem die Quelle gewiesen –
Aber bitte Devisen!

Im Kessel bei Rund und in besseren Bars
hört man heute zuweilen auch westliche Stars
    (ich nicht, ja)
Sie singen …?
Nichts gegen zu sagen, aber wir trafen
leider selten was Gutes, sie sind manchmal die Miesen –
Aber bitte Devisen!

Wir sagen ja (1973)
Text und Musik: Dean Reed
Nachbearbeitung: Kurt Demmler

Ihr jungen Leute hier,
ihr jungen Leute hört,
wir sind in dieser Stadt
bei Freunden eingekehrt.
Ob schwarz, ob gelb, ob weiß,
spielt keine Rolle hier,
hier geht es um den Menschen,
und der sind wir.
Und sollte man uns fragen,
ob wir die Feinde kennen,
dann woll'n wir sie gemeinsam
bei ihrem Namen nennen.
Daß ihre Schlösser zittern,
von diesem Wind, der weht,
weil unsre Antwort in eine Richtung
   geht.

Refrain:
We'll say
da, da, da, da, da,
We'll say
ja, ja, ja, ja, ja
We'll say
oui, oui, oui, oui, oui,
We'll say
si, si, si, si, si,
We'll say
yes, yes, yes, yes, yes,
We'll say
wang, wang, wang, wang, wang,

so come on,
everybody sing along.

Und wenn die Unterdrücker
erheben ihr Geschrei,
voll Lüge und Verlockung,
nach Mord und Polizei,
dann lachen wir und recken
die Fäuste hoch und hier,
hier geht es um den Menschen,
und der sind wir.
Und sollte man uns fragen,
wird sich der Kampf denn lohnen,
geh, Freund, kein Muskel lohnt sich,
wenn wir ihn immer schonen.
Und alle Niederlagen,
die kriegen uns nicht klein
und lassen uns nur immer klüger sein.

Refrain:
We'll say da, da, da, da, da …

Wir stampfen unsre Füße
im Rhythmus der Musik,
wir klatschen unsre Hände
als Vorschuß auf den Sieg.
Wir seh'n den Sieg begreifbar,
wir seh'n den Sieg schon hier –
hier geht es um den Menschen,
und der sind wir.
So soll es also werden,
gebor'n das neue Leben.
Wir werden ihm die Augen
und eine Nase geben,
und wenn ihr wollt, entwerfen

wir heut' schon sein Gesicht
und heißen soll es Frieden und anders nicht!

Refrain:
We'll say da, da, da, da, da…

Wir sagen nein (1978)
Text: Wolfgang Tilgner
Musik: Martin Hoffmann

Ja, noch jagen sie die Angst durch Elendsgassen,
muß ein Mann am Jordan ihnen sein Feld lassen.
Ja, noch zahlen Chiles Kinder ihre Zeche,
sperren sie Millionen unter kalte Dächer.
Sie möchten gern, daß dieser Stern niemals rot wird.

Refrain:
We say no, no, no, das gelingt euch nicht.
Drei Mal nein, nein, nein, das soll nicht sein.
     (Chor: Das soll nicht sein.)
We say no, no, no, denn ihr bezwingt uns nicht.
Friede wird und wird die Welt von euch befrei'n.

Ja, noch füll'n Rhodesiens Kumpel ihre Kassen,
gibt es in Soweto hoch und nied're Rassen.
Ja, noch frißt ihr Reichtum selbst die eig'nen Städte,
rennen mit dem Tod der Welt sie um die Wette.
Und mancher Freund wird an den Feind noch verraten.
Sie möchten gern, daß dieser Stern niemals rot wird.

Refrain:
Und ich seh' sie auch die Wahrheit dreh'n und wenden,
saub're Waffen gibt es nicht in schmutz'gen Händen.
Doch es soll in dieser Erde Leben bleiben
und den Menschen Friede gedeih'n.

Refrain:
Friede wird und wird die Welt von euch befrei'n!

Values (1978)
Text: Dean Reed
Musik: Karel Svoboda

I know a man,
who truly thinks that nudity is sin,
he would never think to show
the color of his skin,
he works for the CIA,
killing all who are in his way,
hey! hey! – hey! hey!

I know a certain general
who thinks long hair is wrong,
he keeps his hair so very short,
he'd never have it long.
He bombed babes in Vietnam
as he sang a Christmas song.
Hey! hey! – hey! hey!

I know a man a president,
he talks of human rights,
he champions the cause of man
and for god would fight,
the neutron bomb is his toy,
his one love his only joy – Hey!
Hey! Hey! Hey!

The woman who lives next to me
she knows the price of all,
she watches close the stock market
if it should rise or fall,
don't ask her the value of

friendship, happiness or love.
Hey! hey! – hey! hey!

At the end,
let me say what we should do and every day,
we don't hang together you and me
they hang us separately.
Hey! hey! – hey! hey!

Love Your Brother (1975)
Text und Musik: Dean Reed
(Titelsong des DEFA-Films *Blutsbrüder*)

Love your brother, but hate your enemies.

I used to think that peace and love were just the same then
    I learned that life was
not only a game, each man must fight, and fight again.

Never, never, never let your life just flow away,
let your life have value, every day.
Always, always, always give your life for the dream,
don't forget young man at time life's not just as it seems,
I dream of love and peace,
without the cries of hate,
then I saw that people died,
as if it was their fate,
to fight for freedom is just and right
against aggression one must fight
until the silence comes again –
that peaceful silence, that truthful silence.
Now that I've seen the light –
we all as one shall fight –
we shall win our victory,
our dreams people shall see.

Never, never, never …

I used to think that peace and love were just the same
but I learned that life was not only a game,
each man must fight, and fight again.

Compañeros (1976)
Text: Dean Reed
Musik: Bohuslav Ondráček

Shout the word from every hill and way,
let's prepare from this very day.
Liberation is the word to say,
marching always towards the future,
with the truth within our hands,
we shall soon embrace my brothers, let it be.

Compañeros listen to me,
we are preparing your freedom now.
Down from the mountains
and from the the cities
we shall march upon your prison cells.
Compañeros jail doors shall open,
and our comrades shall be free,
free my people to live together,
a land full of justice and with liberty.

Shout the word from every hill and way,
let's prepare from this very day.
Liberation is the word to say,
marching always towards the future,
with the truth within our hands,
we shall soon embrace my brothers, let it be.
Compañeros venceremos
and the nightmare shall be ore.
One night of darkness
causes no blindness,
building our homeland yes for evermore.

We shall then shout,
Viva Chile mierda,
Salvador our symbol for evermore.
Compañeros de mi vida
singing together yes from shore to shore.

El Cantor (1978)
Text: Dean Reed
Musik: Dean Reed/Karel Svoboda
(Titelsong des gleichnamigen Films)

Why – did he go away,
if he'd only stayed,
with us.
Why – did they hurt him so,
why did he have to go,
go – way.

Refrain:
El Cantor
he'll live for evermore,
for we shall hold his banner high
in the wind
as if he'd always been
smiling, urging us always on.
For I know El Cantor
he'll live for evermore,
for we shall sing his songs so clear,
and his melodies
are our memories
of his faith
and his love.

Es gibt eine Liebe, die bleibt (1984)
Textidee: Dean Reed
Text: Gisela Steineckert
Musik: Dean Reed

Mancher geht mit dem Glück so um,
als gäbe es davon genug.
Dann wundert er sich, daß ihm viel zu oft
eine bittere Stunde schlug.

Es gibt, daß es zwei so zueinander treibt,
daß sein Name ihren Namen in die Ewigkeiten
  schreibt.
Es gibt eine Liebe, die bleibt.

Mancher schwört, daß er's ehrlich meint
und sorgt für den andern doch schlecht.
Der Andere weint oder läuft davon,
weil ein jeder geliebt sein möcht.

Es gibt, daß es zwei so zueinander treibt,
daß das Leben ihre Namen in Geschichtenbücher
  schreibt.
Es gibt eine Liebe, die bleibt.

Mancher leugnet die Liebe ganz,
nur weil er sie selber nicht fand.
Er leugnet sogar, wie er sucht nach ihr,
der anderen, zärtlichen Hand.

Es gibt, daß es zwei so zueinander treibt,
daß kein Stein auf dem andern und kein Wort
  genau so bleibt.
Es gibt eine Liebe, die bleibt!

Komm, liebe mich (1984)
Text und Musik: Dean Reed

Liebe mich am meisten,
wenn ich es am wenigsten verdiene,
denn dann brauche ich es am dringendsten!

Liebe mich; auch wenn ich breche aus.
Liebe mich; wenn ich blind verlass' das Haus.
Komm, liebe mich!

Liebe mich; wenn die Eifersucht mich quält.
Liebe mich; wenn das Selbstbewußtsein fehlt.
Ich – liebe dich!

Liebe mich am meisten,
wenn ich es am wenigsten verdiene,
denn dann brauche ich es am dringendsten!

Liebe mich; wenn ich dich nicht versteh'.
Liebe mich; vielleicht tu ich dir weh?
Komm, liebe mich!

Liebe mich; wenn ich mich selbst nicht mag.
Liebe mich; bald kommt ein beßrer Tag!
Ich, liebe dich!

Liebe mich am meisten,
wenn ich es am wenigsten verdiene,
denn dann brauche ich es am dringendsten!
Komm, liebe mich!

Wounded Knee In '73 *(1980)*
Text und Musik: Dean Reed

Wounded Knee 73
Wounded Knee 73
Wounded Knee 73
on the Pine Ridge Reservation

The Oglala Sioux,
they fought for me and you
on the Pine Ridge Reservation.
[…]
on the Pine Ridge Reservation.

Wounded Knee 73
Wounded Knee 73
Wounded Knee 73
on the Pine Ridge Reservation

The spring of 73
they fought for you and me
on the Pine Ridge Reservation.
71 days and nights
they fought for the rights
on the Pine Ridge Reservation.

Wounded Knee 73
Wounded Knee 73
Wounded Knee 73
on the Pine Ridge Reservation

Three hundred indians […]
[…]   last enemy

on the Pine Ridge Reservation.
The army sent its tanks
[...]
on the Pine Ridge Reservation.

Wounded Knee 73
Wounded Knee 73
Wounded Knee 73
on the Pine Ridge Reservation

The White House [...]
Love and peace [...]
on the Pine Ridge Reservation.
Within a month or two
they murdered six more Sioux
on the Pine Ridge Reservation.

Wounded Knee 73
Wounded Knee 73
Wounded Knee 73
on the Pine Ridge Reservation

Heute noch (1984)

Textidee: Dean Reed, Text: Wolfgang Brandenstein
Musik: Arndt Bause

Vorhang auf – Rampenlicht – und im Saal
die vielen Leute warten schon,
also ran ans Mikrofon!
Gar nicht schlecht läuft die Show –
auch die Band, sie schafft sich heute so total,
das gefällt mir wieder mal.
Aber weißt du, was geschieht
nach dem allerletzten Lied?

Heute noch fahr ich los von hier,
sehr spät in der Nacht bin ich bei dir.
Heute noch seh und fühl ich dich und darauf,
ehrlich, darauf freu ich mich –
glaub es mir!

Schlußapplaus, Vorhang zu,
Blumen gab's und nette Leute.
Danke schön – und vielleicht auf Wiedersehn!
Jemand bringt gutes Bier,
tut mir leid, ich brauche heute nur Kaffee,
eh' ich auf die Reise geh'.
Und so langsam wird es Zeit,
mein Zuhaus ist ziemlich weit.

Heute noch fahr ich los von hier,
sehr spät in der Nacht bin ich bei dir.
Heute noch seh und fühl ich dich und darauf,
ehrlich, darauf freu ich mich –
glaub es mir!

Autobahn, tiefe Nacht, schlechte Sicht,
es regnet heute – nicht sehr schön,
denn so schnell wird es nicht geh'n
und nach Hause ist es weit,
wirklich schade um die Zeit!
Die Gedanken aber sind,
etwas schneller als der Wind.
Ich fahr ihnen hinterher.

Nobody Knows Me Back In My Hometown (1985)
Text und Musik: John Rosenburg
(Song aus dem Abspann des Dokumentarfilms *American Rebel*)

Well back in Colorado in those days when I was young,
I had my hopes and dreams of fame, like most everyone,
So I left home with songs to sing and fame I finally found,
But nobody knows me back in my hometown,
Nobody knows me back in my hometown.

My name is known in half the world, I'm called
    a superstar,
I've shook the hands of presidents, I've travelled near
    and far,
But deep inside I feel the hurt that sometimes gets me
    down,
Nobody knows me back in my hometown,
Nobody knows me back in my hometown.

One of these days I'm gonna go back home and walk
    those streets again,
I'm gonna sing some songs and right some wrongs that
    I did to my old friends,
Then I'll tell the home folks where I've been so I'll never
    hear again,
That nobody knows me back in my hometown,
That nobody knows me back in my hometown.

I've made my share of movies, I've seen my name in
    lights,
I've done what others dream about on long cold winter
    nights,
I've climbed that ladder of success with that good
    old country sound,

But nobody knows me back in my hometown,
Nobody knows me back in my hometown.

If I could have one yesterday to change one tick of time,
I'd choose that day in Denver when I left my friends behind,
I'd tell them I'd be back someday if they'd just stay around,
But nobody knows me back in my hometown,
Nobody knows me back in my hometown.

One of these days I'm gonna go back home and walk those streets again,
I'm gonna sing some songs and right some wrongs that I did to my old friends,
Then I'll tell the home folks where I've been so I'll never hear again,
That nobody knows me back in my hometown,
Nobody knows me back in my hometown.

Filmographie

Abkürzungen:

BAU	Buchautor	MUS:	Musik
BCH:	Buch	PRF:	Produktionsfirma
DAR:	Darsteller	PRO:	Produzent
KAM:	Kamera	RAS:	Regie-Assistenz
LNG:	Länge	REG:	Regie
MTI:	Musik-Titel	URA:	Uraufführung

1964
Guadalajara En Verano / Guadalajara In Summertime Guadalajara im Sommer / Sommerzeit (Mexiko)
REG: Julio Bracho. BCH: Adolfo Torres Portillo. KAM: Antonio Merayo. BAU: Gori Muñoz. MUS: Tito Ribero. MTI: Don't Tell Him No (nach der Melodie von When The Saints Go Marchin' In)
DAR: Elizabeth Campbell (Peggy), Xavier Loya (Javier), Alicia Bonet (Lourdes), Patty Hobbs (Susan Woodbridge), Dean Reed (Robert Douglas).
PRF: Bueno S.A. PRO: José Luis Bueno. LNG: 95 min. URA: 28. 1. 1965, Mexiko

1965
Ritmo Nuevo Y Vieja Ola (Argentinien)
REG: Enrique Carreras. BCH: Julio Porter. KAM: Antonio Merayo. BAU: Gori Muñoz. MUS: Tito Ribero. MTI: La Bamba, Dont Let Her Go.
DAR: (alphabetisch) Roberto Airaldi, Toño Andreu, Guillermo Battaglia, Augusto Bonardo, Héctor Calcaño, Osvaldo Canónico, Chispita Carreras, Marisita Carreras, Mercedes Carreras, Quique Carreras, José Comellas, Guido Gorgatti, Ángel Magaña, Antonio Martiáñez, Ubaldo Martínez, Tita Merello, Estela Molly, Elvira Olivera Garcés, Alberto Olmedo, Rodolfo Onetto, Fidel Pintos, Javier Portales, Dean Reed, Tristán (als Tristán Díaz Ocampo).
PRF: General Belgrano. PRO: Nicolás Carreras, José Huberman. LNG: 113 min. URA: 19. 8. 1965, Buenos Aires.

Mi Primera Novia / My First Girl Friend / La Prima Ragazza
(Argentinien)
REG: Enrique Carreras. BCH: Sixto Pondal Ríos, Carlos A. Olivari.
KAM: Antonio Merayo. MUS: Lucio Milena
DAR: Dean Reed, Alberto Anderson, Toño Andreu, Palito Ortega, Evangelina Salazar.
LNG: 98 min. URA: 17. 3. 1966, Buenos Aires.

1967

Dio Li Crea ... Io Li Ammazzo! / God Made Them... I Kill Them / Gott schuf sie, ich töte sie, Bleigericht / Sein Colt fegte alle zur Hölle, Bleichgesicht (DDR) */ God Forgive... His Life Is Mine / Dieu Les A Crées, Moi Je Les Tue* (Italien)
REG: Paolo Bianchini. RAS: Tonino Ricci. BCH: Fernando di Leo.
KAM: Sergio d'Offizi. MUS: Marcello Gigante, Dean Reed (Songs).
DAR: Dean Reed, Piero Martellanza alias Peter Martell, Piero Lulli, Agnès Spaak, Linda Veras. LNG: 93 min. URA: 29. 4. 1968.

1968

I Nipoti Di Zorro / Die Cousins von Zorro / Zorro / The Nephews Of Zorro / The Cousins Of Zorro / Machine Gun Baby Face (Italien)
REG: Marcello Ciorciolini als Frank Reed. BCH: Marcello Ciorciolini, Roberto Gianviti. MUS: Piero Umiliani, Dean Reed (Songs)
DAR: Franco Franchi, Ciccio Ingrassia, Dean Reed (Raphael/Zorro), Agata Flori alias Agata Flory, Ivano Staccioli.
PRF: Flora Film. Variety Film. PRO: Leo Cevenini, Vittorio Martino. LNG: 96 min. URA: 12. 12. 1968.

Buckaroo / Buccaro, Winchester Does Not Forgive / Buccaro – Il Winchester Che Non Perdon / Buccaro – Galgenvögel zwitschern nicht / Buckaroo Ne Pardonne Pas / Winchester Che Non Perdona (Italien)
REG: Adelchi Bianchi. BCH: Antonio Romano, Leo Romano Scucciuglia. KAM: Oberdan Troiani. MUS: Lallo Gori alias Coriolano Gori, Dean Reed (Songs). MTI: Buckaroo u. a.
DAR: Dean Reed, Monika Brügger, Livio Lorenzon, Ugo Sasso, Omero Gargano.
PRF: Comp.: Magister. LNG: 92 min. URA: 28. 10. 1967.

1969
La Morte Bussa Due Volte / Blonde Köder für den Mörder / Death Knocks Twice / Der Tod klopft zweimal / La Muerte Llama Dos Veces / Blonde Lokvogel Voor Een Moordenaar / Morte Bussa Que Volte (Italien/Westdeutschland).
REG: Harald Philipp. BCH: Harald Philipp. KAM: Claudio Racca. BAU: Giorgio Bini, Nicola Tamburo. MUS: Piero Umiliani.
DAR: Dean Reed (Bob Martin), Fabio Testi (Francesco Birraverde), Nadja Tiller (Maria), Anita Ekberg (Mrs. Ferretti), Renato Baldini.
PRF: Maris Film München, PAC Rom. LNG: 941 min. URA: 20. 3. 1970.

Tre Per Uccidere / La Banda De Los Tres Crisantemos / Die Chrysanthemen-Bande / The Three Flowers / Üc Belali Kardesler (Italien/Spanien).
REG: Ignacio F. Iquino alias Steve McCohy. BCH: Lou Carrigan, Ignacio F. Iquino, Ernesto Gastaldi, Juliana San José de la Fuente alias Jackie Kelly. KAM: Antonio L. Ballesteros. BAU: Andrés Vallvé. MUS Enrique Escobar.
DAR: Dean Reed, Daniel Martín, María Martín alias Mary Martin, Fernando Sancho, Krista Nell.
PRF: Admiral International Film (Italien), IFI Producción (Spanien). PRO: Ignacio F. Iquino. LNG: 82 min. URA: 23. 10. 1970.

1970
Dokumentarfilm über die Unidad Popular (Chile)
REG: Dean Reed. BCH: Dean Reed.

I Pirati Dell'Isola Verde/ Der wilde Korsar der Karibik / Piraten der grünen Insel /Los Corsarios / The Corsairs / The Pirates Of The Green Island / Les Pirates De L'île Verte / Piraterna Pa L'Ile Verde / Kapten Drake Och De Vilda Piraterna / De Vilda Piraterna / De Zeerovers van het Groene Eiland (Italien/Spanien)
REG: Ferdinando Baldi alias Ted Kaplan. BCH: Federico De Urutia, Mario di Nardo. KAM: Rafael Pacheco. MUS: Nico Fidenco.
DAR: Dean Reed, Alberto de Mendoza, Annabella Incontrera, Paca Gabaldón alias? Mary Francis, Sal Borgese.
PRF: Società Ambrosiana Cinematografica (Italien), Ízaro Films S.A. (Spanien). LNG: 97 min. URA: 1. 7. 1971.

Saranda / Dein Leben ist keinen Dollar wert / Twenty Paces To Death / Twenty Steps To Death / Veinte Pasos Para La Muerte / 20 Steg Mot Döden (Italien/Spanien)
REG: Manuel Esteba, Antonio Mollica alias Ted Mullican. BCH: Ignacio F. Iquino. KAM: Antonio L. Ballesteros (spanische Version), Luciano Trasatti (italienische Version). MUS: Enrique Escobar.
DAR: Dean Reed, Alberto Farnese alias Albert Farley, Patty Shepard, Luis Induni, Marta May alias Mary May.
PRF: Admiral International Films (Italien), Ignacio Ferrés Iquino Sociedad Anónima IFISA (Spanien) LNG: 83 min. URA: 9. 4. 1970

Indio Black / Adiós Sabata / Indio Black / Seio Che Ti Dico… / Sei Un Gran Figlio Di… / The Bounty Hunters / The Bounty Killers / Indio Sabata / Adios Sabata / Sabata 2 (Italien/Spanien)
REG: Gianfranco Parolini alias Frank Kramer. RAS: Ignacio Dolce. BCH: Renato Izzo. KAM: Sandro Mancori. BAU: Pier Luigi Basile (alias Pierluigi Basile), Claudio De Santis. MUS: Bruno Nicolai.
DAR: Yul Brynner (Sabata/Indio Black), Dean Reed (Ballantine), Ignazio Spalla alias Pedro Sanchez (Escudo), Gérard Herter (Colonel Skimmel), Sal Borgese.
PRF: Produzioni Europee Associati (PEA), Rom.
PRO: Alberto Grimaldi. LNG: 104 min. URA: 30. 9. 1970
– Trailer für die japanische DVD:
http://www.stingray-jp.com/DVD/trailer/02AdiosSabata.mov

Il Cieco / Blindman / Der Vollstrecker / Il Pistolero Cieco / Le Justicier Aveugle / O Justiciero Sem Olhos (Italien/USA)
REG: Ferdinando Baldi.
BCH: Pier Giovanni Anchisi (als Piero Anchisi), Tony Anthony, Vincenzo Cerami.
KAM: Riccardo Pallottini. BAU: Gastone Carsetti.
MUS: Stelvio Cipriani.
DAR: Tony Anthony (Blindman), Ringo Starr (Candy), Lloyd Battista (Domingo), Agneta Eckemyr (Pilar), Dean Reed.
PRF: Abkco Films, Primex.
PRO: Tony Anthony, Roberto Infascelli (Executive Producer), Saul Swimmer. LNG: 105 min.

1972

Sotto A Chi Tocca! / Vier fröhliche Rabauken / Kommt her Freunde / Rags ist hier! / Vier Schlitzohren auf dem Weg zur Hölle / Besos Para Ella / Puñetazos Para Todos/ Rags, A Qui Le Tour! (Italien/ Spanien/Westdeutschland.

REG: Gianfranco Parolini alias Frank Kramer. BCH: Renato Izzo, Gianfranco Parolini.

DAR: Dean Reed (Straccio), Ignazio Spalla alias Pedro Sanchez (Pietro), Aldo Canti alias Nick Jordan (Gatto Mammone) Sal Borgese (Bitonto), George Wang (Indicoyocoyo).

LNG: 108 min. URA: 24. 10. 1972.

1973

Aus dem Leben eines Taugenichts / Der Taugenichts / From The Life Of A Good-For-Nothing / De La Vie D'Un Vaurien / Episodios De La Vida De Un Pequeño Aventurero (DDR)

REG: Celino Bleiweiß. RAS: Michael Englberger. BCH: Wera und Claus Küchenmeister (Frei nach der gleichnamigen Novelle von Joseph Freiherr von Eichendorff). KAM: Günter Jaeuthe. BAU: Heike Bauersfeld. MUS: Reiner Hornig.

DAR: Dean Reed (Taugenichts), Anna Dziadyk (Die Schöne), Hannelore Elsner (Gräfin), Monika Woytowicz (Kammerjungfer), Christel Bodenstein (Flora).

PRF: DEFA-Studio für Spielfilme, Gruppe Berlin. PRO: Martin Sonnabend. LNG: 96 min. URA: 10. 5. 1973, Berlin.

Storia Di Karatè, Pugni E Fagioli / Fäuste, Bohnen und ... Karate / Siete Contra Todos / La Ley Del Karate En El Oeste / The Friendly One / Karate, Yumruk Ve Fasulye / Vilda Västern / Karate, Fists And Beans (Italien/Spanien)

REG: Tonino Ricci. KAM: Jaime Deu Casas. MUS: Juniper.

DAR: Dean Reed, Alfredo Mayo, Cris Huerta alias Chris Huerta, Sal Borgese, Iwao Yoshioka. LNG: 90 min. URA: 14. 6. 1973.

1974

Kit & Co. / Kit & Co./ Lockruf des Goldes/ Kit A Spol (DDR/ UdSSR/Tschechoslowakei)

REG: Konrad Petzold. RAS: Dirk Jungnickel. BCH: Günter Karl nach Erzählungen von Jack London. KAM: Hans Heinrich. BAU: Heinz Röske. MUS: Karl-Ernst Sasse.

DAR: Dean Reed (Kit Bellew), Rolf Hoppe (Shorty), Renate Blume (Joy Gastell), Manfred Krug (Wild Water Bill), Armin Mueller-Stahl (Slavovitz).
PRF: DEFA-Studio für Spielfilme, Gruppe Roter Kreis, Studio Mosfilm (Moskau), Studio Barrandov (Prag). PRO: Dorothea Hildebrandt. LNG: 105 min. URA: 19. 12. 1974, Berlin.

1975
Blutsbrüder / Blood Brothers (DDR)
REG: Werner W. Wallroth. RAS: Dirk Jungnickel. BCH: Dean Reed, Wolfgang Ebeling. KAM: Hans Heinrich. BAU: Heinz Röske. MUS: Karl-Ernst Sasse. MTI: Love Your Brother (Text und Musik von Dean Reed).
DAR: Dean Reed (Harmonika), Gojko Mitic (Harter Felsen), Gisela Freudenberg (Rehkitz), Jörg Panknin (Joe), Cornel Ispas (Big Fred).
PRF: DEFA-Studio für Spielfilme, Gruppe Roter Kreis. PRO: Gerrit List. LNG: 100 min. URA: 26. 6. 1975.

1976
Soviel Lieder, soviel Worte (DDR, UdSSR)
REG: Julius Kun. RAS: Dirk Jungnickel. BCH: Wolfgang Ebeling.
BAU: Heinz Röske. KAM: Hans Heinrich.
MUS: Karl-Ernst Sasse, Dean Reed (Songs).
DAR: Klaus Peter Plessow, Nina Maslowa, Lew Trygonow, Ludmila Garniza, Katrin Martin, Dean Reed.
PRF: DEFA-Studio für Spielfilme, Gruppe Johannisthal, Studio Mosfilm (Moskau). LNG: 90 min.

El Cantor (DDR)
REG: Dean Reed. BCH: Dean Reed. KAM: Hans Heinrich.
BAU: Heinz Röske. MUS: Karel Svoboda.
DAR: Friederike Aust (Janet), Dean Reed (El Cantor), Gerry Wolff, Thomas Wolff, Edwin Marian (Reporter).
PRF: Fernsehen der DDR. LNG: 91 min. URA: 11. 12. 1977, Berlin.

1981
Sing, Cowboy, sing (DDR)
REG: Dean Reed. RAS: Bodo Schmidt. BCH: Dean Reed.
KAM: Hans Heinrich. BAU: Heinz Röske. MUS: Karel Svoboda.
MTI: Susan (Dean Reed).
DAR: Dean Reed (Joe), Václav Neckář (Beny), Kerstin Beyer (Susan), Violeta Andrei (Maria), Stefan Diestelmann (Barkeeper).
PRF: DEFA-Studio für Spielfilme, Gruppe Johannisthal. PRO: Gerrit List. LNG: 89 min. URA: 12. 6. 1981, Gera.

1983
Uindii / Races / Rennsaison (Japan, West-Berlin)
REG: Masato Harada. BCH: Masato Harada, Akinori Kikuchi, Dar Sorrel, P. L. Horn. KAM: Witold Sobocinsky. MUS: Akira Inone
DAR: Hiroyuki Watanabe (Kei), Olivia Pascal (Denise), Dean Reed (Gains), Patrick Steward (Mr. Duffner), Claus-Theo Gärtner (Leo).
LNG: 113 min. URA: 6. 9. 1985.

1986
Blutiges Herz / Bloody Heart / Wounded Knee (DDR, UdSSR)
REG: Dean Reed, Günter Reisch. RAS: Ulrich Kanakowski, Ivars Skantinch. BCH: Dean Reed, Günter Reisch. BAU: Paul Lehmann, Dailis Rojlapa. KAM: Helmut Bergmann. MUS: Karel Svoboda.
DAR: Dean Reed (Dave Miller), Renate Blume-Reed (Jane Gonzales), Dieter Knust.
PRF: DEFA-Studio für Spielfilme, Gruppe Roter Kreis. PRO: Gerrit List, Lilija Liepinia. LNG: 90 min.
– Nicht realisiert. Für diesen Film sind nur einige Probe-Aufnahmen entstanden.

TV-Shows und -Auftritte

USA:
- Auftritt in Dick Clarks *American Bandstand*, 1959
- Auftritt am 4. Februar 1960 mit dem Song »Twirly Twirly« in der Bachelor Father-Show
- Interview mit Mike Wallace in *60 Minutes*, April 1986

Argentinien:
- *Dean Reed Show*, wöchentliche Samstagabendshow, 1965

Sowjetunion:
- Dokumentation des sowjetischen Fernsehens über seine Auftritte vor den Arbeitern der BAM (Baikal-Amur-Magistrale), 1979

DDR:
- TV-Show im Berliner Haus der Jungen Talente, 1971
- Auftritt in *Ein Kessel Buntes* Nr.4, 25. Juli 1972
- *Dean Reed – Sänger des anderen Amerika*, 18. November 1972
- Porträt auf DDR1, 4. Februar 1972
- Porträt in *Publizisten und Poeten – Kino für das Volk*, 26. März 1972
- Auftritt im Jugendfernsehen der DDR, 9. September 1972
- *Augenzeuge* – (35-mm-Aufzeichnung eines Auftritts bei der Leipziger Dokumentar- und Kurzfilmwoche, Progress, 1972)
- Auftritt in *Goldene Note*, März 1972
- Auftritt in *Der Augenzeuge* Nr. 53, 1973
- Auftritt in *Singstudio* 10. September 1973
- Auftritt in *Außenseiter – Spitzenreiter* Nr. 6, 26. April 1973
- Auftritt in *Ein Kessel Buntes* Nr. 11, 22. September 1973
- Auftritt in *Unterwegs mit Musik* (aus Schwerin), 1974
- Auftritt in *Wir und unsere Welt*, 1976
- Auftritt in *Der Augenzeuge* Nr. 9, 1977
- Auftritt in der Jugendsendung *rund*, 9. Juli 1977
- *Der Mann aus Colorado*, Fernsehshow, 1977
- Auftritt in *Ein Kessel Buntes* Nr. 33, 29. April 1978
- Auftritt in der Jugendsendung *rund*, 11. November 1978
- Auftritt in der Jugendsendung *rund*, 16. Dezember 1978
- Auftritt in *Lieder sind Brüder der Revolution*, 1. Juni 1979
- Auftritt in *Alles hört auf Ottokar*, 17. Juni 1979
- Auftritt in der TV-Aufzeichnung vom Nationalen Jugendfestival 1979
- Auftritt in Harry Hornigs Film *Hier, wo ich lebe*, 1979

- Auftritt in *Alex-Bummel*, 18. März 1979
- Live-Übertragung eines Konzert beim FDJ-Jugendfestival auf dem Bebelplatz, 1. Juni 1979
- Auftritt in *Jung ist unser Lied*, September 1979
- Auftritt bei *Ein Kessel Buntes* Nr.40, 22. September 1979
- *Der Mann aus Colorado*, Fernsehshow, 13. Oktober 1979
- Auftritt bei *Ein Kessel Buntes*, Nr. 49, 14. März 1981
- Auftritt in *Da liegt Musike drin*, 16. Mai 1981
- Auftritt in der Jugendsendung *rund*, 6. Juni 1981
- *Sing, Dean, sing*, Personalityshow aus dem Palast der Republik in Berlin, 30. August 1981
- Auftritt mit dem Song »Susan« in der Schlagershow *Einmal im Jahr*, 26. November 1981
- Auftritt im *Jugendclub*, 21. Juni 1982
- Auftritt als Trapezkünstler in der *Nacht der Prominenten* im Zirkus in Berlin-Hoppegarten, 29. November 1982
- Auftritt bei *Ein Kessel Buntes*, 9. Juni 1983
- Auftritt in *Objektiv* Nr. 441, 8. September 1983
- Auftritt bei *Künstler für den Frieden*, 25. Oktober 1983
- Auftritt und Interview in *Auf eine runde halbe Stunde*, 28. April 1984
- *Der Mann aus Colorado*, Fernsehshow, 19. Mai 1984
- Auftritt bei *Ein Kessel Buntes* Nr. 70, 8. September 1984
- Auftritt in der *Silvesterrevue*, 31. Dezember 1984
- Auftritt in der Jugendsendung *rund*, 12. Januar 1985
- Auftritt in *Pfundgrube* Nr. 7, 31. März 1985
- Auftritt in der Sendung *Spiel mir eine alte Melodie*, 8. Juni 1985
- *Dean Reed und seine Lieder*, Aufzeichnung am 8. Mai 1986, gesendet am 23. August 1986

Dokumentationen über Dean Reed

American Rebel (USA, 1985)
REG: Will Roberts. BCH: Will Roberts. KAM: Hiernan Correa, Michael Gregor, Vladimir Gusev, Joshua Hanig, Dieter Mesa, Bob Moore, Igor Murayev, Juan Priego, Christine Rath. MUS: Dean Reed. PRO: Will Roberts, Ann Donohoe, Neil Jacobs, Christine Rath.
SPRECHER: Will Roberts, Ellen Wood LNG: 93 min.

The Incredible Case of Comrade Rockstar – The Story of Dean Reed (England, 1992)
(Arena, BBC 2, Erstausstrahlung: 28. Februar 1992)
REG: Leslie Woodhead. SPRECHER: Reggie Nadelson.
LNG: 90 min.

Glamour und Protest – Ein Cowboy im Sozialismus (Deutschland, 1993)
(NDR) REG: Peter Gehrig. LNG: 84 min.

Dean Reed – Ein Amerikaner in der DDR (Deutschland, geplant 2005)
REG: Leopold Grün. PRF: Totho/T&G Films. PRO: Thomas Janze. Verleih: Progress
In Interviewausschnitten sind u. a. zu hören: Wiebke Reed, Egon Krenz, Eberhard Fensch, Lothar Bisky, Peter-Michael Diestel, Gerd Gericke, Victor Grossman, Maria und Willy Moese, Thomas Sindermann, Günter Reisch, Dieter Janik, Günther Voss, Celino Bleiweiß, Armin Mueller-Stahl, Harry Belafonte und Yassir Arafat (angefragt).

Die Wahrheit über Dean Reed (Deutschland, 2004)
REG: Henrik Jakob. BCH: Henrik Jakob
– In Vorbereitung

Diskographie

Cannibal Twist
(Verschollene Single aus Dean Reeds Frühphase. Label und Erscheinungsjahr sind unbekannt)

Los Exitos de Dean Reed
Venezuela, Odeon OLP-549 (LP)
Songs: Yo Quiero Que Sepas; Me Estas Mirando; Gabrielle; Hijos Mios; Rosas Rojas Para Una Dama Triste; No Puedo Ayudarme; Elizabeth; El Retrato; De Mi Amor; Colorado; Besame Mucho; Veras Veras; Chica Inquieta (Erscheinungsjahr unbekannt)

Poet Dean Reed
UdSSR, Melodija M 60-39165-66 mono
Songs: We Say Yes; Together; Be Bop (Pat Boone); Venceremos; Words For Julia; Singt unser Lied; You A.S.O.
(Mini-LP aus den Siebzigern. Genaues Erscheinungsjahr unbekannt)

1959

USA, Capitol 4121 (Single)
Songs: The Search; Annabelle

USA, Capitol 4198 (Single)
Songs: I Kissed A Queen; A Pair Of Scissors

UK, Capitol 15030 (Single)
Songs: I Kissed A Queen; A Pair Of Scissors

USA, Capitol 4273 (Single)
Songs: Our Summer Romance; I Ain't Got You

1960

USA, Capitol
Twirly Twirly (Song aus der TV-Show Bachelor Father)

USA, Capitol 4384 (Single)
Songs: Don't Let Her Go; No Wonder

USA, Capitol 4438 (Single)
Songs: Hummingbird; Pistolero

1961
USA, Capitol 4608 (Single)
Songs: Female Hercules; La Novia

USA, Imperial 5733 (Single)
Songs: I Forgot More Than You'll Ever Know; Once Again

1964
Mexiko, Musart EX 45531 (EP)
Songs: Mirando Una Estrella; A Traves De Los Anos; Todo El Camino; Como Un Nino Soy

1965
La Bamba
UK, Music for Pleasure (EMI) MFP 1239 (LP)
Songs: La Bamba; Wandering Girl; The Hippy Hippy Shake; Oleana; I Can't Help Myself; Girl Happy; Maria; Jericho; Banana Boat; Don't Tell Him No; Keep Searchin'; Humpity Dumpty

1966
Dean Simpatía Reed
Spanien, (Label unbekannt) (EP)
Songs: Red Roses For A Blue Lady; Colorado, Portrait Of My Love; Elizabeth

UdSSR, Melodija (Single)
Songs: Donna, Donna; I'll Be There; Historia Llama; Ustedes

1968
Buckaroo (Il Winchester Che Non Perdona / The Winchester Does Not Forgive)
Italien, Beat Records CDCR42 (LP)
Original Soundtrack von Lalo Gori

UdSSR, Melodija 5289-68 D-00029975/76 (EP)
Songs: The Search; I Kissed A Queen; Donna, Donna; I'll Be There

UdSSR, Melodija (EP)
Songs: Il Buckaroo; La Musica Es Acaba; Yo Buscando Me; Cerro Los Ojos

1972

Sotto A Chi Tocca!
Italien (LP)
– Soundtrack zu *Vier Fröhliche Rabauken (Rags)* aus Italien.

DDR, Amiga 4 55 899/1972 (Single)
Songs: Wir sagen ja; I Can Hear History Calling
(Aufnahme mit dem Orchester Martin Hoffmann, erschienen in Zusammenarbeit mit dem Jugendmagazin Neues Leben)

Dean Reed
UdSSR, Melodija D 027927-8 (LP)
Songs: Our Summer Romance; Unchained Melody; Pistolero; The Arms Of My Love; No Te Preguntar; Annabelle; That Lucky Old Sun; A Pair Of Scissors; Freedom; Valle Arco; Hummingbird; No Wonder; Female Hercules; Bella Ciao; Things I Have Seen; I Ain't Got You

Dean Reed
UdSSR, Melodija 33SM 03253-4/1972 (LP)
DDR, Amiga 8 55 304/1973 (LP)
Songs: Somos Los Revolucionarios (bzw. We Are The Revolutionaries auf der Amiga-Variante); Things I Have Seen; Pust Wsegda Budjet Solnze (russische Version von Immer lebe die Sonne); Guantanamera; We Shall Overcome; Caminando E Cantando; Eloise; I Did It My Way; Love Resister; Softly; Mississippi-Line; Yesterday When I Was Young; Non E La Pioggia

1973

DDR, Amiga 4 55 974 (Single)
Songs: Together; I'm Not Ashamed

1974

Starparade 74
DDR, Amiga 855401 (LP)
Sampler, u. a. mit Dean Reeds Titel Frieden

Dean Reed
UdSSR, Melodija 33D 019023-24 (LP)
Songs: Battle Of Jericho; Veras, Veras; Keep Searching; Rosas Rojas Para Una Dama Triste; Don't Let Her Go; When You Are By My Side; La Bamba; I Want You To Know; Elisabeth; Con El; Girl Happy; Maria; I Can't Help Myself; Our Love Will Always Be; Hawa Nagila; The War Keeps On

DDR, Amiga 4 55 976 (Single)
Songs: Singt unser Lied; Somos Los Revolucionarios

DDR, Amiga 4 56 075 (Single)
Songs: Liebe liebt Zärtlichkeit; Wenn du gute Freunde hast

1975
DDR, Amiga 4 56 137 (Single)
Songs: Love Your Brother; Um der großen Liebe willen

Bulgarien, Balkanton BTK 3210 (Single)
Songs: Love Your Brother; Wir sagen ja

AMIGA EXPRESS 75
DDR, Amiga (LP)
– Sampler, u. a. mit Dean Reeds Titel Love Your Brother

1976
Dean Reed a jeho svet (Dean Reed aktuell)
Tschechoslowakei, Supraphon 1 13 1906 ZA/1976 (LP mit Bild- und Textbeilage)
DDR, Amiga 8 55 533/1977 (LP)
Songs: For Bobbie (John Denver); Hey Babe; You; Little Juana; Hey Little One; Love Your Brother; Blue Suede Shoes; Vietnam Blues; If You Go Away; Compañeros; Together; Oda A La Alegría

Tschechoslowakei, Supraphon 1 43 2006 h (Single)
Songs: Hey Babe; For Baby (identisch mit dem Titel For Bobbie)

DDR, Amiga 4 56 218 (Single)
Songs: Hey Babe; For Bobby

1978

Dean Reed – My Song For You
Tschechoslowakei, Supraphon 1 13 2329 ZA/1978 (LP)
DDR, Amiga 8 55 707/1979 (LP & MC)
Songs: Hey Biladi; Cindy (mit Vendula Praglová); Crazy Arms; Values; I Wish You Well; This Train; Tell Me How; Without You; El Cantor; Red Headed Stranger; My Song For You; Oh Jerusalem

Tschechoslowakei, Supraphon 1 43 2152 (Single)
Songs: El Cantor; My Song For You

Tschechoslowakei, Supraphon 1 43 2197 (Single)
Songs: Hey Biladi; Cindy

DDR, Amiga 4 56 325 (Single)
Songs: Wir sagen nein; El Cantor

DDR, Amiga 4 56 362 (Single)
Songs: Hey Biladi; Tell Me How

Gratis-Single für die XI. Weltfestspiele in Havanna. Das Label ist unbekannt.
Songs: Hey Biladi; Oh Jerusalem

Tschechoslowakei, Supraphon 1143 2380 (Single)
Songs: Sweet Little Sixteen; You Don't Bring Me Flowers (beide mit Kati Kovács)

1979

El Cantor
UdSSR, Melodija (Single)
– Beilage der Zeitschrift Krugosor Nr. 1 von 1979

Tschechoslowakei, Supraphon 1143 2251 (Single)
Songs: Blowing In The Wind; This Land Is Your Land; Tell Me How

1980

Dean Reed singt Rock 'n' Roll, Country & Romantik
UdSSR, Melodija (LP)
DDR, Amiga 8 55 796/1980 (LP und MC)
Tschechoslowakei, Supraphon 1113 2736 ZA/1980 (LP)
Songs: Kansas City; Gute Freunde; Sweet Little Sixteen (mit Kati

Kovács); Sensible; Rock-'n'-Roll-Medley (Be-Bop-A-Lula/ Heartbreak Hotel/Rock Around The Clock/Blue Suede Shoes/Let's Twist Again/Tutti Frutti); Leroy Brown; Du bringst mir keine Blumen (mit Kati Kovács); Fighting And Fussing; Rock 'n' Roll; Wounded Knee In '73; Beatles-Medley (Hard Day's Night/Yesterday/Can't Buy Me Love/Michelle/Yellow Submarine)
– Auf der tschechischen Variante gibt es statt der deutschsprachigen Version Gute Freunde den Titel Rock 'n' Roll I Gave You The Best Years Of My Life mit Original-Text, und Track 9, Rock 'n' Roll, wurde durch den Reed-Song B.A.M. ersetzt.

DDR Amiga 4 56 442 (Single)
Songs: Sweet Little Sixteen, You Don't Bring Me Flowers
(Beide Titel mit Kati Kovács)

1981

Dean Reed – We Will Say Yes
UdSSR, Melodija 1160-39165-6 (LP)
Songs: We'll Say Yes; Cuando Calle El Cantor; No Nos Moverán; Together; Be Bop; Venceremos; Love Your Brother; I'm Not Ashamed; Weddingsong; Palabras Para Juli; Singt unser Lied; Ustedes

DDR, Amiga 4 56 470 (Single)
Songs: Susan; Thunder And Lightning

1982

X. Festivalů Politické Pisne Sokolov 1982 (Box mit 5 Singles)
Tschechoslowakei, Supraphon 1144 2554-1144 2558 / (82 1)
Songs: Gerry Shanehan – Crooked Jack / 60 Years; Václav Neckář – Podej mi ruku a projdem Václavak / Bylo rano; Olympic – Vzdalenosti (zeme) / Strom; Dean Reed – Wounded Knee In '73 / Love Your Brother; Sergio Ortega – Marta Ugarte / El pueblo unido
– (Erschienen zum Festival des politischen Liedes Sokolov 1982)

Dean Reed – Country
Tschechoslowakei, Supraphon 1113 3067 ZA (LP)
DDR, Amiga 8 55 957(LP & MC)
Songs: Susan (Today I Shall Come To); Lucille; You Came Into My Life Girl; High Noon; Colorado Sun; My Friend; Riders On The

Sky; 22nd Of September; Thunder And Lightning; Living Alone; A Cowboy; Deano Loves You Baby

1984

Es gibt eine Liebe, die bleibt
DDR, Amiga 8 56 030/1984 (LP & MC)
Songs: Es gibt eine Liebe, die bleibt; Nur du und ich; Heute noch; Komm, liebe mich; Ich allein; Das bringt mich um; Die Rose; Geh hin dort; Wer bin ich und wer bist du; Deine Liebe; Wenn du fortgehn willst; Schlaf ein; Mein Sohn

DDR, Amiga 4 56 556 (Single)
Songs: Es gibt eine Liebe, die bleibt; Die Rose

1985

DDR, Amiga 4 56 58 (Single)
Songs: Caerá; Die Kinder (deutsche Version von Together)

1986

Dean Reed – Country-Songs
Tschechoslowakei, Supraphon 1113 4233 ZA (LP)
DDR, Amiga 8 56 243 (LP & MC)
Songs: Old Cowboys Never Die; To All The Ones I've Loved; I Love Me; Mom's Son; Waiting For A Lady; Wake Up America; Let Me Be; Give Me A Guitar; Hey What Are You Shooting For; Let Me Love You; Hang Together; American Rebel

1996

Unser Leben in der DDR
BRD, AMIGA/BMG 74321437592 (CD)
– Sampler u.a. mit Dean Reeds Titel: Es gibt eine Liebe, die bleibt.

1998

Dean Reed – The Search
Tschechische Republik, String Music SM 1044 (CD)
Songs: Our Summer Romance; I Ain't Got You; Annabelle; The Search; A Pair Of Scissors; Pistolero; Once Again; Don't Let Her

Go; Kansas City; I Kissed A Queen; Rock & Roll Medley (Be-Bop-A-Lula/Heartbreak Hotel/Rock Around The Clock/Let's Twist Again/Tutti Frutti); No Wonder; Love's The Mightiest Force In The World; Donna Donna; I'll Be There; Ghostriders In The Sky; Jericho; Down By The Riverside; Sweet Little Sixteen; Hippy Hippy Shake
- (Greatest Hits-Compilation aus der Tschechischen Republik)

1999

Ein Wigwam steht in Babelsberg – Originalmusiken aus den DEFA-Indianerfilmen
BRD, All Score Media ASM 002 (CD)
Songs: Tokei-Ihto; Steine und Staub; Love Your Brother (Dean Reed); Löscht das Feuer; Liebe du das Meer; Ein Mann kann viel; Ein Pferd wie du und ich; Ein Wigwam steht in Babelsberg; *Severino*-Thema; *Die Söhne der Großen Bärin* – Hauptthema sowie Suite 1 und Suite 2; Saloon Song; *Die Söhne der Großen Bärin* – Beat-Thema / Suite 3/Hauptthema Reprise; Missouri; *Chingachgook* – Eröffnung und Suite 1; *Der Große Strom*; *Chingachgook* – Trommeln / Suite 2 / Liebesthema; Dazwischen / Finale
- Sampler mit Gojko Mitic, Dean Reed, Frank Schöbel, MTS, Express u. a.

2001

Damals in der DDR
BRD, HANSA AMIGA 74321885502/2001 (3er-CD-Box)
- Sammlung mit Kuriositäten aus der DDR. Dean Reed ist für 55 Sekunden mit einer Aufnahme von Wir sagen ja bei den X. Weltfestspielen 1973 in Berlin zu hören.

Aktjor i pesnja. Dean Reed
Russland, OOO Russian Hit (CD)
Songs: Kansas City; Rock 'n' Roll I Gave You The Best Years Of My Life; Sweet Little Sixteen; Sensible; Heartbreak Hotel; Rock Around The Clock; Blue Suede Shoes; Tutti Frutti; Leroy Brown; You Don't Bring Me Flowers; Fighting And Fussing; BAM; Wounded Knee In 73; A Hard Day's Night; Yesterday; Can't Buy Me Love; Yellow Submarine; Somos Los Revolucionarios; Things I Have Seen; We Shall Overcome; Caminando E Cantando; Glory Halleluja; Eloise; I Did It My Way; Pust Vsegda Budet Solnze (Immer lebe die Sonne)

2002

Wigwam, Cowboys, Roter Kreis – Originalmusiken aus den DEFA-Indianerfilmen
BRD, All Score Media ASM 009 (CD)
- Sampler mit den Main-Titles aus den Filmen *Tecumseh / Apachen / Blutsbrüder / Severino / Blauvogel / Atkins*
Bonustracks: Harmonika & sein Pferd – Wolfgang Ostberg & Partner (aus *Blutsbrüder*), Thunder & Lightning – Dean Reed (aus *Sing, Cowboy, sing*), Heigh, Cowboy – Václav Neckář (aus *Sing, Cowboy, sing*), Love Your Brother (film version) – Dean Reed (aus *Blutsbrüder*), Danke für alles – gesprochener Kommentar von Dean Reed

2003

Dean Reed
Rußland, (CD)
Songs: Somos Los Revolucionarios (bzw. We Are The Revolutionaries auf der Amiga-Variante); Things I Have Seen; Pust Vsegda Budjet Solnze (russische Version von Immer lebe die Sonne); Guantanamera; We Shall Overcome; Caminando E Cantando; Glory Hallelujah; Eloise; I Did It My Way; Love Resister; Softly; Mississippi-Line; Yesterday When I Was Young; Non E La Pioggia
- Basiert auf der LP UdSSR, Melodija 33SM 03253-4/1972 bzw. DDR, Amiga 8 55 304/1973

Dean Reed – Country & Romantic
Limitierte CD auf Real Records
(Jahr und Herkunftsland unbekannt)

Quellen

1. Literatur über Dean Reed

Hans-Dieter Bräuer, Dean Reed erzählt aus seinem Leben (Leipzig/Dresden, 1984) Es existiert eine erste Auflage von 1980 (Verlag Neues Leben) und eine erweiterte Auflage von 1984 in der Edition Peters.

Dean Reed für Gesang und Klavier, bearbeitet von Hans Bath, VEB Lied der Zeit (Berlin 1980)

44 Schlagerinterpreten. Porträts. Fotos, VEB Lied der Zeit (Berlin 1978)

Reggie Nadelson, Comrade Rockstar – The Search for Dean Reed, (London 1991)
– Buchversion der BBC-Dokumentation.

Franz-Burkhard Habel, Gojko Mitic, Mustangs, Marterpfähle – Die Defa-Indianerfilme (Berlin, 1997)
– Fanbuch mit vielen Fotos und einem Kapitel über Dean Reed.

Jan Eik, Besondere Vorkommnisse. Politische Affären und Attentate. (Berlin 1995)
– Krimiautor Jan Eik präsentiert das Ergebnis langer Recherchen in den Akten der DDR und streift dabei auch den Fall Dean Reed.

Eberhard Fensch, So und noch besser – wie Honecker das Fernsehen wollte (Berlin, 2003)
– Autobiographischer Rückblick des ehemaligen ZK-Verantwortlichen für Rundfunk und Fernsehen. Ein Kapitel ist Dean Reed und speziell den Umständen seines Todes gewidmet.

Gunther Geserick, Klaus Vendura, Ingo Wirth, Zeitzeuge Tod. Spektakuläre Fälle der Berliner Gerichtsmedizin (Militzke, 2001)
– Ein kurzes Kapitel gibt Einblick in den Obduktionsbericht von Dean Reed

Victor Grossman (Stephen Wechsler), Crossing The River – A Memoir Of The American Left, The Cold War, And Life In East Germany (Massachusetts, 2003)
– Autobiographie des amerikanischen Journalisten Victor Grossman, der 1952 vor der U.S. Army in den Osten floh. Ein Kapitel beschäftigt sich ausführlich mit Dean Reed.

Gisela Steineckert, Das Schöne an den Männern (Berlin, 2003)
– Heiteres Buch über das Wesen der Männer an sich. In einem sehr persönlich gehaltenen Kapitel erinnert sich die Autorin an Dean Reed.

Peter Schrenk, Sängers Fluch (Berlin 1998)
- Roman mit dem fünften Fall des Düsseldorfer Inspektors Vitus H. Benedict, der bereits bei Goldmann und Amman tätig war. Nach dem Fall der Mauer wird der mysteriöse Tod von Dean Sanger neu aufgerollt. Keine schlechte Idee, aber das Ergebnis ist ein ziemlich langweiliger Krimi, der weit hinter seinen Möglichkeiten bleibt.

2. Interviews

Transkriptionen der ungekürzten Interviews mit Wiebke Reed (Dezember 2003), Egon Krenz (März 2004), Eberhard Fensch (November 2003), Lothar Bisky (November 2003), Peter-Michael Diestel (Dezember 2004), Gerd Gericke (November 2003), Victor Grossman (Februar 2003), Maria und Willy Moese (Januar 2003), Thomas Sindermann (Dezember 2003), Günter Reisch (Januar 2004), Dieter Janik März 2004), Günther Voss (März 2004) und Celino Bleiweiß (Juli 2004), die für den Dokumentarfilm *Dean Reed – Ein Amerikaner in der DDR* von Leopold Grün entstanden sind.

3. Archive, Internetlinks und weitere Quellen

- www.DeanReed.de
- Interview mit Dean Reed im Berliner Rundfunk vom 7. Oktober 1982, dokumentiert auf deanreed.de.
- Dean Reed Collection (Colorado Historical Society, Denver, USA)
- Reed, Dean, Akte 2279/92 Band 2 im Zentralarchiv der Bundesbeauftragten für die Unterlagen des Staatssicherheitsdienstes der ehemaligen Deutschen Demokratischen Republik
- Filmmuseum Potsdam Archiv – www.bibl.hff-potsdam.de und www.brandenburg.de/filmmuseum
- Bundesarchiv-Filmarchiv – www.bundesarchiv.de
- Diskussionsforum zur DEFA –
  E-Mail: DEFA-L-request@german.umass.edu
- http://f24.parsimony.net/forum59402/index.htm
- http://randomwalks.com/archive/2003/03/dean_reed_who_he.php
- Looking back at Dean Reed, the American Soviet Superstar by John Caulkins:
  http://www.sloleht.ee/sisu/uudised.asp?r=1&id=134924
- www.GojkoMitic.de
- www.Defa-fan.de
- www.bis.uni-oldenburg.de/Defa/titel.htm

- www.ddr-comics.de/indianer.htm
- www.stingray-jp.com/DVD/trailer/02AdiosSabata.mov
- members.aol.com/Sartana/swmusic1.html
- www.progress-film.de
- www.filmmuseum-berlin.de
- www.NeilJacobs.com/learn.html

Archive von Songs im MP3-Format:
- www.deanreed.de/mp3
- deanr.chat.ru/russian/songsr.htm

Bibliographie

Barth, Bernd-Rainer u. a. (Hrsg.), Wer war Wer in der DDR, Frankfurt, 1995
Bisky, Lothar, The Show must go on – Unterhaltung am Konzernkabel – Film, Rock, Fernsehen, Neue Medien, Ostberlin, 1984
Brinkmann, R. D. und Rygulla, R. R. Acid – Neue amerikanische Szene, Darmstadt, 1969
Bromley, Roger u. a. (Hrsg.), Cultural Studies – Grundlagentexte zur Einführung, Lüneburg, 1999

Campbell, Joseph, Der Heros in tausend Gestalten, Frankfurt, 1999
Cohn, Nik, AWopBopaLooBopALopBamBoom, Hamburg, 1971

Driver, Jim u. a., The Mammoth Book of Sex, Drugs & Rock 'n' Roll, New York, 2001
Dumitru, Petru, Die Transmoderne, Frankfurt, 1965

Gabler, Neal, Das Leben, ein Film, Berlin, 1999
Galenza, Ronald u. a., Wir wollen immer artig sein ... – Punk, New Wave, HipHop, Independent-Szene in der DDR 1980–1990, Berlin, 1999
Gordon, Robert, It came from Memphis, Winchester, 1995
Guevara, Ernesto Che, Bolivianisches Tagebuch, München, 1979
Guggenberger, Bernd, Sein oder Design, Berlin 1987

Hahn, Ronald M., Volker Jansen, Lexikon des Science Fiction Films, München, 1997
Halliwell, Leslie, Halliwell's Film Guide – 8th edition, London, 1991
Haut, Woody, Pulp Culture and the Cold War, London, 1995
Hawthorne, Nigel, Sixties Source Book, London, 1998
Hembus, Joe, Western-Lexikon, München, 1978

James, Darius, Voodoo Stew, Berlin, 2003
Jara, Joan, Das letzte Lied – Das Leben des Victor Jara, München, 2000

Kasson, Joy S., Buffalo Bill's Wild West, New York, 2000
Kelley, Karen, Stars don't stand still in the sky-Music and Myth, New York, 1999
Kelley, Kitty, His Way-the unauthorized autobiography of Frank Sinatra, London, 1986
Kiefer, Bernd (Hrsg.), Filmgenres: Western, Stuttgart, 2003
Kilmister, Lemmy, White Line Fever, London, 2002
Kluge, Alexander, Neue Geschichten – Unheimlichkeit der Zeit, Frankfurt, 1977
Königstein, Horst, Es war einmal ein Westen: Stereotyp und Bewußtsein in Medienforschung Band 3, Frankfurt, 1986

Lasch, Christopher, Das Zeitalter des Narzißmus, Hamburg, 1995
Leary, Timothy, Das Generationenspiel, Löhrbach, 1994
Levy, Shawn, Rat Pack Confidential, New York, 1999
Lockhart, T. C., Aufstand der Cowboys, Stuttgart, 1972

Marchetti, Victor, The CIA and the Cult of Intelligence, New York, 1974
McGilligan, Patrick, Backstory 2 – Interviews with Screenwriters of the 1940s and 1950s, Los Angeles, 1997
McLuhan, Marshall, Understanding Media, Basel, 1995
Miller, Jim (Hrsg.), Rolling Stone 1 – Bildgeschichte der Rockmusik, Hamburg, 1979
Miller, Russell, Bare-Faced Messiah, London, 1987

Reed, John, Ten Days that shook the World, New York, 1977

Saunders, Frances Stonor, The Cultural Cold War: The CIA and the World of Arts and Letters, New York, 2000
Schäfer, Horst, Wolfgang Schwarzer, Von ›Che‹ bis ›Z‹ – Polit-Thriller im Kino, Frankfurt, 1991
Shaw, Arnold, Soul, Hamburg, 1980
Shaw, Greg, Bomp!, Hamburg, 1982
Schickel, Richard, Intimate Strangers: The Culture of Celebrity, New York, 1985
Sifakis, Carl, The Big Book of Hoaxes, New York, 1996
Schmidt-Joos, Siegfried, Das Musical, München, 1965
Shermer, Michael, Why people believe weird things, New York, 1997
Sklar, Robert, Movie-Made America – A cultural history of american movies, New York, 1976
Sorg, Eric, Buffalo Bill, Myth & Reality, Santa Fe, 1998

Spehr, Christoph, Die Aliens sind unter uns! – Herrschaft und Befreiung im demokratischen Zeitalter, München, 1999
Struck, Jürgen, Rock around the Cinema, Hamburg, 1985

Virilio, Paul, Krieg und Fernsehen, Frankfurt, 1997
Vogler, Christopher, The Writers Jouney – Mythic structure for storytellers & screenwriters, Studio City, 1992
Cube, Alexander von u. a., Das Ende des Nuklearzeitalters, Berlin, 1987

Waldmann, Günter, Literatur zur Unterhaltung 2, Hamburg, 1980
Wells, H. G., Die Zukunft in Amerika, Jena, 1911
Wise, Gene, American Historical Explanations, Homewood, 1973
Wolf, Markus, Spionagechef im geheimen Krieg, München, 1997

Zha, Jianying, China Pop: How Soap Operas, Tabloids, and Bestsellers are transforming a culture, New York, 1995
Zur Lippe, Rudolf, Neue Betrachtung der Wirklichkeit – Wahnsystem Realität, Hamburg, 1997
Zoll, Ralf (Hrsg.), Manipulation der Meinungsbildung, Opladen, 1971

Zeitungen und Zeitschriften

Abendzeitung Leipzig, 13. Juli 1972
Around the world, Nr. 6/1978
The Athens News (Ohio, USA), 19. Juni 1986

Bauernecho, 17. Mai 1973
BBC News, 24. Januar 2003
Berliner Kurier, 23. April 1991, 15. Juni 2003
Berliner Morgenpost, 29. Juni 1986, 4. Juli 1987, 25. September 1998
Berliner Zeitung, 7. Januar 1973, 22. Mai 1973, 7. November 1978, 5. Februar 1979, 13. Juni 1981, 19. Juni 1986, 20. Juni 1986, 28. Juni 1986, 15. Dezember 2001, 25. Januar 2003, 22. September 2003, 26. September 2003
Bild, 24. Juni 1986, 5. November 1991, 16. Juni 2004
BZA (Berliner Zeitung am Abend), 14. Juli 1972, 6. November 1978, 7. November 1978, 11. Januar 1979, 2. März 1979, 18. Juni 1986, 1. September 1987

Chicago Tribune, 30. Juni 1986

The Daily Camera (Colorado, USA), 11. April 2002
Denver Post, 5. April 1957

Entertainment Hollywood Reporter, 13. Dezember 2001

FF dabei, 40/1972, 50/1977, 52/1977, 41/1979, 43/1979, 21/1984, 26/1984
Filmspiegel, Nr. 26/1971, 17/1972, 25/1972, 8/1976, 11/1976, 2/1977, 12/1977, 22/1977, 52/1977, 1/1978, 19/1979, 3/1981, 6/1981, 22/1982, 1/1984, 7/1984, 7/1985, 19/1985, 24/1985, 2/1986, 14/1986, 20/1987
Frösi, Nr. 4/1973
Frankfurter Allgemeine Zeitung, 26. Juni 1986
Frankfurter Rundschau, 22. Dezember 1973
Freie Presse (Chemnitz), 29. Juni 2004
Freiheit (Halle), 25. Mai 1973
Freie Welt, 3. Aprilheft 1974, 3. Juniheft 1974
Freies Wort (Suhl), 28. August 1980

GQ, Juli 2003

The Herald (Melbourne, Australien), 4. August 1988

In the Spirit of total Resistance – Booklet (Minneapolis, 1992)
International Herald Tribune, 19. Juni 1986

Junge Welt, 30. Januar 1972, 2. November 1978, 3. November 1978, 4. November 1978, 6. November 1978, 7. November 1978, 9. November 1978, 11. November 1978, 13. November 1978, 15. November 1978, 15. Dezember 1978, 19. März 1982, 17. April 1982, 22. August 1983, 26. August 1983, 12. Mai 1984, 15. Mai 1984, 9. November 1984, 18. Juni 1986, 19. Juni 1986

Leizpiger Volkszeitung, 9. November 1972, 16. Mai 1973, 13. Juni 1987, 28. Mai 1982
Liberal-Demokratische Zeitung (Halle), 17. Mai 1973
Lübecker Nachrichten, 8. August 1993

Märkische Allgemeine Zeitung, 30. September 1998, 8. Februar 2003
Melodie und Rhythmus, Nr. 11/1977, Nr. 4/1979, Nr. 8/1981 Nr. 3/1983
Metro 002, 4. Januar 1999

Minnesota Daily, 25. Juni 1986
Märkische Volksstimme, 9. Juli 1977
Mitteldeutsche Neueste Nachrichten, 27. August 1972, 25. Mai 1973
Der Morgen, 29. April 1973, 13. Mai 1973, 29. Juli 1978, 17. Juni 1986, 19. Juni 1986

Nationalzeitung Berlin, 9. November 1972, 16. Mai 1973
NBI (Neue Berliner Illustrierte), Nr. 15/1973, Nr. 42/1977, Nr. 11/1978, Nr. 22/1984, Nr. 26/1986
Neuer Tag, 4. Juli 1975
Neues Deutschland, 11. Mai 1973, 18. Mai 1973, 2. Januar 1978, 31. Oktober 1978, 2. November 1978, 3. November 1978, 4. November 1978, 7. November 1978, 15. November 1978, 11. Januar 1979, 13. Januar 1979, 5. Februar 1979, 6. November 1979, 15. Juni 1982, 29. August 1983, 12. Mai 1984, 23. Mai 1984, 18. Juni 1986, 19. Juni 1986, 12. Juni 1991, 26. August 1993, 4. Januar 1999, 22. September 1998, 29. September 1998
Neues Leben, Nr. 12/1972, Nr. 2/1973
Der Neue Weg (Halle), 25. Mai 1973
Neue Zeit, 18. Mai 1973, 25. Januar 1972
New York Times, 28. November 1966, 10. Januar 1984, 12. Juli 1986
Norddeutsche Neueste Nachrichten (Rostock), 25. Mai 1973
Norddeutsche Zeitung (Schwerin), 28. Mai 1973

People Magazine, 16. Februar 1976, Nr. 11/1978
Potsdamer Neueste Nachrichten, 9. Oktober 1998
The Prague Pill, 14. Januar 2003
Progress-Filmprogramm, Nr 8/1985

Ritmo, No. 93
Rocky Mountain News, 18. Juni 1986, 29. Juni 1986, 14. Dezember 2001
Rolling Stock, Nr. 11/1986, 12/1986

Sächsisches Tageblatt (Dresden), 16. Mai 1973, 30. Mai 1973
Sächsische Zeitung, 12. Dezember 1971, 25. Januar 2003
Der Sonntag, 16. September 1984
Spaghetti Cinema Nr. 21
Der Spiegel, Nr. 26/1986
Süddeutsche Zeitung, 14. Juni 2003
Süddeutsche Zeitung Magazin, undatierter Artikel von Rainer Schmitz

Südeutsche Zeitung Online, 30. Juni 2004
Sunday Times, 22. Juni 1986
Super Illu, Juli 1993
Super TV, 3. Dezember 2002, 11. September 2003

die tageszeitung taz, 27. Januar 2000, 21. Januar 2001, 25. Januar 2003, 12. Juli 2004
Tagesspiegel, 16. Februar 1975, 19. August 1984, 19. Juni 1986, 20. Juni 1986, 24. Juni 1986, 25. Juni 1986, 3. Juli 1987, 25. Januar 2003, 27. Juni 2004
Tele Ecran, Nr. 9/1969, 12/1970,
Thüringer Neueste Nachrichten, 16. November 1972
Time, 27. November 1978
Tribüne Berlin, 18. Mai 1973
Trommel (Zeitung der Pionierorganisation Ernst Thälmann), Nr. 11/1979

Die Union (Dresden), 18. Mai 1973, 23. Juni 1986
USA Today, 18. Juni 1986

Variety, 10. Juli 2004
Volksstimme (Wien), 5. Dezember 1972
Volksstimme (Magdeburg), 17. August 1972

WAZ, 20. August 1986, 26. Juni 1986
Die Welt, 24. Juni 1986
Welt am Sonntag, 4. Juli 2004
Westerns ... All Italiana Nr. 57 & 58
Das Volk (Erfurt), 29. September 1972, 26. Mai 1982

Zaubertrommel XIX – Ein Almanach für junge Mädchen, 1973

Personenregister

Accola, John 234
Adamo, Salvatore 113
Adams, Bryan 219
Adkinson, Keith 240
Agnew, Spiro 132
Aguirre, Miguel Humberto 102
Aldrich, Robert 92
Allen, Valgene 32
Allende, Salvador 12 61f. 98 bis 101 109 132 192
Almeyda, Clodomiro 163
Amaru, Tupac 59
Anderson, Nina, eigentlich Eve Kivi 103
Anka, Paul 35 50 54
Anthony, Tony 93
Antson, Ants 104
Arafat, Yassir 12 130 161 185f. 203 207
Aranda, Thomas 194
Autry, Gene 23 180

Baez, Joan 166
Bancroft, Anne 43
Baldi, Fernando 90 93f.
Bause, Arndt 182
Bause, Inka 220
Beatty, Warren 78
Becker, Jurek 137 155f.
Belafonte, Harry 188f.
Bellecourt, Clyde Howard 217
Berg, Alan 200
Berry, Chuck 27 37 48 73 176
Bessie, Alvah 108
Beyer, Frank 137 140 155 205

Bianchi, Adelchi 87
Bianchini, Paolo 85
Bieler, Manfred 136
Biermann, Wolf 138 156f. 211
Bisky, Lothar 124ff. 137
Black, Bill 37
Black, Roy 70
Bleiweiß, Celino 112f.
Blume, Renate 139f. 185 195 201 203f. 207 213 220f. 223–227 229 236f. 239 241 245f. 248
Bodenstein, Christel 112 153
Böhm, Karl-Heinz 135
Bondartschuk, Sergej 78
Bonet, Alicia 68
Boone, Pat 176
Bordaberry, Juan María 106
Borgese, Salvatore »Sal« 12 90
Borsche, Dieter 135
Boyles, Peter 199f.
Braatz, Anja 183
Bracho, Julio 68
Bräuer, Hans-Dieter 53 97 194
Brando, Marlon 26 37 43
Brava, Mario 89
Brel, Jacques 160
Brennan, Walter 26
Brenston, Jackie 27
Brice, Pierre 140
Bronson, Charles 147
Brooks, Richard 26
Brown Jr., Les 67
Brugger, Monika 87
Brynner, Yul 12 26 91f.

Bueno, José Luis 69
Büttner, René 182f.

Campbell, Elizabeth 12 69
Campbell, Joseph 159
Canto, Hernán del 163
Capone, Al 28
Carillo, Don Santo 157
Carow, Heiner 137
Carradine, John 70
Carreras, Enrique 72
Carter, Jimmy 105 168 171 173
Cash, Johnny 83 182 220
Castro, Fidel 66 98 109
Charles, Ray 49 54
Chi Minh, Ho 83
Chrennikow, Tichon 174
Christie, Agatha 94 235
Chruschtschow, Nikita 51 65 136
Chudd, Lew 55f.
Clark, Dick 46
Clay, Cassius 75
Cochran, Eddie 37 47f.
Cocker, Joe 206 219
Cody, William Frederick »Buffalo Bill« 217
Cole, Lester 108
Como, Perry 35
Comras, Peter 240
Conrad, Bob 43
Cooper, Gary 92
Cooper, James Fenimore 142
Copeland, Stewart 16
Corbucci, Sergio 84
Crèvecœur, John de 87
Crow Dog, Leonard 215
Crudup, Arthur »Big Boy« 37

Dahl, Harold 168 171
Dallamano, Massimo 84
Davis, Angela 129f.

Dean, James 32 37
Demmler, Kurt 176
Denver, John 160
Dick, Philip K. 133
Diestel, Peter-Michael 243f.
Diestelmann, Stefan 175
Domino, Fats 56
Dor, Karin 140
Douglas, Kirk 43
Doval, Nyta 104f.
Durniok, Manfred 204
Dux, Eckart 92
Dylan, Bob 75 118 206

Eastwood, Clint 84 86
Eberhart, Roy 34 39ff.
Eddy, Duane 73
Edwards, Blake 16
Eichendorff, Joseph Freiherr von 112
Eichler, Heinz 239
Eick, Jan 245
Ekberg, Anita 12 89
Elsner, Hannelore 112
Engels, Friedrich 104
Everly, Phil 42f. 109 175 184

Fabián, Néstor 70
Fensch, Eberhard 136 138 223f. 226–229 235 239 243 245f.
Fink, Laurie 233
Fischer, O. W. 135
Fitzgerald, Ella 34
Fonda, Henry 43
Fonda, Jane 43 68
Ford, Glenn 70
Ford, John 86
Foreman, Carl 25
Forsythe, John 46
Franchi, Franco 88
Francis, Connie 35
Francis, Mary 90

Frederic, Dagmar 183 f.
Freed, Alan 36
Freudenberg, Gisela 145
Friedman, Perry 118
Froebess, Conny 70

Gabaldon, Paca, eigentlich Mary Francis 90
Gargarin, Juri 52
Gärtner, Claus Theo 198
Gehrig, Peter 222 244
Gemini, Franco de 87
Genscher, Hans-Dietrich 131
Gericke, Gerd 133 f. 214
Gervasi, Sascha 248
George, Götz 140
Gigante, Marcello 86
Gilmor, Voyle 34
Gincana, Sam 42
Goebbels, Joseph 135
Goetzman, Gary 247
Goldwater, Barry 24
Gorbatschow, Michail 138 232 247
Gori, Lallo 87
Goulart, João 99
Green Russell, William 21
Groschopp, Richard 136
Grossman, Victor 71 108 115 117 ff. 156 161 208 ff. 248
Grün, Leopold 138
Günther, Egon 137
Guevara, Ernesto »Che« 62 126
Guthrie, Woody 118

Habel, Frank-Burkhard 146
Haedler, Manfred 113
Händel, Georg Friedrich 124
Hagen, Eva-Maria 112
Haley, Bill 27 36
Hammett, Dashiell 25

Hanks, Tom 16 247 f.
Hanson Brown, Ruth Anna 16 20 ff. 39 103 109 120 220 230 f. 234-239 241 243 246
Harris, Richard 147
Hart, Gary 209
Haskin, Leon 89
Hawks, Howard 26
Hembus, Joe 87
Hemingway, Ernest 195
Herrmann, Joachim 136 227
Heym, Stefan 155 208
Hill, Terence 93 f. 140
Hobbs, Patricia »Patty« 67 f. 96 f. 104 231 234 236
Hoffman, Dustin 147
Hoffmann, Hans-Joachim 243
Holly, Buddy 48
Honecker, Erich 19 121 125 129 136 ff. 148 152 166 f. 188 227 ff. 235 239 245
Hope, Bob 26 f.
Hoppe, Rolf 139
Hrabal, František 177 f.
Hübel, Wernfried 111
Huerta, Cris 12
Hunter, Jeffrey 70
Husák, Gustav 178

Incontrera, Annabella 90 f.
Ingram, Eugene 240
Ingrassia, Ciccio 88
Iquino, Ignacio F. 90 f.

Jackson, George 129
Jacob, Henrik 242 249
Jacobs, Neil 220
Janik, Dieter 149
Janklow, William 172
Jara, Joan 62 f. 100
Jara, Victor 61 f. 99 f. 109 126 132 160 163 181

Jaschin, Lew 64f. 81
Johnson, Kevin 176
Jürgens, Curd 135

Karl, Günter 142ff.
Karloff, Boris 70
Karmal, Babrak 183
Kennedy, John F. 42 51f. 65f. 87 107
Kennedy, Patricia 42
Kerouac, Jack 75
Kersten, Heinz 114
King, Martin Luther 68 174
Kingisepp, Viktor 104
Kirch, Leo 137
Kivi, Eve 103f.
Klein, Gerhard 135
König, Hartmut 165
Kovács, Kati 176
Kranz, Frieder 184
Kraus, Peter 70
Kreisker, Marion 37
Krenz, Egon 54f. 121 153 166f. 247f.
Krug, Manfred 119f. 136 139f. 155f.
Küchenmeister, Claus 113
Küchenmeister, Wera 113
Kurosawa, Akira 85

Lakomy, Reinhard 205
Lamberz, Werner 136
Lancaster, Burt 92
Laufer, Josef 183
Lawford, Peter 42
Leone, Sergio 84ff.
Lewis, Jerry 67
Lewis, Jerry Lee 37
Lincoln, Abraham 145
Lindenberg, Udo 188f.
Linke, Günter 222
List, Gerrit 225ff. 234 238ff.

Lister, Paul 248
Loeb, James 66
London, Jack 139
Luciano, Charles »Lucky« 42
Lulli, Piero 85

MacDonald, Laurie 248
Maddow, Ben 25
Mäde, Hans Dieter 162
Maetzig, Kurt 136
Malton, Leslie 197
Mancori, Sandro 92
Marcuse, Herbert 129
Markham, James M. 195ff.
Marshall, Garry 67
Martell, Peter 85
Martens, Elke 184
Martin, Daniel »Danny« 90
Martin, Dean 26
Martin, Maria »Mary« 90
Marx, Jenny 140
Marx, Karl 104 140
Matlack, Will 39
May, Gisela 199
May, Karl 143
McCarthy, Joseph 24f. 108 118
McKnight, Marion 66
McKuen, Rod 160
McPhail, William 168
McQueen, Steve 45
Means, Russell 172 215 217
Meckel, Markus 155
Melchior, Lauritz 31 40
Mendoza, Alberto di 90
Menem, Carlos 73
Mentzel, Achim 175
Miller, Glenn 39
Miller, Russell 232 239f.
Mitic, Gojko 140ff. 144-148 171 224
Mittig, Rudi 211
Moese, Maria 154f. 157 185 220

Moese, Willy 134 154f. 158 206
Monroe, Marylin 26 43
Montalva, Eduardo Frei 98
Moore, Michael 46
Moore, Roger 80
Moore, Scotty 37
Mozart, Wolfgang Amadeus 124
Mueller-Stahl, Armin 12 139 156
Murray, Don 43
Mussolini, Benito 104
Myers, Linda 30

Nadelson, Reggie 45 80 104 177 200 204 238 241
Neckář, Václav 179 238
Nelson, Ricky 26 56 67
Nemirowitsch-Dantschenko, Wladimir 43
Nero, Franco 84
Neruda, Pablo 76 101 126
Newman, Paul 43
Nicolai, Bruno 92
Niemöller, Martin 76
Nixon, Richard 51 89 132
Norden, Albert 76
North, Oliver 120 241

Ochs, Phil 118
Odom, Ralph Willard 235
Ondraček, Bohuslav 159
Onganía, Juan Carlos 80 106
Orbinson, Roy 46
Ortega, Daniel 192f. 207
Ortega, Palito 72
Osborne Jerry 241

Parkes, Walter 248
Parolini, Gianfranco 91ff.
Parra, Isabel 163
Parra, Violeta 61
Pascal, Olivia 198

Pastuchow, Boris 77 81 173
Penniman, Richard Wayne »Little Richard« 23 27 37 48 176
Perkins, Carl 37 176
Perón, Juan Domingo 76
Persaud, Joseph 92
Petrina, Otakar 159
Peyrou, Juan 194
Phillip, Harald 89
Phillips, Sam 37f.
Pinochet, Augusto 62 132 189f. 193
Pohle, Heinz 232
Pollock, Jackson 154
Popelka, Vladimir 159 175
Prack, Rudolf 135
Presley, Elvis 12 15 23 28 33 35–38 46–49 54f. 61 67 131 141 176
Pressman, Ed 16
Price, Gene 53
Price, Paton 43ff. 57f. 61 66 191 224
Price, Thomas 168 171
Prokop, Otto 234
Prostejovsky, Michael 177f.
Putin, Vladimir 104

Quermann, Heinz 184 226

Raff, Colin 207
Ranger, Stewart 140
Reagan, Ronald 187 192 209
Reed, Alexander 140 185 201 205 207 224
Reed, Cyril Dale 20f. 24 27 31ff. 39 48 103 110 120 123 223 228
Reed, Dale Robert 20 22 31f. 240f.
Reed, Dean

Reed, John 78 105
Reed, Nathalie 108 120 161 219 248
Reed, Ramona Chimene Guevara Price 96f. 103 138 198 234 236 240 242f.
Reed, Thomas 20
Reed, Thomas Riley 20
Reed, Vernon Ray 20 22 39
Reed, Wiebke 55 108f. 118–122 154 156 160f. 182 194 203f. 219 224 227 243
Reeves, Steve 84
Reisch, Günter 116 134 213f. 217f. 225f. 231 248
Reusse, Peter 112
Ricci, Tonino 96
Richard, Cliff 38
Rivas, Violeta 70
Roberts, Will 44 65 122 177 185 189 191 199 201 210 235-238
Robeson, Paul 117
Rogers, Roy 23 26f.
Rojas, Alejandro 163
Rosenburg, Johnny 41 200ff.
Roth, Philip 18
Rühmann, Heinz 137
Rumsfeld Donald 222
Rusk, Dean 66

Salazar, Alfredo 69
Salazar, Evangelina 72
Sanchez, Ilich Ramirez 131
Sanchez, Pedro 92
Scharf, Marion 184
Schell, Maria 26
Schickel, Richard 51
Schimanowski, Oleg 116
Schnebly, Dixie 202ff. 209 218 232ff. 237–241
Schnitzler, Karl-Eduard von 244
Schrenk, Peter 152

Scorsese, Martin 16
Seeberg, Jean 42 44
Seeger, Pete 80 82 118 166 203
Seidowski, Hans 137
Shatner, William 26
Shaw, Greg 74
Silva, Enrique 190
Sinatra, Frank 31 34f. 38 42 49 75 176
Sindermann, Horst 227
Sindermann, Thomas 227
Siqueiros, David Alfaro 76
Smirnow, Oleg 78
Smith, Bill 30f.
Smith, Mamie 28
Smith, Roger 43 67
Sobe, Günter 114
Solodenko, Ludmila 220
Solschenizyn, Alexander 105f.
Spaak, Agnès 85
Spencer, Bud 90 93
Spielberg, Steven 16 248
Spillane, Mickey 25
Springsteen, Bruce 206
Staccioli, Ivano 85
Staidl, Ladislav 159
Stalin, Josef W. 135 209
Stanislawski, Konstantin S. 43
Starr, Ringo 93f.
Staudte, Wolfgang 135
Steele, Corey 242
Steineckert, Gisela 111 156 182f. 195 205 211 246
Sterneck, Wolfgang 62
Steward, Patrick 198
Stiehler, Ingeborg 116 217 224
Stone, Oliver 107
Strasberg, Lee 43
Strasberg, Susan 43
Svoboda, Jiri 181

Taufik, Jussuf Awwad 186
Temple, Shirley 40
Tereschkowa, Valentina 76 78f.
Testi, Fabio 89
Tichonov, Alexander 77
Tiller, Nadja 89
Tilsen, Kenneth 169
Truman, Harry S. 24
Tucny, Michal 220
Turner, Ike 27
Turner, Lana 70
Twain, Mark 195

Ulbricht, Walter 125 129 137
Unger, Robert 248

Valens, Richie 48
Varela, Alfredo 76
Veras, Linda 85
Vincent, Gene 37 176
Vogel, Joseph 26
Voigt, Jutta 249
Volonté, Gian Maria 84

Walker, Jimmy 24
Wallace, Mike 208f.
Walter, Birgit 221
Walter, Jürgen 183
Warhol, Andy 52 56
Watanabe, Hiroyuki 197
Wayne, John 25f.
Wegener, Bettina 211
Weiß, Ulrich 145
Wendlandt, Horst 140
White, Lincoln 66
Wilder, Billy 214
Wolf, Christa 140
Wolf, Konrad 139 153
Wolf, Markus 152 f.
Wolff, Gerry 112

Young, Faron 32

Zampa, Luigi 85

Danke

Der rote Elvis hat einen Bruder in Filmform, der 2005 in die Kinos kommt. Mein ganz besonderer Dank für »all die ganzen Jahre« gilt Herrn Leopold Grün für Hinweise, Kontakte und dieses komische kleine Ding, das die Zeit anzeigt. In diesem Buch steckt auch ein großes Stück seiner Arbeit. Leo, ich kaufe dir mal wieder ein Eis bei Gelegenheit!

Großer Dank auch an Thomas Janze und die Produktionsfirma Totho, die viele Interviews durch professionellen Anstrich überhaupt erst möglich machte.

Zusätzliche Blumen gehen an meine Lektorin Franziska Günther, meine Agentinnen Aenne Glienke und Petra Hermanns, meine Familie sowie den unermüdlichen Bert Dahlmann von der *Edition Panel*, der mehr Anregungen lieferte als ihm zwischen seinen atemlosen Endlossätzen aufgegangen sein mochte. Die Filmographie verdankt sich der freundlichen Unterstützung von Hans-Michael Bock und Cinegraph.

Spezieller Dank an Lothar Bisky, Guntram Franke, Gerd Gericke, Victor Grossman, Maria und Willy Moese, Wiebke Reed, Günter Reisch, Rosi Lerch vom Archiv des Filmmuseums Potsdam und die unersetzliche Anca Mehlis. Danke, danke auch an das Team von deanreed.de.

Alphabetisch sortierter Dank auch an die Buchläden *Another Country in Books* in Berlin, die Ameisen von Antville.org, Rune Aunan, Hanno Balz, Tom Bantock, Nora Below, Martin Bialluch, Tommy Blank, Mathias Bösche, The Boy From Brazil, Alex Brante, Martin Büsser, Clara und Greta und Jette, Cursor, Martin Ernsting und die erfolgreiche Filmschmiede Soulcage-Department.de,

Patrick Fischer, Claudia Gorris, Atta Helene Hecke, David Holtan, Darius James, Svetlana Jovanovic, Kaukes Kix & Co. KG, Andreas Keiser und Cordula, *Kettcar*, Papa Wiebusch und die Gang in Hamburg, Christoph Koch, Werner Kohl, Connie Loesch, Domi Lützeler, Ralf Mattejiet, Laura Mars, Maura, Maria Morais, Alex Nicholson, Nina und die Hackerinnen vom CCC, Britta Ohm, Patsy und den Hund Peka, Colin Raff, Alan Raphaeline, Rautie, Sarah Peddle, Lars Reppesgaard, Dan Shick, Stopdiscomafia, *The Stranded*, Susanne Strätz, Tito Two-Sheds, Thes Ullmann, Linus Volkmann, Marco Voß und Minou Zaribaf. Thanks to Ted Danzig for being himself!

One hilarious fart goes out to *Propagandhi*.

Bildnachweis

Dean Reed erzählt aus seinem Leben. Aufgeschrieben von Hans-Dieter Bräuer, Leipzig, Dresden o. J. 1 2 3 4 5 6 7 10 11 21 22 23 27
Filmmuseum Potsdam 8 12 13 15 17 19 20 26 28 (Fotos: Günter Linke) 16 (Foto: Eberz) 18 (Foto: Damm) 30 31 (Fotos: Jüttersonke)
Archiv des Autors 9 14 32
Victor Grossmann, Berlin 24 33
Ingeborg Stiehler, Leipzig 25
Günther Reisch, Berlin 34

Trotz umfangreicher Recherchen konnten nicht alle Rechtsinhaber ermittelt werden. Berechtigte Ansprüche bitten wir an den Verlag zu richten.